U0509291

編著者簡介

吴國昇，湖南漣源人，漢語言文字學專業博士，中國文字學會理事，貴州師範大學文學院教授，“古文字與中華文明傳承發展工程”協同攻關創新平臺、鄭州大學漢字文明傳承傳播與教育研究中心外聘教授。主要從事汉字学和古漢語研究。主持國家級及省部級社科課題多項。

項目資助

本書爲“古文字與中華文明傳承發展工程”資助項目“春秋金文集釋、字詞全編及春秋戰國字詞關係對應圖譜”（項目號：G3208）階段性整理研究成果

本書由“古文字與中華文明傳承發展工程”協同攻關創新平臺、鄭州大學漢字文明傳承傳播與教育研究中心資助出版

春秋金文全編

第五册

吴國昇 編著

古文字與中華文明傳承發展工程

社會科學文獻出版社
SOCIAL SCIENCES ACADEMIC PRESS (CHINA)

卷九		頭		頌	
	早期				
	中期				
	晚期	 蔡侯殘鼎蓋 02222 頭(厨)鼎  蔡侯殘鼎蓋 02223 頭(厨)鼎	 蔡侯䨓鼎蓋 mt01588 頭(厨)鼎	 杕氏壺 09715 自頌既好	 蔡侯䨓尊 06010 靈頌託商  蔡侯䨓盤 10171 靈頌託商
	時期/區域	蔡		燕	蔡

頸			項		碩
					 國子碩父鬲 xs48 國子碩父  國子碩父鬲 xs49 國子碩父
 伯亞臣鐳 09974 黃孫馬頸子伯亞臣	 伯遊父壺 mt12412 馬頸君伯遊父  伯遊父壺 mt12413 馬頸君伯遊父	 伯遊父鐳 mt14009 黃季氏伯馬頸君遊父  伯遊父盤 mt14510 馬頸君伯遊父			
			 與兵壺q eb878 參拜項(空)首  與兵壺g eb878 參拜項(空)首	 與兵壺 ms1068 參拜項(空)首	
黃			鄭		虢

 虢碩父簠g xs52 虢碩父  虢碩父簠q xs52 虢碩父	 太師盤 xs1464 孔碩且好	 部史碩父尊 sh189 部史碩父			
				 曾公畎鎛鐘 jk2020.1 顒天孔惠  曾公畎甬鐘A jk2020.1 顒天孔惠	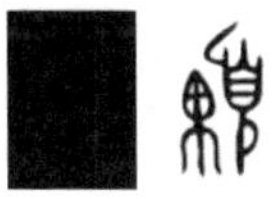 曾公畎甬鐘B jk2020.1 顒天孔惠
			 蔡公子頒戈 eb1146 蔡公子頒		
虢	晋	部	蔡	曾	

顯	順	頡			
 嬭加鎛乙 ms1283 余減顯下屖	 晉公盤 mx0952 㪿剬(順)百嵩(職)  晉公盆 10342 㪿剬(順)百嵩(職)				
		 越王者旨於賜鐘　00144 順余子孫	 郘黛鐘 00226 頡㞢事君  郘黛鐘 00227 頡㞢事君	 郘黛鐘 00228 頡㞢事君  郘黛鐘 00230 頡㞢事君	 郘黛鐘 00231 頡㞢事君  郘黛鐘 00232 頡㞢事君
曾	晉	越	晉		

頼　類　顯

		頼	類	顯	
		 晉公盆 10342 莫不日頼(卑) 䨻  晉公盤 mx0952 莫不日頼(卑) 䨻	 叔夷鐘 00277.2 毋或丞頪(類)  叔夷鎛 00285.8 毋或丞頪(類)	 秦公簋 04315.1 丕顯  盄和鐘 00270.1 丕顯	 叔夷鐘 00276.1 丕顯 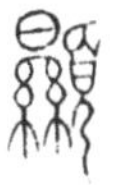 叔夷鐘 00277.1 丕顯
 郘黛鐘 00233 頡㞢事君  郘黛鐘 00234 頡㞢事君	 郘黛鐘 00237 頡㞢事君				
晉		晉	齊	秦	齊

領

		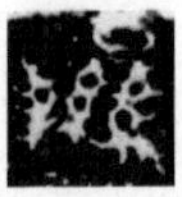 曾伯霥壺 ms1069 允顯允異			 楚王領鐘 00053.1 楚王領
 叔夷鐘 00283 丕顯  叔夷鎛 00285.6 丕顯	 叔夷鎛 00285.7 丕顯	 曾公⿰目求鎛鐘 jk2020.1 丕顯  曾公⿰目求鎛鐘 jk2020.1 丕顯其霝	 曾公⿰目求甬鐘 A jk2020.1 丕顯 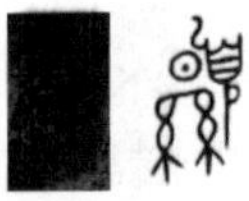 曾公⿰目求甬鐘 A jk2020.1 丕顯其霝	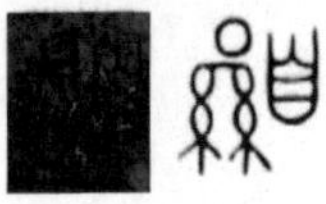 曾公⿰目求甬鐘 B jk2020.1 丕顯	
齊		曾			楚

頓　　顯　　首

 次口缶 xs1249 徐頓君	 塞公屈顯戈 mt16696 塞公屈顯	 郜公典盤 xs1043 郜子姜首			 叔夷鐘 00273.2 稽首  叔夷鐘 00275.1 稽首
			 與兵壺q eb878 參拜項(空)首  與兵壺g eb878 參拜項(空)首	 與兵壺 ms1068 參拜項(空)首	
徐	楚	郜	鄭		齊

頡

		 筍侯匜 10232 荀侯頡作寶匜			
 叔夷鐘 00282 稽首  叔夷鎛 00285.3 稽首	 叔夷鎛 00285.5 稽首		 叔夷鐘 00273.2 頡(稽)首  叔夷鐘 00275.1 頡(稽)首	 叔夷鐘 00282 頡(稽)首  叔夷鎛 00285.3 頡(稽)首	 叔夷鎛 00285.5 頡(稽)首
齊		荀	齊		

縣

郘黛鐘
00225
大鐘既樁(懸)

郘黛鐘
00226
大鐘既樁(懸)

郘黛鐘
00228
大鐘既樁(懸)

郘黛鐘
00230
大鐘既樁(懸)

郘黛鐘
00231
大鐘既樁(懸)

郘黛鐘
00232
大鐘既樁(懸)

郘黛鐘
00233
大鐘既樁(懸)

郘黛鐘
00234
大鐘既樁(懸)

郘黛鐘
00235
大鐘既樁(懸)

郘黛鐘
00236
大鐘既樁(懸)

郘黛鐘
00237
大鐘既樁(懸)

晋

須　　彰　　文

齊	衛	曾	楚	秦	秦
	 衛伯須鼎 xs1198 衛伯須	 曾伯克父盨 ms0539 旅須(盨)		 秦公鐘 00262 卲(昭)文公  秦公鐘 00264 卲(昭)文公	 秦公鎛 00267.1 卲(昭)文公  秦公鎛 00268.1 卲(昭)文公
 叔夷鐘 00273.2 其縣(縣)三百  叔夷鎛 00285.3 其縣(縣)三百				 秦公簋 04315.2 䖒䖒文武	 盄和鐘 00270.2 䖒䖒文武
			 郙子彰缶 09995 郙子彰(鬚)之赴缶		

 秦公鎛 00269.1 卲(昭)文公	 晉姜鼎 02826 文侯	 衛夫人鬲 xs1700 衛文君 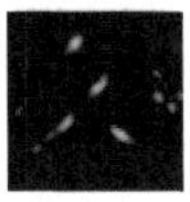 衛夫人鬲 xs1701 衛文君	 毛叔虎父簋g mx0424 文考  毛叔虎父簋q mx0424 文考	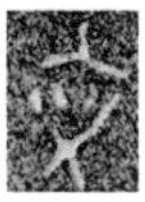 毛叔虎父簋g hx2021.5 文考  毛叔虎父簋q hx2021.5 文考	
					 與兵壺q eb878 皇祖文考 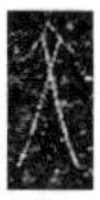 與兵壺 ms1068 文考
秦	晉	衛	毛		鄭

 䲢侯穌盨 04428 文考  滕侯蘇盨 mt05620 文考	 曾伯文簋 04051.1 曾伯文  曾伯文簋 04051.2 曾伯文	 曾伯文簋 04052.1 曾伯文  曾伯文簋 04052.2 曾伯文	 曾伯文簋 04053 曾伯文  曾伯文簋 mt05028 曾伯文	 曾伯文鐳 09961 曾伯文  曾太保嬬簋 mx0425 皇祖文考	 曾伯霥簠 04631 文考  曾伯霥簠 04632 文考
	 叔鬳鼎g mx0139 大曾文之孫  叔旛鼎q mx0139 大曾文之孫	 曾公畎鎛鐘 jk2020.1 周之文武  曾公畎鎛鐘 jk2020.1 文武之福	 曾公畎甬鐘 A jk2020.1 周之文武 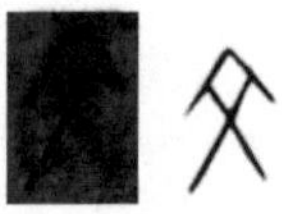 曾公畎甬鐘 A jk2020.1 文武之福	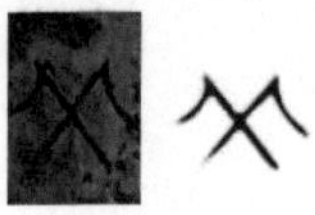 曾公畎甬鐘 B jk2020.1 周之文武 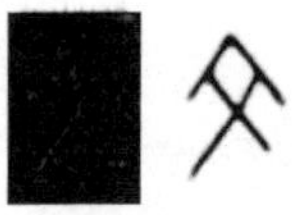 曾公畎甬鐘 B jk2020.1 文武之福	 嬭加編鐘 kg2020.7 文王
 司馬楙鎛 eb48 朕吝(文)考懿叔  司馬楙鎛 eb50 皇祖吝(文)考	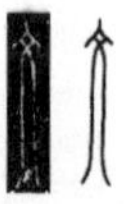 曾侯與鐘 mx1029 左右文武				
滕	曾				

 曾伯克父簋 ms0509 文考  曾伯霥壺 ms1069 文考	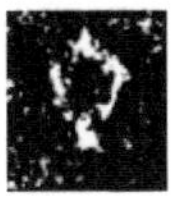 竈乎簋 04157.1 文考  竈乎簋 04157.2 文考	 竈乎簋 04158.1 文考  竈乎簋 04158.2 文考			
					 王孫遺者鐘 00261.1 文考
			 蔡侯𩰫尊 06010 文王  蔡侯𩰫盤 10171 文王	 申文王之孫簠 mt05943 申文王	
曾			蔡	CE	楚

 王子午鼎 02811.2 文考  王子午鼎q xs444 文考	 王子午鼎 xs445 文考  王子午鼎q xs447 文考	 王子午鼎 xs449 文考			 文公之母弟鐘 xs1479 文公
			 郤王義楚觶 06513 文考	 蔡劍 mt17861 文公  蔡劍 mt17862 文公	
楚			徐		

	 晉姜鼎 02826 司（嗣）朕先姑君晉邦				
					 叔夷鐘 00276.1 𠭯伐夏司  叔夷鎛 00285.6 𠭯伐夏司
 吳王光鑑 10298 虔敬乃后  吳王光鑑 10299 虔敬乃后		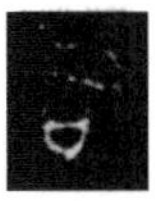 郳大司馬彊盤 ms1216 大司馬  郳大司馬彊匜 ms1260 大司馬	 郳大司馬鈚 ms1177 大司馬	 滕司徒戈 11205 司徒  司馬楙鎛 eb49 司馬	
吳	晉	郳		滕	齊

⿰台司

 司馬朢戈 11131 司馬				 虖⿰台司丘君匜 10194 虖⿰台司丘君  虖⿰台司丘君盤 wm6.200 虖⿰台司丘君	 齊鞷氏鐘 00142.2 用享以孝于⿰台司(台)皇祖
	 曾大司馬國鼎 mx0128 大司馬  曾大司馬伯國簠　mx0488 大司馬	 隨大司馬戈 mx1215 大司馬	 哀成叔鼎 02782 勿或能⿰台司(已)		
D	曾		鄭	郳	齊

				 鄧公簋蓋 04055 㠯(以)乍(迮) 鄧公	
 簷叔之仲子平 鐘　00172 㠯(以)樂其大 酋  簷叔之仲子平 鐘　00174 㠯(以)樂其大 酋	 簷叔之仲子平 鐘　00175 㠯(以)樂其大 酋  簷叔之仲子平 鐘　00177 㠯(以)樂其大 酋	 簷叔之仲子平 鐘　00180 㠯(以)樂其大 酋			 王孫遺者鐘 00261.2 余恁㠯(台)心
			 㠯方豆 04662 㠯之飤盉		
莒			樊	鄧	楚

巵

		 史孔巵 10352 史孔作和(巵)			 蔡太史鉌 10356 作其鉌(巵)
 冉鉦鋮 00428 余以行訇(台)師  冉鉦鋮 00428 余以政(征)訇(台)徒	 何訇君鼎 02477 何訇君党		 卲方豆 04660 卲之御盌(巵)  卲方豆 04661 卲之御盌(巵)	 哀成叔鉌 04650 哀成叔之鉌(巵)	
吴			CE	鄭	蔡

令

	 戎生鐘 xs1615 用䢼王令(命)  晋姜鼎 02826 文侯顥令(命)				 鼄乎簋 04157.1 眉壽永令(命)  鼄乎簋 04157.2 眉壽永令(命)
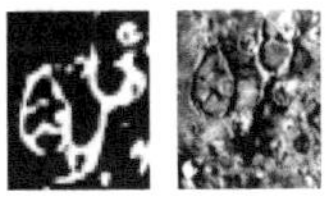 伯遊父卮 mt19239b 旅觶(卮)	 子犯鐘 xs1009 不聽令(命)于王所  子犯鐘 xs1021 不聽令(命)于王所	 晋公盆 10342 [膺]受大令(命)	 許公簠g mx0510 永令(命)無疆  許公簠q mx0510 永令(命)無疆	 許公簠g mx0511 永令(命)無疆  許公簠q mx0511 永令(命)無疆	
黄	晋		許		曾

 竈乎簋 04158.1 眉壽永令(命)					
	 蔡侯鎛 00220.1 天令(命)是遅  蔡侯紐鐘 00210.2 豫令祗祗	 蔡侯紐鐘 00211.1 天令(命)是遅  蔡侯紐鐘 00211.2 豫令祗祗	 蔡侯紐鐘 00217.1 天令(命)是遅  蔡侯紐鐘 00217.2 豫令祗祗	 蔡侯鎛 00222.1 天令(命)是遅  蔡侯鎛 00222.2 豫令祗祗	 蔡侯紐鐘 00216.1 豫令祗祗  蔡侯鎛 00221.2 豫令祗祗
曾	蔡				

邲　　卲

		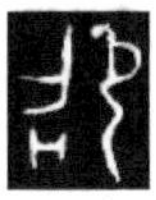 秦公鐘 00262 卲(昭)文公  秦公鐘 00262 卲(昭)合皇天	 秦公鐘 00264 卲(昭)文公  秦公鐘 00264 卲(昭)合皇天	 秦公鎛 00267.1 卲(昭)文公  秦公鎛 00267.1 卲(昭)合皇天	 秦公鎛 00268.1 卲(昭)文公  秦公鎛 00268.1 卲(昭)合皇天
		 秦公簋 04315.2 以卲(昭)皇祖  盄和鐘 00270.2 卲(昭)䨥孝享			
 郐令尹者旨曶爐　10391 徐敂(令)尹	 配兒鉤鑃 00427.1 余邲(畢)□□忌				
徐	吴	秦			

 秦公鎛 00269.1 卲(昭)文公  秦公鎛 00269.1 卲(昭)合皇天	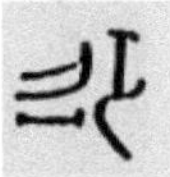 秦子簋蓋 eb423 卲(昭)于聞四方	 戎生鐘 xs1614 皇考卲伯  戎生鐘 xs1617 余用卲追孝于皇祖皇考			
		 晉公盤 mx0952 卲(昭)㑒(答)皇卿	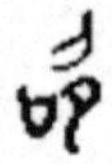 曾公𠹬鎛鐘 jk2020.1 卲(昭)王 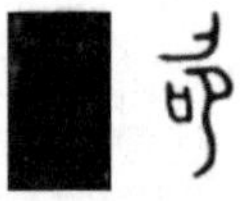 曾公𠹬甬鐘 A jk2020.1 卲(昭)王	 曾公𠹬甬鐘 A jk2020.1 卲(昭)王  曾公𠹬甬鐘 B jk2020.1 卲(昭)王	
			 曾孫卲簠 mx0482 曾孫卲  曾孫卲壺 mx0820 曾孫卲		 卲方豆 04660 卲之御巵  卲方豆 04661 卲之御巵
秦		晉	曾		CE

印

				 梁伯戈 11346.2 印(抑)鬼方蠻	 曾伯霥簠 04631 印(抑)燮繁陽  曾伯霥簠 04632 印(抑)燮繁陽
			 益余敦 xs1627 卲翏公		
 卲王之諻鼎 02288 卲(昭)王	 卲王之諻簋 03634 卲(昭)王  卲王之諻簋 03635 卲(昭)王	 競孫旟也鬲 mt03036 卲事辟王  卲之瘠夫戈 mt17057 卲之瘠夫			
楚				梁	曾

色					卿
					 晉公盆 10342 皇卿（卿）  晉公盤 mx0952 皇卿（卿）
 𪒠鐘 xs482b 霝色若華  𪒠鐘 xs486b 霝色若華	 𪒠鐘 xs484b 霝色若華	 𪒠鎛 xs489b 霝色若華  𪒠鎛 xs490b 霝色若華	 𪒠鎛 xs491a 霝印若華  𪒠鎛 xs492b 霝色若華	 𪒠鎛 xs494b 霝色若華  𪒠鎛 xs496b 霝色若華	
楚					晉

		 曾伯陭壺 09712.1 用鄉(饗)賓客  曾伯陭壺 09712.4 用鄉(饗)賓客			 冶仲考父壺 09708 用祀用鄉(饗)
 郲公鈓鐘 00102 正鄉(卿)	 叔夷鐘 00274.2 正鄉(卿)  叔夷鎛 00285.4 [正]鄉(卿)		 𩞄君季𩡧鑑 mx0535 用祀用卿(饗)		
		 曾侯與鐘 mx1034 宴樂爰卿(饗)		 復公仲壺 09681 用作卿(饗)壺	
郲	齊	曾	CE	楚	

辟

 秦子戈 11352a 中辟元用  秦子戈 xs1350 左辟元用	 晋姜鼎 02826 䜌(紹)匹辞(台)辟				
 盄和鐘 00270.2 咸畜百辟胤士		 齊侯鎛 00271 齊辟鞷(鮑)叔  叔夷鐘 00273.2 朕辟皇君	 叔夷鎛 00285.3 朕辟皇君  叔夷鎛 00285.6 是辟于齊侯之所	 叔夷鐘 00277.2 外内愷辟(悌)  叔夷鎛 00285.8 外内愷辟(悌)	
					 競孫旟也鬲 mt03036 卲事辟王
秦	晋	齊			楚

匍

				 秦公鐘 00263 匍有四方  秦公鎛 00267.2 匍有四方	 秦公鎛 00268.2 匍有四方  秦公鎛 00269.2 匍有四方
				 盄和鐘 00270.2 匍有四方	
 吴王光鐘 0223.1 吴王光穆贈辟[金]  吴王光鐘 00224.1 吴王光穆贈辟金	 吴王光鐘 00224.7 …辟金  吴王光鐘 00224.11 辟[金]	 吴王光鐘 00224.13 □□辟金  吴王光鐘 00224.16 [吴王光穆]贈辟[金]	 吴王光鐘 00224.24 吴王光穆贈辟金 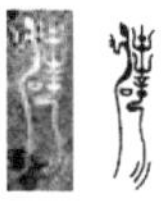 玄鏐戈 xs1289 辟		
吴				秦	

匐		旬		復	緐
 曾公畎鎛鐘 jk2020.1 匍匐辰(祗)敬  曾公畎甬鐘A jk2020.1 匍匐辰(祗)敬	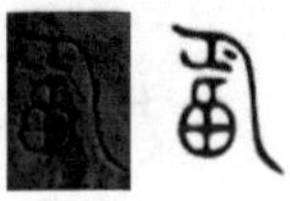 曾公畎甬鐘B jk2020.1 匍匐辰(祗)敬	 庚壺 09733.2B 旬[illegible]舟剸陶丘	 王孫遺者鐘 00261.2 余溥旬(徇)于國	 孎加編鐘 kg2020.7 余复其疆鄙	
					 寬兒鼎 02722 飤緐(繁)
曾		齊	楚	曾	蘇

荀

<table>
<tr><td></td><td></td><td></td><td></td><td></td><td>
楚季荀盤
10125
楚季荀</td></tr>
<tr><td></td><td></td><td> 
䢵子䁁盞g
xs1235
䋣(繁)鼎</td><td></td><td>
仲義君鼎
02279
食䋣(繁)</td><td></td></tr>
<tr><td>
曾孫無䫚鼎
02606
飤䋣(繁)</td><td>
彭子射繁鼎g
mt01666
行䋣(繁)

彭子射繁鼎q
mt01666
行䋣(繁)</td><td>
義子鼎
eb308
飤䋣(繁)</td><td>
楚子逌鼎
02231
飤䋣(繁)</td><td>
乙鼎
02607
飤䋣(繁)</td><td></td></tr>
<tr><td>曾</td><td colspan="2">CE</td><td>楚</td><td></td><td>楚</td></tr>
</table>

敬

 秦公鐘 00262 虔敬朕祀  秦公鐘 00265 虔敬朕祀	 秦公鎛 00267.1 虔敬朕祀  秦公鎛 00268.1 虔敬朕祀	 秦公鎛 00269.1 虔敬朕祀			
 秦公簋 04315.2 虔敬朕祀  盄和鐘 00270.1 虔敬朕祀				 邾公釛鐘 00102 敬卹盟祀	
			 與兵壺q eb878 嚴敬兹禋盟  與兵壺 ms1068 嚴敬兹禋盟		 郳公韍父鎛 mt15815 敬監歁(祼)祀  郳公韍父鎛 mt15816 敬監歁(祼)祀
秦			鄭	邾	郳

	 叔夷鐘 00273.1 汝敬恭辝命  叔夷鎛 00285.2 汝敬恭辝命	 曾公畎鎛鐘 jk2020.1 甪篙辰(祇)敬  曾公畎甬鐘 A jk2020.1 甪篙辰(祇)敬	 曾公畎甬鐘 B jk2020.1 甪篙辰(祇)敬		
 郳公韍父鎛 mt15817 敬監歉(祼)祀				 蔡侯龖尊 06010 歠敬不惕(易)  蔡侯龖尊 06010 敬配吴王	 蔡侯龖盤 10171 歠敬不惕(易)  蔡侯龖盤 10171 敬配吴王
郳	齊	曾		蔡	

 敬事天王鐘 00073 敬事天王  敬事天王鐘 00075 敬事天王	 敬事天王鐘 00077 敬事天王  敬事天王鐘 00078.2 敬事天王	 敬事天王鐘 00080.2 敬事天王  王子午鼎 xs449 敬厥盟祀	 王孫誥鐘 xs418 敬事楚王  王孫誥鐘 xs419 敬事楚王	 王孫誥鐘 xs420 敬事楚王  王孫誥鐘 xs421 敬事楚王	 王孫誥鐘 xs422 敬事楚王  王孫誥鐘 xs426 敬事楚王

楚

 王孫誥鐘 xs427 敬事楚王	 王孫誥鐘 xs429 敬事楚王	 王孫誥鐘 xs434 敬事楚王	 王孫誥鐘 xs433 敬事楚王	 王子午鼎 02811.2 敬厥盟祀	 王子午鼎 xs446 敬厥盟祀
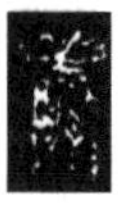 王孫誥鐘 xs428 敬事楚王	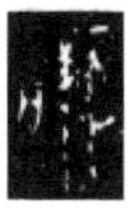 王孫誥鐘 xs430 敬事楚王	 王孫誥鐘 xs435 敬事楚王	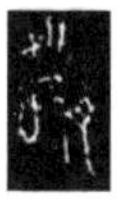 王孫誥鐘 xs443 敬事楚王	 王子午鼎q xs444 敬厥盟祀	 王子午鼎q xs447 敬厥盟祀

楚

畏

					 秦公戈 mx1238 戮畏不廷
 徐王子旃鐘 00182.1 以敬盟祀	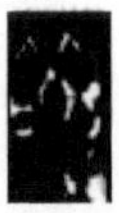 余購逐兒鐘 00183.2 烏呼敬哉  余購逐兒鐘 00185.1 烏呼敬哉	 郘𪒠尹譬鼎 02766.1 余敢敬盟祀  郘𪒠尹譬鼎 02766.2 余敢敬盟祀	 吳王光鐘 0223.1 虔敬[命]勿忘  吳王光鐘 00224.19 敬夙[而光]	 吳王光鑑 10298 虔敬乃后  吳王光鑑 10299 虔敬乃后	
徐			吳		秦

	 梁伯戈 11346.2 敫(威)方蠻				
 齊侯鎛 00271 彌心畏忌		 晉公盤 mx0952 敋(敎)戭(威)百蠻	 叔夷鐘 00272.1 小心愄(畏)忌  叔夷鎛 00285.1 小心愄(畏)忌	 孎加鎛乙 ms1283 恭敳(畏)儔公及我大夫	
				 曾侯與鐘 mx1029 壯武愄(畏)忌  曾侯與鐘 mx1032 畏天之命	 曾侯殘鐘 mx1031 壯武愄(畏)忌  曾侯鐘 mx1025 愄(畏)忌温恭
齊	梁	晉	齊	曾	

	 王孫誥鐘 xs418 敳(畏)忌趩趩  王孫誥鐘 xs419 敳(畏)忌趩趩	 王孫誥鐘 xs420 敳(畏)忌趩趩  王孫誥鐘 xs421 敳(畏)忌趩趩	 王孫誥鐘 xs422 敳(畏)忌趩趩  王孫誥鐘 xs423 敳(畏)忌趩趩	 王孫誥鐘 xs425 敳(畏)忌趩趩  王孫誥鐘 xs427 敳(畏)忌趩趩	 王孫誥鐘 xs428 敳(畏)忌趩趩  王孫誥鐘 xs429 敳(畏)忌趩趩
 蔡侯産劍 11602 作戠(威)忟  蔡侯産劍 11603 作戠(威)忟					
蔡	楚				

 王孫誥鐘 xs430 敳(畏)忌趩趩  王孫誥鐘 xs434 敳(畏)忌趩趩	 王孫誥鐘 xs432 敳(畏)忌趩趩  王孫誥鐘 xs439 敳(畏)忌趩趩	 王孫誥鐘 xs440 敳(畏)忌趩趩  王孫誥鐘 xs418 余不敳(畏)不禶(差)	 王孫誥鐘 xs419 余不敳(畏)不禶(差)  王孫誥鐘 xs420 余不敳(畏)不禶(差)	 王孫誥鐘 xs422 余不敳(畏)不禶(差)  王孫誥鐘 xs423 余不敳(畏)不禶(差)	 王孫誥鐘 xs425 余不敳(畏)不禶(差)  王孫誥鐘 xs426 余不敳(畏)不禶(差)

楚

 王孫誥鐘 xs427 余不敳(畏)不𡗜(差)  王孫誥鐘 xs429 余不敳(畏)不𡗜(差)	 王孫誥鐘 xs430 余不敳(畏)不𡗜(差)  王孫誥鐘 xs433 余不敳(畏)不羑(差)	 王孫誥鐘 xs434 余不敳(畏)不𡗜(差)  王孫誥鐘 xs435 余不敳(畏)不羑(差)	 王孫誥鐘 xs440 余不敳(畏)不𡗜(差)  王孫遺者鐘 00261.2 敳(畏)忌趩趩	 王子午鼎 02811.2 敳(畏)忌趩趩  王子午鼎q xs444 敳(畏)忌趩趩	 王子午鼎 xs445 敳(畏)忌趩趩  王子午鼎 xs446 敳(畏)忌趩趩

楚

 王子午鼎q xs447 敃(畏)忌趩趩  王子午鼎 xs449 敃(畏)忌趩趩	 王子午鼎 02811.2 余不敃(畏)不差  王子午鼎q xs444 余不敃(畏)不差	 王子午鼎 xs445 余不敃(畏)不差  王子午鼎 xs446 余不敃(畏)不差	 王子午鼎 xs449 余不敃(畏)不差		
				 沇兒鎛 00203.2 淑于敃(威)儀	 趙孟庎壺 09678 禺(遇)邗王于黄池  趙孟庎壺 09679 禺(遇)邗王于黄池
楚				徐	晉

⿰鬼猷　　山

 虢仲簠 xs46 ⿰鬼猷姜	 召叔山父簠 04601 召叔山父  召叔山父簠 04602 召叔山父	 國子山壺 mt12270 齊大司徒國子山	 奢虎簠 04539.1 𥎦山奢淲  奢虎簠 04539.2 𥎦山奢淲	 旅虎簠 04540 𥎦山旅虎  旅虎簠 04541.1 𥎦山旅虎	 旅虎簠 04541.2 𥎦山旅虎
		 陳子戈 11084 陳子山徒戟			
虢	鄭	齊			

密	峠	嵒	府		
			 弗奴父鼎 02589 弗奴父作孟姒 孬(府)賸鼎		
 高密戈 11023 高密  高密戈 10972 高密				 上鄀府簠 04613.1 上鄀府  上鄀府簠 04613.2 上鄀府	
	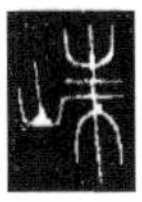 慶孫之子峠簠 04502.1 慶孫之子峠  慶孫之子峠簠 04502.2 慶孫之子峠	 曾嵒公臣鼎 mx0117 曾嵒公臣			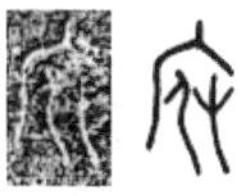 筹府戈 mt16656 筹府
齊		曾	費	CE	魯

庖	廚			庫	
				 繺左庫戈 10959 欒左庫  繺左庫戈 10960 欒左庫	
 宋左太師睪鼎 mt01923 左癗(庖)	 曾孫定鼎 xs1213 脰(廚)鼎  曾大師奠鼎 xs501 脰(廚)鼎	 曾嗇公臣鼎 mx0117 顧(廚)鼎	 吴王孫無土鼎 02359.1 脰(廚)鼎  吴王孫無土鼎 02359.2 脰(廚)鼎		 平陽左庫戈 11017 平陽左庫
宋	曾		吴	晉	齊

		廣		庶	
		 戎生鐘 xs1613 廣經其猷		 魯大司徒子仲白匜　10277 庶女	
	 豫少鉤庫戈 11068 豫小鉤（鈎）庫	 晋公盆 10342 廣闢四方  晋公盤 mx0952 廣闢四方	 晋公盤 mx0952 將廣啓邦		
 鄗左庫戈 11022 鄗左庫	 郚州戈 11074 豫州左庫				 鼄公華鐘 00245 士庶子
D		晋		魯	邾

 叔夷鐘 00272.2 庶民  叔夷鐘 00279 庶民	 叔夷鎛 00285.2 庶民	 孎加鎛丙 ms1284 庶士			
		 曾侯與鐘 mx1029 吴恃有眾庶	 蔡侯紐鐘 00210.1 定均庶邦  蔡侯紐鐘 00211.1 定均庶邦	 蔡侯紐鐘 00217.1 定均庶邦  蔡侯紐鐘 00218.1 定均庶邦	 蔡侯鎛 00222.1 定均庶邦
齊		曾	蔡		

	 楚太師登鐘 mt15511a 用樂庶侯  楚太師登鐘 mt15512a 用樂庶侯	 楚太師登鐘 mt15514a 用樂庶侯  楚太師登鐘 mt15516a 用樂庶侯	 楚太師鄧子辥 慎鎛　mx1045 用樂庶侯		
 彭啓簠丙g ww2020.10 士庶子  彭啓簠丙q ww2020.10 士庶子				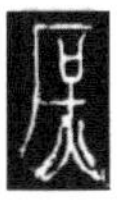 沇兒鎛 00203.2 庶士  徐王子旃鐘 00182.2 庶士	 趙孟庎壺 09678 趙孟庎 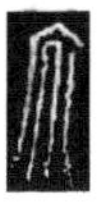 趙孟庎壺 09679 趙孟庎
CE	楚			徐	晉

庣			⿸广邦		⿸广奔
	 邾左庣戈 10969 邾左庣(庫)		  ⿸广邦季伯歸鼎 02644 ⿸广邦季之伯歸夆   ⿸广邦季伯歸鼎 02645 ⿸广邦季之伯歸夆	 伯歸夆盤 mt14484 ⿸广邦季伯歸夆	
 曹右庣戈 11070 曹右庣(庫)		 右庣之戈 Lw2007.5 右庣(庫)			 敶子匜 10279 ⿸广奔孟嬀
		 亳庣戈 11085 京庣(庫)八族			
曹	邾		CE		陳

厰		厲		床	
		 魯大司徒子仲白匜　10277 其庶女厲(厲)孟姬		 魯内小臣床生鼎　02354 小臣床生	 齊不超鬲 sd5.35.2 齊不超作床白尊鬲
 秦公戈 mx1238 用厰(厰)䋣武靈	 晉公盤 mx0952 以厰(嚴)虩若否		 東姬匜 xs398 眉壽厲(萬)年無期		
秦	晉	魯	楚	魯	齊

石

		 [illegible]人屖石盤 ms1200 [illegible]人屖石			
 鄭子石鼎 02421 鄭子石	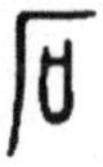 嬭加鎛丁 ms1285 石(庶)保用之			 鐘伯侵鼎 02668 石(礪)沱(盜)	
			 楚旒鼎 xs1197 石(礪)沱(盜)		 石買戈 11075 石買之用戈
鄭	曾	鄂	楚	鐘	

磬					礹
 𪓵鐘 xs482b 攴(比)諸囂𧇊(磬)  𪓵鐘 xs486a 攴(比)諸囂𡑒(磬)	 𪓵鐘 xs487a 攴(比)諸囂𧇊(磬)  𪓵鎛 xs489a 匕(比)諸囂𡑒(磬)	 𪓵鎛 xs490a 匕(比)諸囂𡑒(磬)  𪓵鎛 xs491a 攴(比)諸囂𡑒(磬)	 𪓵鎛 xs492b 攴(比)諸囂𧇊(磬)  𪓵鎛 xs494b 攴(比)諸囂𧇊(磬)	 𪓵鎛 xs496b 攴(比)諸囂𧇊(磬)	 𪓵鐘 xs482b 攴(比)諸囂(囂)磬  𪓵鐘 xs486a 攴(比)諸囂(囂)磬
		楚			楚

長

				 郘湯伯匜 10188 長(郘)湯伯  郘湯伯匜 10208 長(郘)湯伯	
				 長子沬臣簠 04625.1 長子黐臣  長子沬臣簠 04625.2 長子黐臣	 嬭加編鐘 kg2020.7 以長辝夏
 黝鐘 xs487a 旼(比)諸釁(囂)磬  黝鎛 xs489a 匕(比)諸釁(囂)磬	 黝鎛 xs490a 匕(比)諸釁(囂)磬  黝鎛 xs491a 匕(比)諸釁(囂)磬	 黝鎛 xs492b 匕(比)諸釁(囂)磬  黝鎛 xs494b 匕(比)諸釁(囂)磬	 黝鎛 xs496b 匕(比)諸釁(囂)磬		 曾侯與鐘 mx1029 大命之長  曾侯與鐘 mx1034 永用晙長
楚				晋	曾

 𪒠鐘 xs482b 至諸長䚡  𪒠鐘 xs483a 至諸長䚡	 𪒠鐘 xs487b 至諸長䚡	 𪒠鎛 xs489a 至諸長䚡  𪒠鎛 xs490a 至諸長䚡	 𪒠鎛 xs491b 至諸長䚡  𪒠鎛 xs492b 至諸長䚡	 𪒠鎛 xs494b 至諸長䚡  𪒠鎛 xs496b 至諸長䚡	 㑘夫人嫦鼎 mt02425 長購囗其吉
楚					

肆　　勿

	 晉姜鼎 02826 勿廢文侯顯命				
			 郜公典盤 xs1043 丕用勿出	 鼍子鼎 mt02404A 勿或(有)闌已	
 洹子孟姜壺 09730 鼓鐘一銉(肆)		 哀成叔鼎 02782 勿或能訇			 曾季关臣盤 eb933 永用之勿喪
齊	晉	鄭	郜	齊	曾

 䨣侯盤 ms1205 子子孫孫勿忘					
	 郘夫人嬭鼎 mt02425 後民勿忘	 之乘辰鐘 xs1409 後孫勿忘	 吴王光鐘 0223.1 虔敬[命]勿忘  吴王光鐘 00224.8 虔敬命勿忘	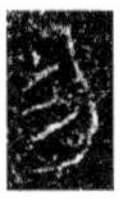  吴王光鐘 00224.17 虔[敬命]勿忘	  吴王光鑑 10298 子孫勿忘  吴王光鑑 10299 子孫勿忘
CE	楚	徐	吴		

昜

				 昜娼鼎 ms0225 昜娼	
 冉鉦鍼 00428 女勿喪勿敗  冉鉦鍼 00428 女勿喪勿敗	 越王者旨於睗鐘　00144 用之勿相(喪)	 宋右師延敦g xs1713 唯嬴嬴盟盟昜(揚)天則  宋右師延敦春 CE33001 唯嬴嬴盟盟昜(揚)天則	 宋公差戈 11289 所造不昜族戈		 沇兒鎛 00203.1 終翰且昜(揚)
吳	越	宋		唐	徐

冉　　而

			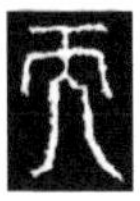 鼄子鼎 mt02404 保而兄弟  叔夷鐘 00272.1 宦執而政事	 叔夷鐘 00276.1 而鍼公之女  叔夷鐘 00277.2 龢協而九事	 叔夷鐘 00277.2 達而倗剿  叔夷鐘 00278 而執斯字
 嘉子昜伯臚簠 04605.1 嘉子伯昜臚  嘉子昜伯臚簠 04605.2 嘉子昜伯臚	 ☐昜戈 10903 ☐昜	 冉鉦鋮 00428 余冉鑄此鉦鋮			
		吴	齊		

 叔夷鐘 00280 而埶斯字  叔夷鐘 00280 而鹹公之女	 叔夷鐘 00281 執而政事  叔夷鎛 00285.1 宦執而政事	 叔夷鎛 00285.6 而鹹公之女  叔夷鎛 00285.8 龢協而九事	 叔夷鎛 00285.8 達而倗剌  叔夷鎛 00285.8 而埶斯字		
				 曾侯與鐘 mx1029 而天命將誤(虞)	 之乘辰鐘 xs1409 而乍謚夫呇之貴姓(甥)
齊				曾	徐

豧　　豩　　龹　　象

				 秦公鐘 00262 不象(惰)于上  秦公鐘 00264 不象(惰)于上	 秦公鎛 00267.1 不象(惰)于上  秦公鎛 00268.1 不象(惰)于上
		 文公之母弟鐘 xs1479 朕猷遠豩(邇)	 庚壺 09733.1B 以殛伐龹□丘  庚壺 09733.2B 與以□龹師	 盄和鐘 00270.1 不象(惰)在上	
 吴王光鐘 00224.5 □□而光  吴王光鐘 00224.8 □而［光］	 樂子簠 04618 樂子嚷豧擇其吉金				
吴	宋		齊	秦	

				貉	易
 秦公鎛 00269.1 不象(惰)于上	 晉姜鼎 02826 虔不惰(惰)			 穌貉簠 04659 穌貉作小用	 晉姜鼎 02826 易(賜)鹵漬千兩
			 叔夷鐘 00272.1 汝不象(惰)夙夜 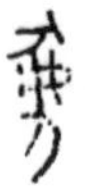 叔夷鎛 00285.1 汝不象(惰)夙夜		 子犯鐘 xs1011 王易(賜)子犯輅車  子犯鐘 xs1023 王易(賜)子犯輅車
		 鼄公華鐘 00245 淑穆不象(惰)于厥身			
秦	晉	郳	齊	蘇	晉

 鄭義伯鑩 09973.1 用易(賜)眉壽  鄭義伯鑩 09973.2 用易(賜)眉壽	 邿譴簋 04040.1 用易(賜)永壽  邿譴簋 04040.2 用易(賜)永壽	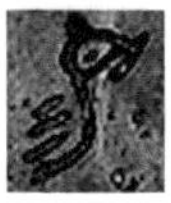 邿譴簋 mt05022 用易(賜)永壽  邿遣盤 sh668 用易(賜)永壽			
			 齊侯鎛 00271 侯氏易(賜)之邑  叔夷鐘 00273.2 余易(賜)汝萊都	 叔夷鐘 00274.1 朕辟皇君之易(賜)休命  叔夷鐘 00275.1 余易(賜)汝馬車戎兵	 叔夷鐘 00275.2 雁(膺)受君公之易(賜)光  叔夷鐘 00276.2 易(賜)夷吉金鈇鎬
鄭	邿		齊		

				 曩侯弟叟鼎 02638 曩侯易(賜)弟叟司戜	 曾伯文簋 04051.1 用易(賜)眉壽黄耇  曾伯文簋 04051.2 用易(賜)眉壽黄耇
 叔夷鐘 00281 余易(賜)汝萊都  叔夷鎛 00285.3 余易(賜)汝萊都	 叔夷鎛 00285.3 朕辟皇君之易(賜)休命  叔夷鎛 00285.5 余易(賜)汝馬車戎兵	 叔夷鎛 00285.5 雁(膺)受君公之易(賜)光  叔夷鐘 00274.2 虔卹不易	 叔夷鐘 00282 虔卹不易  叔夷鎛 00285.4 虔卹不易		 曾公𠱾鎛鐘 jk2020.1 易(賜)之用鉞  曾公𠱾甬鐘 A jk2020.1 易(賜)之用鉞
齊				曩	曾

 曾伯文簠 04052.1 用易(賜)眉壽黄耇  曾伯文簠 04052.2 用易(賜)眉壽黄耇	 曾伯文簠 04053 用易(賜)眉壽黄耇  曾伯文簠 t05237 用易(賜)眉壽黄耇	 曾仲大父蝨𣪕 04203 用易(賜)眉壽  曾仲大父蝨𣪕 04204.1 用易(賜)眉壽	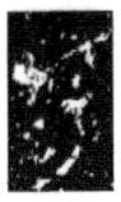 曾仲大父蝨𣪕 04204.2 用易(賜)眉壽	 伯克父鼎 ms0285 用易(賜)眉壽黄耇  曾伯𩂣壺 ms1069 用易(賜)害(匄)眉壽	
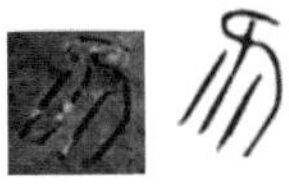 曾公𠹢甬鐘 A jk2020.1 易(賜)之用鉞 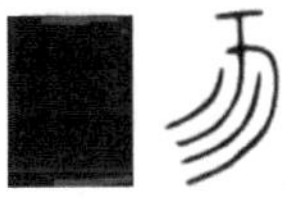 曾公𠹢甬鐘 B jk2020.1 易(賜)之用鉞	 嬭加鎛丙 ms1284 易(賜)我靈終黄耇				
					 蔡侯紐鐘 00210.1 有虔不易  蔡侯紐鐘 00217.1 有虔不易
曾					蔡

豫

		 伯其父簠 04581 用易(賜)眉壽萬年			
				 曾公畎鎛鐘 jk2020.1 豫命于曾 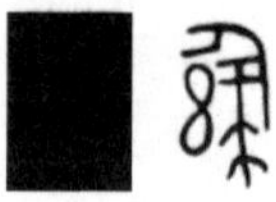 曾公畎甬鐘 A jk2020.1 豫命于曾	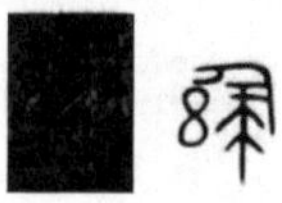 曾公畎甬鐘 A jk2020.1 豫命于曾 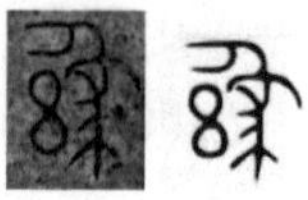 曾公畎甬鐘 B jk2020.1 豫命于曾
 蔡侯鎛 00219.1 有虔不易  蔡侯鎛 00221.1 有虔不易	 復公仲壺 09681 其易(賜)公子孫		 淳于公戈 11124 淳于公之臺豫造 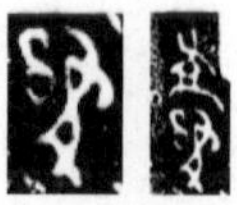 淳于公戈 11125 淳于公之臺豫造		
蔡	楚		淳于	曾	

 嬭加鎛乙 ms1283 龖龖豫政	 蔡侯紐鐘 00210.1 窹窹豫(豫)政  蔡侯紐鐘 00210.2 豫(豫)令祇祇	 蔡侯紐鐘 00211.1 窹窹豫(豫)政  蔡侯紐鐘 00211.2 豫(豫)令祇祇	 蔡侯紐鐘 00216.1 豫(豫)令祇祇 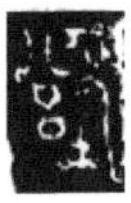 蔡侯紐鐘 00218.1 窹窹豫(豫)政	 蔡侯紐鐘 00217.1 窹窹豫政  蔡侯紐鐘 00217.2 豫(豫)令祇祇	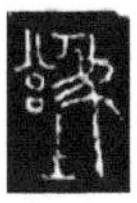 蔡侯鎛 00220.1 窹窹豫(豫)政  蔡侯鎛 00221.2 豫(豫)令祇祇
曾	蔡				

	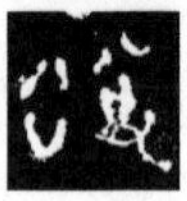 豫少鉤庫戈 11068 豫小鉤（鈎）庫				
 蔡侯鎛 00222.1 寃寃豫(豫)政  蔡侯鎛 00222.2 豫(豫)令祗祗	 郚州戈 11074 豫州左庫				
蔡					

馬

時期＼區域	邾	郳	郳	滕
早期				
中期				
晚期	 邾大司馬戈 11206 邾大司馬	 郳大司馬彊盤 ms1216 大司馬  郳大司馬彊匜 ms1260 大司馬	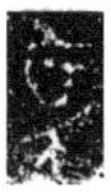 郳大司馬鈚 ms1177 大司馬	  司馬楙鎛 eb49 司馬

 走馬薛仲赤簠 04556 走馬					
	 庚壺 09733.1B 衣裘車馬  庚壺 09733.2B 兵虢(甲)車馬	 庚壺 09733.2B 兵虢(甲)車馬	 叔夷鐘 00275.1 馬車戎兵  叔夷鎛 00285.5 車馬戎兵	 司馬朢戈 11131 司馬	 伯亞臣鐳 09974 黃孫馬頸子伯亞臣
			 平陽高馬里戈 11156 平陽高馬里		
薛	齊			D	黃

					 大嗣馬簋 04505.1 大司馬  大嗣馬簋 04505.2 大司馬
 伯遊父壺 mt12412 馬頸君伯遊父  伯遊父壺 mt12413 馬頸君伯遊父	 伯遊父鐳 mt14009 黃季氏伯馬頸君遊父  伯遊父盤 mt14510 黃季氏伯馬頸君遊父			 蔡大司馬燮盤 eb936 大司馬  蔡大司馬燮匜 mx0997 大司馬	 吴買鼎 02452 走馬  司馬戈 11016 □□司馬
		 曾大司馬國鼎 mx0128 大司馬  曾大司馬伯國簠 mx0488 大司馬	 隨大司馬戈 mx1215 大司馬		
黃		曾		蔡	

駟			馮		
 右走馬嘉壺 09588 右走馬	 魯宰駟父鬲 00707 魯宰駟父		 伯駟父盤 10103 伯駟父		
		 庚壺 09733.2B 其王駟虢(介)方綾		 晉公盤 mx0952 作馮(蔽)左右	
					 姑馮昏同之子句鑃　00424.1 姑馮昏同之子
	魯	齊	D	晉	越

⿰馬羌　　薦

	 鄭師□父鬲 00731 薦鬲	 叔朕簠 04620 ⿱薦廾(薦)㿻  叔朕簠 04621 ⿱薦廾(薦)㿻			
 嬭加鎛乙 ms1283 攸攸⿰馬羌⿰馬羌			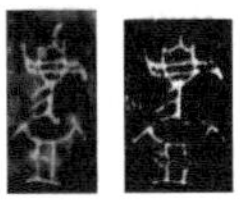 曾公得铺 ms600 ⿱廌皿(薦)鋪		
			 曾仲臺簋 mt05029 ⿰阝⿱薦廾(薦)簋	 卲王之諻簋 03634 ⿱廌皿(薦)𣪕(簋)  卲王之諻簋 03635 ⿱廌皿(薦)𣪕(簋)	 吴王光鑑 10298 ⿱薦廾(薦)鑑  吴王光鑑 10299 ⿱薦廾(薦)鑑
曾	鄭	戴	曾	楚	吴

	⿰孝廌	瀌			廔
 鄚公鼎 02714 薦鼎  華母壺 09638 薦(薦)壺	 魯西子安母簠g mt05903 正叔之士⿰女廌(⿰孝廌) 俞	 戎生鐘 xs1615 余弗叚瀌其顭 光  晉姜鼎 02826 勿瀌(廢)文侯 顭命			 伯其父簠 04581 伯其父慶(廔)
 薦鬲 xs458 薦(薦)鬲				 叔夷鐘 00275.2 余弗敢瀌(廢) 乃命  叔夷鎛 00285.5 余弗敢瀌(廢) 乃命	
			  司馬楙鎛 eb48 帥刑(型)盪(瀌) 則		
	魯	晉	滕	齊	

麗

 童麗君柏匿q mx0494 童(鍾)麗(離)	 童麗君柏匿q mx0495 童(鍾)麗(離)	 童麗君柏鐘 mx1016 童(鍾)麗(離)	 童麗君柏鐘 mx1017 童(鍾)麗(離)	 童麗君柏鐘 mx1018 童(鍾)麗(離)	 童麗君柏鐘 mx1019 童(鍾)麗(離)
 童麗君柏匿g mx0494 童(鍾)麗(離)	 童麗君柏匿g mx0495 童(鍾)麗(離)	 童麗君柏鐘 mx1016 童(鍾)麗(離)	 童麗君柏鐘 mx1017 童(鍾)麗(離)	 童麗君柏鐘 mx1018 童(鍾)麗(離)	 童麗君柏鐘 mx1019 童(鍾)麗(離)

鍾離

 童麗君柏鐘 mx1020 童(鍾)麗(離)	 童麗君柏鐘 mx1021 童(鍾)麗(離)	 童麗君柏鐘 mx1022 童(鍾)麗(離)	 童麗君柏鐘 mx1023 童(鍾)麗(離)	 童麗君柏鐘 mx1024 童(鍾)麗(離)	 童麗公柏戟 mt17055 童(鍾)麗(離)
 童麗君柏鐘 mx1020 童(鍾)麗(離)	 童麗君柏鐘 mx1021 童(鍾)麗(離)	 童麗君柏鐘 mx1022 童(鍾)麗(離)	 童麗君柏鐘 mx1024 童(鍾)麗(離)	 童麗公柏戟 mx1145 童(鍾)麗(離)	 余子白耴此戈 mx1248 童(鐘)麗(離)

鍾離

			麢	臭	臮
			 曾大保盆 10336 曾太保麢叔亟	 臭伯鼎 mt02356 臭伯	 曾子臮鼎 ms0210 曾子臮
 季子康鎛 mt15787a 童（鍾）麗（離）  季子康鎛 mt15789a 童（鍾）麗（離）	 季子康鎛 mt15790a 童（鍾）麗（離） 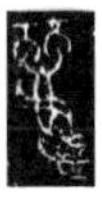 季子康鎛 mt15791a 童（鍾）麗（離）	 取膚上子商盤 10126 用媵之麗奴  取膚上子商匜 10253 用媵之麗奴			
鍾離		D	曾		曾

逸

 奢虎簠 04539.1 豫山奢虒	 旅虎簠 04540 豫山旅虎	 旅虎簠 04541.2 豫山旅虎	 秦子矛 11547.2 用逸宜	 秦子戈 11352 用䠯(逸)宜	 秦子戈 mt17209 用逸宜
 奢虎簠 04539.2 豫山奢虒	 旅虎簠 04541.1 豫山旅虎		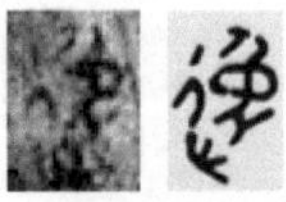 秦子戈 xs1350 用逸宜	 秦子戈 11353 用逸宜	 卜淦口高戈 xs816 逸宜
			秦		

犬 狃 獵 獻

秦	吴	楚	燕	虢	鄭
 秦政伯喪戈 eb1248 用徫(逸)宜 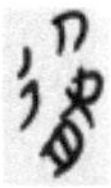 秦政伯喪戈 eb1249 用徫(逸)宜				 虢姜甗 mt03301 旅獻(甗) 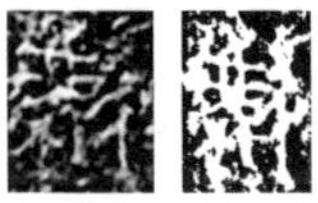 虢季甗 ws2020.1 媵獻（甗）	 伯高父甗 00938 旅獻(甗)
	 配兒鉤鑃 00427.1 吴[王]□□余 □犬子配兒	 復公仲簋蓋 04128 用狃萬邦	 杕氏壺 09715 罡獵毋後		

 陳公子甗 00947 旅獻(甗)	 魯仲齊甗 00939 旅獻(甗)				 曾子仲謱甗 00943 旅獻(甗)  曾伯克父甗 ms0361 旅獻(甗)
		 庚壺 09733.1B 獻(獻)于靈公之所  庚壺 09733.2B 獻(獻)于靈公之所	 庚壺 09733.2B 獻(獻)之于莊公之所		 嬭加鎛丙 ms1284 酬獻歌舞
 陳樂君甗 xs1073 旅獻(甗)				 聽盂 xs1072 聽所獻(獻)爲下寢盂	
陳	魯	齊		D	曾

		狄			猷
 矩甗 xs970 旅㖊(甗)	 尌仲甗 00933 尌仲作獻(甗)  邷子良人甗 00945 飤獻(甗)	 曹伯狄段 04019 曹伯狄	 曾伯霥簠 04631 克狄(逖)淮夷  曾伯霥簠 04632 克狄(逖)淮夷	 曾伯霥壺 ms1069 克狄(逖)淮夷	 戎生鐘 xs1613 廣經其猷  晋姜鼎 02826 宣邛我猷
	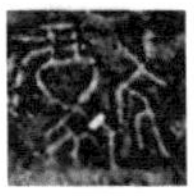 王孫叔諲甗 mt03362 作鑄鐱獻(甗)				 晋公盤 mx0952 克□亢猷
CE		曹	曾		晋

 嬭加編鐘 kg2020.7 密臧我慜(猷)	 王孫誥鐘 xs418 誨慜(猷)丕飤  王孫誥鐘 xs419 誨慜(猷)丕飤	 王孫誥鐘 xs420 誨慜(猷)丕飤  王孫誥鐘 xs421 誨慜(猷)丕飤	 王孫誥鐘 xs422 誨慜(猷)丕飤  王孫誥鐘 xs423 誨慜(猷)丕飤	 王孫誥鐘 xs424 誨慜(猷)丕飤  王孫誥鐘 xs425 誨慜(猷)丕飤	 王孫誥鐘 xs426 誨慜(猷)丕飤  王孫誥鐘 xs427 誨慜(猷)丕飤
曾	楚				

犳

 王孫誥鐘 xs428 誨慜(猷)丕飤  王孫誥鐘 xs429 誨慜(猷)丕飤	 王孫誥鐘 xs431 誨慜(猷)丕飤  王孫誥鐘 xs439 誨慜(猷)丕飤	 王孫誥鐘 xs441 誨慜(猷)丕飤	 王孫遺者鐘 00261.2 誨猷(猷)丕飤	 文公之母弟鐘 xs1479 朕猷遠邇	 趙焦犳戈 mx1218 趙氏孫焦犳
楚					晋

獡	能		然		
 鑄子獡匜 10210 鑄子獡					
		 叔夷鐘 00274.1 汝康能乃九事  叔夷鎛 00285.3 汝康能乃九事	 者𣴘鐘 00197.1 工[獻]王皮難(然)  者𣴘鐘 00198.1 工獻王皮難(然)	 者𣴘鐘 00201 工獻王皮難(然)  者𣴘鐘 00202 工獻王皮難(然)	 者𣴘鐘 00195 工獻王皮難(然)  者𣴘鐘 00196 工[獻]王皮難(然)
	 哀成叔鼎 02782 勿或能訇				
鑄	鄭	齊	吴		

𡘋

 王孫誥鐘 xs418 余不畏不𦍒(差)  王孫誥鐘 xs419 余不畏不𦍒(差)	 王孫誥鐘 xs420 余不畏不𦍒(差)  王孫誥鐘 xs421 余不畏不𦍒(差)	 王孫誥鐘 xs422 余不畏不𦍒(差)  王孫誥鐘 xs423 余不畏不𦍒(差)	 王孫誥鐘 xs425 余不畏不𦍒(差)  王孫誥鐘 xs426 余不畏不𦍒(差)	 王孫誥鐘 xs427 余不畏不𦍒(差)  王孫誥鐘 xs428 余不畏不𦍒(差)	 王孫誥鐘 xs429 余不畏不𦍒(差)  王孫誥鐘 xs430 余不畏不𦍒(差)

楚

燓

 王孫誥鐘 xs434 余不畏不衰(差)  王孫誥鐘 xs435 余不畏不衰(差)	 王孫誥鐘 xs433 余不畏不羑(差)  王孫誥鐘 xs440 余不畏不衰(差)		 王羑戈 11015 王羑之戈		
		 冉鉦鉞 00428 衰(嗟)子孫…		 吴王光鐘 00224.4 …且焚(籥)  吴王光鐘 00224.6 振鳴且焚(籥)	 吴王光鐘 00224.30 [屖鳴敔]焚(籥)  吴王光鐘 00224.41 振鳴且焚(籥)
楚		吴		吴	

爨	煙		煌		
  趙焦犳戈 mx1218 趙氏孫爨(焦) 犳			 盄和鐘 00270.2 其音肅肅雍雍 孔煌(鍠)		
	 哀成叔鼎 02782 𡨦(禋)祀	 宋君夫人鼎q eb304 𡪞(禋)祀  宋君夫人鼎g eb304 𡪞(禋)祀		 鄦子盟自鎛 00153 元鳴孔煌(鍠)  鄦子盟自鎛 00154 元鳴孔煌(鍠)	 曾侯與鐘 mx1029 穌鐘鳴煌(鍠)
晋	鄭	宋	秦	許	曾

光

	 秦子簋蓋 eb423 秦子之光	 戎生鐘 xs1615 余弗叚灋其顯光  晉姜鼎 02826 敏揚厥光烈			
 王孫遺者鐘 00261.1 元鳴孔煌(鍠)  王孫遺者鐘 00261.2 煌煌(鍠鍠)熙熙			 叔夷鐘 00275.2 雁(膺)受君公之賜光  叔夷鎛 00285.5 雁(膺)受君公之賜光		
 𪓐鎛 xs489b 龢平均煌(鍠)  𪓐鎛 xs490b 龢平均煌(鍠)				 攻敔王光劍 11620 攻敔王光   攻敔王光劍 11654 攻敔王光	 吴王光劍 mt17919 攻敔王光   攻敔王光劍 11666 攻敔王光
楚	秦	晉	齊	吴	

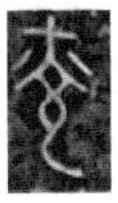 攻敔王光鐸 mx1047 攻敔王光	 吴王光鐘 0223.1 吴王光	 吴王光鐘 00224.24 吴王光	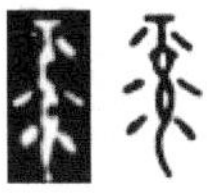 攻吴王光韓劍 xs1807 攻吾王光	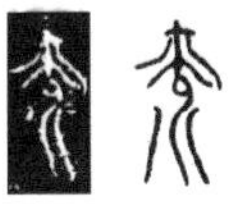 吴王光鑑 10298 吴王光	 吴王光帶鈎 mx1388 工吾王光
 卑梁君光鼎 02283 卑梁君光	 吴王光鐘 00224.1 吴王光	 吴王光鐘 00224.5 □□而光	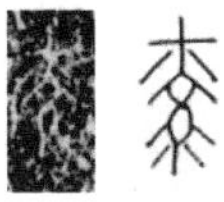 攻敔王光劍 zy2021.1 攻敔王光	 吴王光鑑 10299 吴王光	 攻敔王光戈 11151.1 攻敔王光

吴

				炒	戓
					 曩侯弟叟鼎 02638 曩侯賜弟叟司戓
				 王子嬰次爐 10386 王子嬰次之庡(炒)爐	
 吴王光戈 11255.1 大王光桓  吴王光帶鈎 mx1390 工吾王光	 攻吾王光劍 wy030 攻吾王光  攻吾王光劍 wy030 工吾王光	 攻吾王光劍 wy030 工吾王光 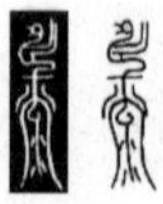 攻吴王光劍 xs1478 攻吾王光	 攻吾王光劍 wy031 攻吾王光  吴王光逗劍 wy029 大王光逗		
吴				楚	曩

⿰月灷

 邾伯御戎鼎 02525 ⿰月灷(滕)姬	 ⿰月灷侯䴸盨 04428 ⿰月灷(滕)侯  ⿰月灷侯䴸盨 04428 厥文考⿰月灷(滕)仲	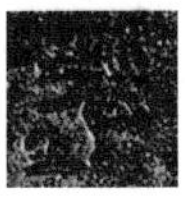 滕侯蘇盨 mt05620 ⿰月灷(滕)侯  滕侯蘇盨 mt05620 厥文考⿰月灷(滕)仲			
	 滕太宰得匜 xs1733 ⿰月灷(滕)太宰  ⿰月灷司徒戈 11205 ⿰月灷(滕)司徒	 ⿰月灷侯昃戈 11123 ⿰月灷(滕)侯  ⿰月灷侯昃戈 11018 ⿰月灷(滕)侯	 ⿰月灷侯昃戈 11079 ⿰月灷(滕)侯  ⿰月灷侯昃敦 04635 ⿰月灷(滕)侯	 ⿰月灷侯耆戈 11077 ⿰月灷(滕)侯  ⿰月灷侯耆戈 11078 ⿰月灷(滕)侯	 滕之不㤉劍 11608 ⿰月灷(滕)之不㤉由于  者兒戈 mx1255 ⿰月灷(滕)師公
邾	滕				

燮

	 蔡侯鼎 xs1905 蔡侯作宋姬縢（媵）鼎			 曾伯霥簠 04631 抑燮（燮）繁陽  曾伯霥簠 04632 抑燮（燮）繁陽	
		 子犯鐘 xs1010 燬（燮）諸侯  子犯鐘 xs1022 燬（燮）諸侯	 晉公盆 10342 䶠燮（燮）萬邦  晉公盤 mx0952 䶠燮（燮）萬邦		
 司馬楙鎛 eb49 作司馬于縢（滕）  滕侯賕鎛 mt15757 縢（滕）侯				 曾侯與鐘 mx1029 吾用燮（燮）就楚  曾侯與鐘 mx1029 懷燮（燮）四方	 曾侯殘鐘 mx1031 懷燮（燮）四方
滕	蔡	晉		曾	

宓　　　　黑

			 鑄子叔黑臣鼎 02587 鑄子叔黑臣  鑄子叔黑臣盨 04423 鑄子叔黑臣	 鑄子叔黑臣盨 mt05608 鑄子叔黑臣  鑄子叔黑臣簠 04570.1 鑄子叔黑臣	 鑄子叔黑臣簠 04570.2 鑄子叔黑臣  鑄子叔黑臣簠 04571.2 鑄子叔黑臣
 蔡大司馬燮盤 eb936 蔡大司馬燮	 倗戟 xs469 用燮(燮)不廷	 嬭加編鐘 kg2020.7 宓(密)臧我猷			
蔡	楚	曾	鑄		

黝

 叔黑臣匜 10217 唯叔黑臣  鑄子叔黑臣簋 03944 鑄子叔黑臣	 鑄子叔黑臣鬲 00735 鑄子叔黑臣				
		 黝鎛 xs495a 黝余吕王之孫  黝鎛 xs496a 黝擇吉金	 黝鐘 xs482a 黝(黝)擇吉金  黝鐘 xs486a 黝(黝)擇吉金	 黝鐘 xs484a 黝(黝)擇吉金  黝鎛 xs489a 黝(黝)擇吉金	 黝鎛 xs490a 黝(黝)擇吉金  黝鎛 xs491a 黝(黝)擇吉金
鑄		楚			

黛

 𪒠鎛 xs492a 𪒠(𪒠)擇吉金  𪒠鎛 xs494a 𪒠(𪒠)擇吉金	 𪒠鐘 xs483b 𪒠(𪒠)吕王之孫  𪒠鐘 xs488b 𪒠(𪒠)余吕王之孫	 𪒠鎛 xs491b 𪒠(𪒠)余吕王之孫  𪒠鎛 xs493a 𪒠(𪒠)余吕王之孫	 郘黛鐘 00226 郘黛  郘黛鐘 00227 郘黛	 郘黛鐘 00230 郘黛 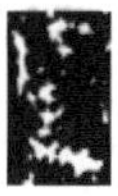 郘黛鐘 00230 郘黛	 郘黛鐘 00233 郘黛
楚			晉		

恩				熒	赤
				 圚君婦媿霝鎣 09434 圚君婦媿霝作 焚(鎣)	
 蔡侯䚈尊 06010 忈(聰)憲訢揚  蔡侯䚈盤 10171 忈(聰)憲訢揚	 蔡侯紐鐘 00210.2 既忈(聰)于心  蔡侯紐鐘 00211.2 既忈(聰)于心	 蔡侯紐鐘 00217.2 既忈(聰)于心  蔡侯紐鐘 00218.2 既忈(聰)于心	 蔡侯鎛 00222.2 既忈(聰)于心		 鼄公華鐘 00245 玄鏐赤鏞
蔡				郳	邾

烄　大

薛	蔡	楚	吴	蔡	秦
 走馬薛仲赤簠 04556 走馬薛仲赤					 秦公鐘 00263 大福  秦公鐘 00263 大壽
	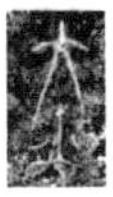 蔡大司馬燮匜 mx0997 孟姬赤	 楚屈子赤目簠 04612 楚屈子赤目  楚屈子赤目簠 xs1230 楚屈子赤目			
			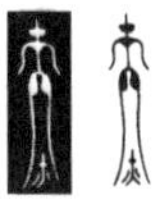 玄鏐戈 xs1289 玄鏐赤鏞	 蔡侯簠 ms0582 楚仲姬烄	
薛	蔡	楚	吴	蔡	秦

秦公鐘 00263 大命	秦公鐘 00266 大壽	秦公鎛 00267.2 大壽	秦公鎛 00268.2 大福	秦公鎛 00268.2 大命	秦公鎛 00269.2 大壽
				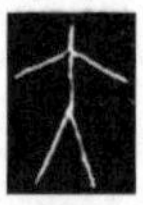	
秦公鐘 00266 大福	秦公鎛 00267.2 大福	秦公鎛 00267.2 大命	秦公鎛 00268.2 大壽	秦公鎛 00269.2 大福	秦公鎛 00269.2 大命

秦

 内大子白簠蓋 04537 大(太)子  内大子白簠蓋 04538 大(太)子	 内太子白鼎 02496 大(太)子  内大子白壺蓋 09644 大(太)子	 内大子白壺 09645.1 大(太)子  内大子白壺 09645.2 大(太)子	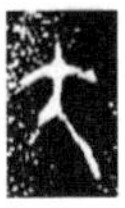 芮太子白鬲 mt2980 大(太)子  芮太子白鬲 mt2981 大(太)子	 芮太子白鬲 mt2898 大(太)子  芮太子白鬲 mt2899 大(太)子	 芮太子鬲 eb78 大(太)子  内太子鼎 02448 大(太)子
 内大攻戈 11203 芮大攺□之造					
芮					

 内太子鼎 02449 大(太)子  太师小子白歡父鼎　ms0261 大(太)師	 芮太子白鼎 ms0229 大(太)子	 虢大子元徒戈 11116 大(太)子  虢大子元徒戈 11117 大(太)子	 小子吉父方甗 xs30 □　大□ □  太子車斧 xs44 大(太)子	 戎生鐘 xs1615 大福  太師盤 xs1464 大(太)師	
				 子犯鐘 xs1010 大工(攻)楚荆  子犯鐘 xs1022 大工(攻)楚荆	 晋公盆 10342 大命  晋公盤 mx0952 大命
				 郘黛鐘 00225 大鐘既懸	 郘黛鐘 00226 大鐘八肆  郘黛鐘 00226 大鐘既懸
芮		虢		晉	

 郘黛鐘 00228 大鐘八肆	 郘黛鐘 00229 大鐘八肆	 郘黛鐘 00230 大鐘八肆	 郘黛鐘 00231 大鐘八肆	 郘黛鐘 00233 大鐘八肆	 郘黛鐘 00232 大鐘八肆
 郘黛鐘 00228 大鐘既懸	 郘黛鐘 00229 大鐘既懸	 郘黛鐘 00230 大鐘既懸	 郘黛鐘 00231 大鐘既懸	 郘黛鐘 00233 大鐘既懸	 郘黛鐘 00234 大鐘八肆

晋

					 燕仲盨g kw2021.3 大(太)保
 郘黛鐘 00235 大鐘八肆  郘黛鐘 00235 大鐘既懸	 郘黛鐘 00236 大鐘八肆  郘黛鐘 00236 大鐘既懸	 郘黛鐘 00237 大鐘八肆  郘黛鐘 00237 大鐘既懸	 吕大叔斧 11786 大叔  吕大叔斧 11787 大叔	 郘大叔斧 11788 大叔	
晋					燕

 燕仲盨q kw2021.3 大(太)保  燕仲鼎 kw2021.3 大(太)保	 燕仲鼎 kw2021.3 大(太)保 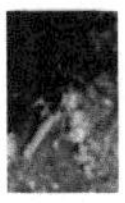 燕仲匜 kw2021.3 大(太)保	 燕仲鬲 kw2021.3 大(太)保  燕太子簋 kw2021.3 大(太)子	 宗婦鄁嬰鼎 02683 大福  宗婦鄁嬰鼎 02684 大福	 宗婦鄁嬰鼎 02685 大福  宗婦鄁嬰鼎 02686 大福	 宗婦鄁嬰鼎 02687 大福  宗婦鄁嬰鼎 02688 大福
燕			BC		

 宗婦鄁嬰鼎 02689 大福	 宗婦鄁嬰㲃 04077 大福	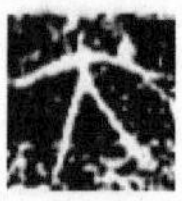 宗婦鄁嬰㲃 04079 大福	 宗婦鄁嬰㲃 04081 大福	 宗婦鄁嬰㲃 04083 大福	 宗婦鄁嬰㲃 04085 大福
 宗婦鄁嬰㲃蓋 04076 大福	 宗婦鄁嬰㲃 04078 大福	 宗婦鄁嬰㲃 04080 大福	 宗婦鄁嬰㲃 04082 大福	 宗婦鄁嬰㲃 04084 大福	 宗婦鄁嬰㲃 04086.1 大福

BC

 宗婦鄁嬰𣪘 04086.2 大福	 宗婦鄁嬰壺 09698.2 大福	 宗婦鄁嬰壺 09699.2 大福	 弟大叔殘器 xs991 大叔	 毛叔虎父簋g hx2021.5 大宗	 毛叔虎父簋q mx0424 大宗
 宗婦鄁嬰𣪘 04087 大福	 宗婦鄁嬰壺 09699.1 大福	 宗婦鄁嬰盤 10152 大福		 毛叔虎父簋g mx0424 大宗	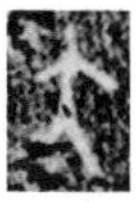 毛叔虎父簋q hx2021.5 大宗
BC			BC	毛	

 召叔山父簠 04601 大司工  召叔山父簠 04602 大司工		 伯國父鼎 mx0194 許大或伯國父			
 鄭大内史叔上匜　10281 鄭大内史			 敶大喪史仲高鐘　00350 陳大喪史  敶大喪史仲高鐘　00351.1 陳大喪史	 敶大喪史仲高鐘　00354.1 陳大喪史  敶大喪史仲高鐘　00355.1 陳大喪史	
 與兵壺q eb878 大(太)子  與兵壺g eb878 大(太)子	 與兵壺 ms1068 大(太)子  封子楚簠g mx0517 大夫	 鄦子盟自鎛 00153 大夫  鄦子盟自鎛 00154 大夫			 宋左太師睪鼎 mt01923 左大(太)師
鄭		許	陳		宋

 魯大宰遼父簋 03987 大(太)宰  魯伯大父作孟姜簋　03988 魯伯大父	 魯大司徒子仲白匜　10277 大司徒  魯伯大父作季姬婧簋　03974 魯伯大父	 魯伯大父作仲姬俞簋　03989 魯伯大父			
 魯大司徒厚氏元簠　04689 大司徒  魯大司徒厚氏元簠　04690.1 大司徒	 魯大司徒厚氏元簠　04690.2 大司徒  魯大司徒厚氏元簠　04691.1 大司徒	 魯大司徒厚氏元簠　04691.2 大司徒  魯大左嗣徒元鼎　02592 大左司徒	 魯大左嗣徒元鼎　02593 大左司徒  魯大司徒元盂 10316 大司徒	 鼄君鐘 00050 用處大政	 郳太師戈 sh809 大(太)師
				 鼄大宰簠 04623 大(太)宰  鼄大宰簠 04624 大(太)宰	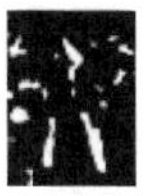 鼄大宰鐘 00086.1 大(太)宰  郳大司馬戈 11206 大司馬
魯				郳	

 鼄公牼鐘 00151 大夫  鼄公牼鐘 00152 大夫	 鼄公華鐘 00245 大夫	 郳公韍父鎛 mt15815 大命  郳公韍父鎛 mt15816 大命	 郳公韍父鎛 mt15818 大命  郳大司馬彊盤 ms1216 大司馬	 郳大司馬彊匜 ms1260 大司馬  郳大司馬鈚 ms1177 大司馬	 滕太宰得匜 xs1733 大(太)宰
邾		郳			滕

 國子山壺 mt12270 大司徒					
 齊太宰歸父盤 10151 大(太)宰  歸父盤 mx0932 大(太)宰	 齊侯鎛 00271 大攻厄  齊侯鎛 00271 大(太)遂	 齊侯鎛 00271 大(太)事(史)  齊侯鎛 00271 大(太)宰	 庚壺 09733.1B 庚大門之  叔夷鎛 00285.4 大(太)事(史)	 姬寏母豆 04693 大(太)公	 簷叔之仲子平 鐘　00172 大酉(酒)  簷叔之仲子平 鐘　00174 大酉(酒)
 洹子孟姜壺 09729 大(太)子  洹子孟姜壺 09729 大無司誓	 洹子孟姜壺 09729 大司命  洹子孟姜壺 09729 縱爾大樂	 洹子孟姜壺 09729 縱爾大樂  洹子孟姜壺 09730 大(太)子	 洹子孟姜壺 09730 大司命  洹子孟姜壺 09730 大無司誓	 洹子孟姜壺 09730 縱爾大樂	 簷太史申鼎 02732 大(太)史  鄶平壺 xs1088 大(太)叔
齊					莒

		 上曾太子鼎 02750 大(太)子		 曾仲大父螽𣪘 04203 曾仲大父  曾仲大父螽𣪘 04204.1 曾仲大父	 曾仲大父螽𣪘 04204.2 曾仲大父  曾大師賓樂與鼎　mt01840 大(太)師
 簷叔之仲子平鐘　00175 大酉(酋)  簷叔之仲子平鐘　00177 大酉(酋)	 簷叔之仲子平鐘　00178 大酉(酋) 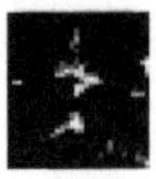 簷叔之仲子平鐘　00179 大酉(酋)		 黃太子白克盤 10162 大(太)子  黃太子白克盆 10338 大(太)子	 曾大工尹戈 11365 大工尹	 叔戢鼎g mx0139 大曾文之孫 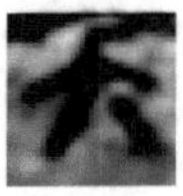 叔旟鼎q mx0139 大曾文之孫
		 荆公孫敦 04642 大寶無期  荆公孫敦 t06070 大寶無期		 曾侯與鐘 mx1029 大命	 曾大師奠鼎 xs501 大(太)師
莒		D	黃	曾	

 曾伯陭壺 09712.3 大福	 曾大保盆 10336 大(太)保	 曾太保慶盆 eb965 大(太)保	 曾太保簠g ms0559 大(太)保	 蔡大善夫趣簠g xs1236 大膳夫	 蔡太史鉚 10356 大(太)史
 曾伯陭壺 09712.5 大福	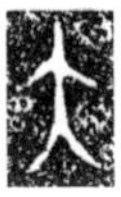 曾伯克父簋 ms0509 大寶簋	 曾太保嬬簋 mx0425 大(太)保	 曾太保簠q ms0559 大(太)保	 蔡大善夫趣簠q xs1236 大膳夫	
 嬭加編鐘 kg2020.7 大命	 嬭加鎛丙 ms1284 大夫			 蔡大司馬燮盤 eb936 大司馬	
 嬭加鎛乙 ms1283 大夫	 嬭加鎛丙 ms1284 大夫				
 曾大司馬伯國簠 mx0488 大司馬	 曾孫卲壺 mx0820 大行之壺		 隨大司馬戈 mx1215 隨大司馬	 蔡侯龖尊 05939 大孟姬	 蔡侯龖尊 06010 大命
 曾大司馬國鼎 mx0128 大司馬				 蔡侯龖缶 10004 大孟姬	 蔡侯龖盤 10171 大命
曾				蔡	

		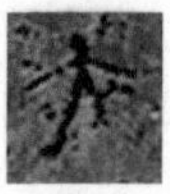 上都太子平侯匜　ms1252 大(太)子	 楚太師登鐘 mt15511a 大(太)師  楚太師登鐘 mt15512a 大(太)師	 楚太師登鐘 mt15513a 大(太)師  楚太師登鐘 mt15514a 大(太)師	 楚太師登鐘 mt15516a 大(太)師  楚太師登鐘 mt15517 大(太)師
			 敬事天王鐘 00074 以之大行  敬事天王鐘 00077 以之大行	 敬事天王鐘 00079 以之大行  敬事天王鐘 00081.2 以之大行	
 蔡侯龖盤 10171 大孟姬  蔡侯龖尊 06010 大孟姬	 蔡大師鼎 02738 大(太)師		 郤夫人嫦鼎 mt02425 鄝大尹(君)  鄝子辛簠q xs541 鄝子大	 競之定鬲 mt03015 大有社  競之定鬲 mt03016 大有社	 競之定鬲 mt03017 大有社 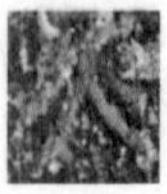 競之定鬲 mt03018 大有社
蔡		CE	楚		

 楚太師登鐘 mt15518a 大(太)師	 楚太師登鐘 mt15519a 大(太)師  楚太師鄧子辪慎鎛　mx1045 大(太)師			 郐大子鼎 02652 大(太)子	
 競之定鬲 mt03019 大有社 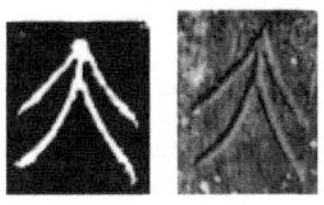 競之定鬲 mt03020 大有社	 競之定鬲 mt03021 大有社  競之定鬲 mt03022 大有社	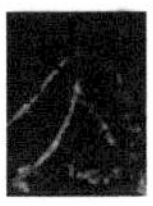 競之定簋 mt04978 大有社 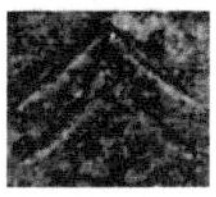 競之定簋 mt04979 大有社	 競之定豆 mt06150 大有社  競之定豆 mt06151 大有社		 姑發䏦反劍 11718 大(太)子  攻吴大叔盤 xs1264 大(太)叔
楚				徐	吴

			 鄭大嗣攻鬲 00678 大司攻(工)	 大嗣馬簠 04505.1 大司馬 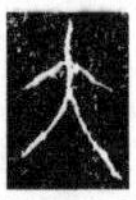 大嗣馬簠 04505.2 大司馬	 大嘼戈 10892 大嘼(酉)  □鏞用戈 11334 大巢(酉)
			 鐘伯侵鼎 02668 大(太)師	 欒大司徒瓶 09981 大司徒	 大孟姜匜 10274 大(太)師  大孟姜匜 10274 大孟姜
 攻吳大叡矛 xs1625 工盧大叡矢  霸服晋邦劍 wy054 □大王	 工盧大叔戈 mt17138 大(太)叔  工盧大叔叡矣劍　mx1345 大(太)叔	 冉鉦鋮 00428 □□□大川  吳王光逗劍 wy029 大王	 嘉賓鐘 00051 大夫	 大戈 xs1561 大	
吳					

奎		契	夷		
	 侃孫奎母盤 10153 □孫奎母				 曾仲壺簋 mt05029 曾仲壺
 㑉夫人孎鼎 mt02425 孟屯(春)才(在)奎之远		  杕氏壺 09715 金契	 鄴子壺簠 04545 鄴子壺  鄴子賁壺鼎g 02498 鄴子賁壺	 鄴子賁壺鼎q 02498 鄴子賁壺	
楚		燕	邊		曾

㚤				亦	
 廓季伯歸鼎 02644 廓季之伯歸壺  廓季伯歸鼎 02645 廓季之伯歸壺	 伯歸壺盤 mt14484 廓季之伯歸壺	 芮太子白鬲 mt2899 㚤父  芮太子白鼎 ms0229 㚤父	 芮公脊父壺 ms1046 芮公脊(㚤)父		
	 羅兒匜 xs1266 學卯□□壺之子			 哀成叔鼎 02782 亦弗其𨐓獲	 司馬楙鎛 eb48 亦帥型灋則
CE		芮		鄭	滕

喬

 秦政伯喪戈 eb1248 喬黄  秦政伯喪戈 eb1249 喬黄					
	 郘黛鐘 00225 喬喬其龍  郘黛鐘 00225 不敢爲喬(驕)	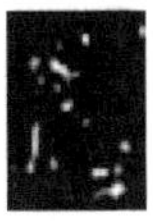 郘黛鐘 00226 喬喬其龍  郘黛鐘 00226 不敢爲喬(驕)	 郘黛鐘 00228 喬喬其龍  郘黛鐘 00228 不敢爲喬(驕)	 郘黛鐘 00229 喬喬其龍  郘黛鐘 00233 喬喬其龍	 郘黛鐘 00230 喬喬其龍  郘黛鐘 00230 不敢爲喬(驕)
秦	晉				

			 元黄戈 mt16510 元黄喬		
				 曾公𠶷鎛鐘 jk2020.1 吉金喬(鐈)鏞 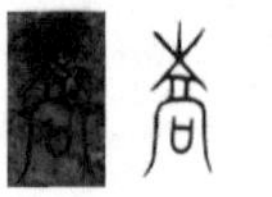 曾公𠶷甬鐘 A jk2020.1 [吉金]喬(鐈)鏞	 曾公𠶷甬鐘 B jk2020.1 吉金喬(鐈)鏞
 郘黛鐘 00231 喬喬其龍  郘黛鐘 00231 不敢爲喬(驕)	 郘黛鐘 00235 喬喬其龍  郘黛鐘 00233 不敢爲喬(驕)	 郘黛鐘 00237 喬喬其龍  郘黛鐘 00237 不敢爲喬(驕)		 曾孫喬壺 mx0814 曾孫喬  曾侯鐘 mx1025 徇喬(驕)壯武	 曾旨尹喬匜 ms1245 曾旨尹喬
晋			虢	曾	

	奔	交	壺		
 喬夫人鼎 02284 喬夫人		  恿公戈 11280 壽之用交(效)	 秦公壺 xs1347 尊壺  秦公壺 xs1348 尊壺	 秦公壺 xs1346 尊壺 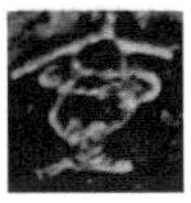 秦公壺 mt12184 尊壺	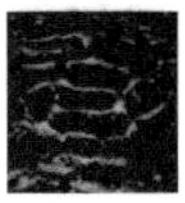 秦公壺 ms1041 尊壺
		 交車戈 10956 交車戈			
	 吳王餘眛劍 mx1352 命禦荆荆奔				
CE	吳		秦		

 内公壺 09596 從壺	 内公壺 09598 從壺	 内大子白壺 09645.1 寶壺	 仲姜壺 mt12248 尊壺	 虢季壺 xs38 寶壺	 虢仲壺 ms1037 旅壺
 内公壺 09597 從壺	 内大子白壺蓋 09644 寶壺	 内大子白壺 09645.2 寶壺	 仲姜壺 mt12247 尊壺	 虢姜壺 mt12223 旅壺	 虢季氏子組壺 09655 寶壺
芮				虢	

 虞侯政壺 09696 寶壺	 晋叔家父壺 mt12357 尊壺  晋叔家父壺 xs908 尊壺	 叔休壺 ms1059 寶壺 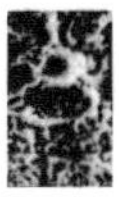 叔休壺 ms1060 寶壺	 仲考父盤 jk2020.4 壺兩  楷侯宰吹壺甲g jk2020.4 寶壺	 楷侯宰吹壺甲q jk2020.4 寶壺  楷侯宰吹壺乙g jk2020.4 寶壺	 楷侯宰吹壺乙q jk2020.4 寶壺
	 □君子之壺 xs992 □君子之壺				
虞	晋		黎		

 琱射壺 kw2021.3 尊壺	 毛虎壺q hx2021.5 尊壺  毛虎壺g hx2021.5 尊壺	 敶医壺 09634.1 媵壺  敶医壺 09634.2 媵壺	 敶医壺 09633.1 媵壺  敶医壺 09633.2 媵壺	 杞伯每亡壺蓋 09687 寶壺  杞伯每亡壺 09688 寍(寶)壺	 魯侯壺 eb848 魯侯作壺  魯侯壺 eb849 魯侯作壺
燕	毛	陳		杞	魯

 侯母壺 09657.1 作侯父戎壺 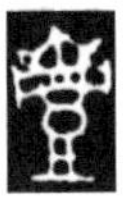 侯母壺 09657.2 作侯父戎壺	 矦母壺 sh611 作侯父戎壺	 邾君慶壺g mt12333 醴壺  邾君慶壺q mt12333 醴壺	 邾君慶壺 mt12334 醴壺 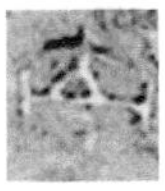 邾君慶壺 mt12335 醴壺	 邾君慶壺 mt12336 醴壺 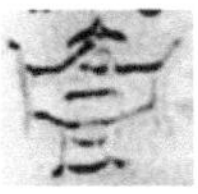 邾君慶壺 mt12337 醴壺	 邾君慶壺g ms1056 醴壺 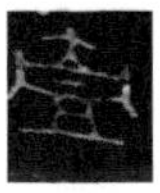 邾君慶壺q ms1056 醴壺
魯		郳			

 圁君婦媿霝壺 mt12353 旅壺  圁君婦媿霝壺 ms1055 旅壺	 薛侯壺 xs1131 行壺	 齊良壺 09659 壺盂  國子山壺 mt12270 盥壺			 己侯壺 09632 紀侯作鑄壺
		 庚壺 09733.1B 瀠(盥)壺		 公鑄壺 09513 公鑄壺	
		 公子土折壺 09709 盤壺	 洹子孟姜壺 09729 兩壺  洹子孟姜壺 09730 兩壺	 鄺平壺 xs1088 盥□壺	
郳	薛	齊		莒	紀

			 郳季寬車壺 09658.2 行壺	 番叔壺 xs297 寶壺	 曾伯陭壺 09712.1 醴壺  曾伯陭壺 09712.4 醴壺
	 唐侯制壺 mx0829 行壺	 樊夫人龍嬴壺 09637 行壺	 伯遊父壺 mt12412 旅壺  伯遊父壺 mt12413 旅壺		 湛之行壺g kxs2021.1 行壺  湛之行壺q kxs2021.1 行壺
 曩公壺 09704 盥壺					 曾仲姬壺 eb855 牆壺
曩	唐	樊	黄	番	曾

 曾仲斿父方壺 09628.1 寶尊壺  曾仲斿父方壺 09628.2 寶尊壺	 曾仲斿父方壺 09629.1 寶尊壺  曾仲斿父方壺 09629.2 寶尊壺	 曾伯霥壺 ms1069 尊壺 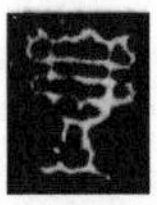 曾伯霥壺 ms1069 唯此壺章	 曾伯克父壺g ms1062 飤壺  曾伯克父壺q ms1062 飤壺	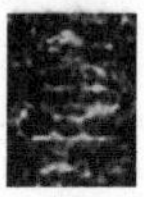 曾伯克父壺 ms1063 飤壺	 蔡公子叔湯壺 xs1892 醴壺
 湛作季嬴壺甲g kxs2021.1 尊壺  湛作季嬴壺甲q kxs2021.1 尊壺	 湛作季嬴壺乙g kxs2021.1 尊壺  湛作季嬴壺乙q kxs2021.1 尊壺	 曾侯宏壺 mt12390 尊壺			
 曾公子棄疾壺 mx0819 行壺  曾公子棄疾壺g mx0818 行壺	 曾公子棄疾壺g mx0818 行壺  曾孫喬壺 mx0814 行壺	 曾孫卲壺 mx0820 大行之壺 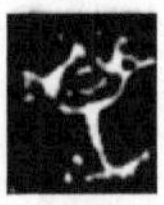 曾叔旂壺 mx0810 尊壺	 崎壺 mx0806 尊壺 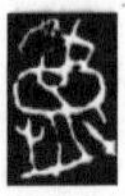 亘多壺 mx0810 行壺		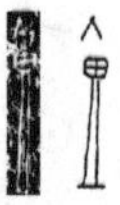 蔡侯方壺 09573 鬳壺  蔡侯方壺 09574 鬳壺
曾					蔡

 彭伯壺g xs315 醴壺  彭伯壺q xs315 醴壺	 邛君婦龢壺 09639 作其壺	 䄌帳伯壺蓋 ms1057 寶壺  䄌帳伯壺蓋 ms1058 寶壺	 䄌帳伯壺 mx0831 寶壺  䄌帳伯壺 jjmy011 寶壺	 鄂侯作孟姬壺 ms1044 媵壺	
					 逘叔壺 09625 尊壺  逘叔壺 09626 尊壺

CE

懿

 幻伯隹壺 xs1200 寶壺		 右走馬嘉壺 09588 行壺  子叔壺 09603.1 尊壺	 華母壺 09638 薦壺  冶仲考父壺 09708 自作壺	 戎生鐘 xs1615 懿(懿)歖不朁	
		 鈃子氏壺 ms1043 鈃子氏之造壺	 匽君壺 09680 盥壺		
	 復公仲壺 09681 饗壺				  司馬楙鎛 eb48 文考懿(懿)叔
CE	楚			晉	滕

睪				矢	吴
				 矢叔匜 ms1257 矢叔	 吴叔徒戈 xs978 吴(虞)叔  吴王御士簠 04527 吴(虞)王
		 者遽鐘 00194 睪(擇)其吉金  者遽鐘 00195 睪(擇)其[吉金]	 者遽鐘 00200 睪(擇)[其吉金]		
 禾簋 03939 皇母懿(懿)恭孟姬	 宋左太師睪鼎 mt01923 宋左太師睪左庖之饋鼎				
D	宋	吴		曾	虞

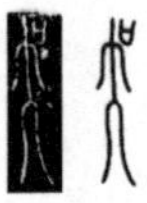 曾侯與鐘 mx1029 吳恃有眾庶	 蔡侯𪒠尊 06010 吳王  蔡侯𪒠盤 10171 吳王	 蔡公子吳戈 ms1438 蔡公子吳	 羅兒匜 xs1266 吳王	 工吳王叡夠工吳劍　mt17948 工吳王叡夠工吳  工吳王叡夠工吳劍　mt17948 工吳王叡夠工吳	 吳王光鐘 0223.1 吳王  吳王光鐘 00224.1 吳王
曾	蔡		CE	吳	

 吴王光鐘 00224.7 吴王  吴王光鑑 10298 吴王	 吴王光鑑 10299 吴王  吴王孫無土鼎 02359.1 吴王	 吴王孫無土鼎 02359.2 吴王  吴王夫差鑑 10294 吴王	 吴王夫差鑑 10295 攻吴王  吴王夫差鑑 10296 攻吴王	 吴王夫差矛 11534 吴王  吴王夫差盉 xs1475 吴王夫差吴金	 攻吴王夫差鑑 xs1477 攻吴王  吴王夫差缶 mt14082 吴王

吴

執

			 吳買鼎 02452 走馬吳買	 盄和鐘 00270.2 于秦執事	 叔夷鐘 00272.1 宦執而政事
 攻吳王夫差鑑 mx1000 攻吳王  配兒鉤鑃 00427.1 吳[王]□□余□犬子配兒	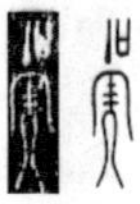 吳季子之子逞劍　11640 吳季子  吳季子之子逞劍　mx1344 吳季子	 吳王之子帶鉤 wy037 吳王			
吳				秦	齊

虢

		 伯克父鼎 ms0285 迺執干戈	 □□伯戈 11201 元執戟		
 叔夷鐘 00281 宦執而政事  叔夷鎛 00285.1 宦執而政事	 庚壺 09733.1B 崔子執鼓  庚壺 09733.1B 執者獻于靈公之所	 曾子叔交戈 ms1422 曾子叔交之執		 庚壺 09733.2B 賞之以兵虢車馬	 庚壺 09733.2B 其王駟虢(甲)方綾  庚壺 09733.2B 其兵虢(甲)車馬
			 敾鈹 mx1335 敾作執鈹		
齊		曾		齊	

奢		亢	奉		臭
 奢虎簠 04539.1 𣪘山奢淲  奢虎簠 04539.2 𣪘山奢淲	 鄦奓魯生鼎 02605 鄦(許)奓魯生				
		 晋公盤 mx0952 克□亢猷			
			 申文王之孫簠 mt05943 申文王之孫州奉	 工尹坡盞 mt06060 工尹坡之奉(饙)盞	 子辛戈 xs526 臭(擇)厥吉金
	許	晋	CE		楚

夫

 衛夫人鬲 00595 夫人  衛夫人鬲 xs1700 夫人	 衛夫人鬲 xs1701 夫人			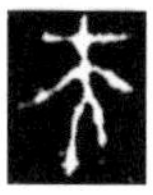 喬夫人鼎 02284 夫人	
		 𪊨鼎q xs1237 夫人  鄭莊公之孫𪊨鼎 mt02409 夫人	 封子楚簠 gmx0517 大夫	 鄦子盟自鎛 00153 大夫  鄦子盟自鎛 00154 大夫	 宋公緣簠 04589 夫人  宋公緣簠 04590 夫人
衛		鄭		許	宋

					 鄧公簋蓋 04055 女夫人  鄧公簋蓋 04055 女夫人
				 濫夫人鎛 mx1040 夫人	
 宋君夫人鼎q eb304 夫人  宋君夫人鼎g eb304 夫人	 宋君夫人鼎蓋 02358 夫人	 鼄公牼鐘 00149 大夫  鼄公牼鐘 00151 大夫	 鼄公牼鐘 00152 大夫  鼄公華鐘 00245 大夫		
宋		邾		D	鄧

					 孟爾克母簠g ms0583 夫人  孟爾克母簠q ms0583 夫人
 唐侯制鼎 ms0219 夫人 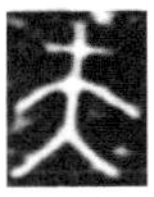 唐侯制鼎 ms0220 夫人	 唐侯制鼎 ms0221 夫人  唐侯制壺 mx0829 夫人	 樊夫人龍嬴壺 09637 夫人  樊夫人龍嬴匜 10209 夫人	 樊夫人龍嬴鬲 0675 夫人  樊夫人龍嬴鬲 00676 夫人	 樊夫人龍嬴鼎 xs296 夫人  樊夫人龍嬴盤 10082 夫人	 嬭加鎛乙 ms1283 大夫  嬭加鎛乙 ms1283 余[爲婦]爲夫
					 曾姬盤 eb924 夫人  曾侯與鐘 mx1034 大夫
唐		樊			曾

		 蔡大善夫趣簠g xs1236 大譱(膳)夫  蔡大善夫趣簠q xs1236 大譱(膳)夫			 鄂侯夫人鼎 jjmy004 夫人  鄂侯鼎 ms0230 夫人
 嬭加鎛丙 ms1284 大夫  嬭加鎛丙 ms1284 大夫	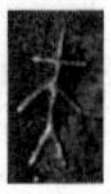 曾夫人鬲 ms0306 夫人				
		 蔡侯紐鐘 00211.2 大夫  蔡侯紐鐘 00210.2 大夫	 蔡侯紐鐘 00217.2 大夫  蔡侯鎛 00221.2 大夫	 蔡侯鎛 00222.2 大夫	
曾		蔡			CE

 鄂侯鬲 ms0319 夫人  鄂侯簋 ms0464 夫人					
	 郘夫人嬭鼎 mt02425 夫人  郘夫人𦈡缶 ms1179 夫人	 邵之瘠夫戈 mt17057 邵之瘠夫	 之乘辰鐘 xs1409 而乍謚夫𠮙之貴甥	 夫跃申鼎 xs1250 甚六之妻夫跃申	 攻敔王劍 11636 攻敔王夫差  吴王夫差鑑 10294 吴王夫差
CE	楚		徐	舒	吴

 吴王夫差鑑 10295 攻吴王夫差	 攻敔王夫差戈 11288 攻敔王夫差	 攻敔王夫差劍 11638 攻敔王夫差	 吴王夫差矛 11534 吴王夫差	 攻吴王夫差鑑 xs1477 攻吴王夫差	 吴王夫差劍 xs317 [攻]敔王夫差
 吴王夫差鑑 10296 攻吴王夫差	 攻敔王夫差劍 11637 攻敔王夫差	 攻敔王夫差劍 11639 攻敔王夫差	 吴王夫差盉 xs1475 吴王夫差	 攻吴王夫差鑑 xs1476 ……夫……	 攻吴王夫差劍 xs1116 攻敔王夫差
吴					

 攻吴王夫差劍 xs1523 攻敔王夫差	 攻吴王夫差劍 xs1734 攻敔王夫差	 攻吴王夫差劍 xs1868 攻敔王夫差	 攻敔王夫差劍 mt17934 攻敔王夫差	 吴王夫差缶 mt14082 吴王夫差	 攻敔王夫差劍 mx1341 攻敔王夫差
 攻吴王夫差劍 xs1551 攻敔王夫差	 攻吴王夫差劍 xs1876 攻敔王夫差	 攻吴王夫差劍 xs1895 攻敔王夫差	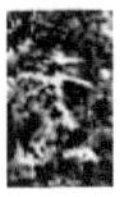 攻敔王夫差劍 mt17939 攻敔王夫差	 攻吴王夫差鑑 mx1000 攻吴王夫差	 攻敔王夫差劍 mx1336 攻敔王夫差

吴

 玄翏夫吕戟 xs1381 玄翏夫(鏞)吕  玄夫戈 11091 玄夫鑄用	 玄鏐夫鋁戈 11137 玄翏(鏐)夫(鏞)鋁  玄鏐夫鋁戈 11138 玄翏(鏐)夫(鏞)鋁	 玄鏐鏞鋁戈 t16916 玄翏(鏐)夫(鏞)吕(鋁)  玄鏐鏞鋁戈 t16920 用翏(鏐)夫(鏞)吕(鋁)	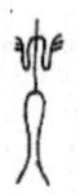 玄鏐鏞鋁戈 xs1901 玄翏(鏐)夫(鏞)鋁 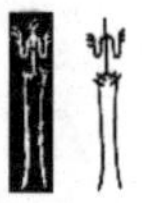 玄翏夫睸戈 11163 玄翏(鏐)夫(鏞)睸(鋁)	 □翏戈 10970 玄翏(鏐)夫(鏞)鋁  玄鏐鏞鋁戈 xs1185 玄翏(鏐)夫(鏞)鋁	 嘉賓鐘 00051 大夫  行氏伯爲盆 mx0539 爲安夫姬子姑媵盆

⿰害夫

	 王孫誥鐘 xs418 温恭⿰害夫遅  王孫誥鐘 xs419 温恭⿰害夫遅	 王孫誥鐘 xs420 温恭⿰害夫遅  王孫誥鐘 xs421 温恭⿰害夫遅	 王孫誥鐘 xs422 温恭⿰害夫遅  王孫誥鐘 xs423 温恭⿰害夫遅	 王孫誥鐘 xs424 温恭⿰害夫遅  王孫誥鐘 xs425 温恭⿰害夫遅	 王孫誥鐘 xs426 温恭⿰害夫遅  王孫誥鐘 xs427 温恭⿰害夫遅
 ⿰害夫侯之孫敶鼎 02287 ⿰害夫侯之孫					
CE	楚				

 王孫誥鐘 xs428 温恭㝬遲  王孫誥鐘 xs429 温恭㝬遲	 王孫誥鐘 xs430 温恭㝬遲  王孫誥鐘 xs434 温恭㝬□	 王孫誥鐘 xs432 温恭㝬遲  王孫誥鐘 xs433 温恭㝬遲	 王孫誥鐘 xs440 温恭㝬遲  王孫遺者鐘 00261.2 温恭㝬遲	 王子午鼎 02811.2 温恭㝬遲  王子午鼎q xs444 温恭㝬遲	 王子午鼎 xs445 温恭㝬遲  王子午鼎 xs446 温恭㝬遲

楚

立

				 秦子鎛 mt15771 畯紟在立(位) 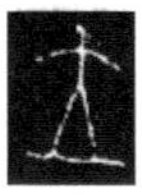 秦公鐘 00263 畯紟在立(位)	 秦公鎛 00267.2 畯紟在立(位)  秦公鎛 00268.2 畯紟在立(位)
 王子午鼎q xs447 温恭誅遅  王子午鼎 xs449 温恭誅遅				 盄和鐘 00270.2 畯疐在立(位)	
	 遷沵鐘 mt15520 舒王之孫尋楚誅之子  遷沵鐘 mt15521 舒王之孫尋楚誅之子	 遷沵鎛 mt15796 舒王之孫尋楚誅之子	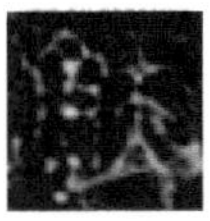 遷沵鎛 mt15794 舒王之孫尋楚誅之子  遷沵鐘 mx1027 舒王之孫尋楚誅之子		
楚	舒			秦	

竝

秦	晋	齊	CE	越	
 秦公鎛 00269.2 畯紟在立(位)					
	 子犯鐘 xs1011 克奠王立(位)  子犯鐘 xs1023 克奠王立(位)	 國差罎 10361 國佐立(涖)事歲	 叔師父壺 09706 邛立<太>宰		
		 公子土折壺 09709 公孫竈立(涖)事歲		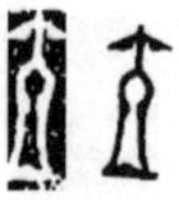 奇字鐘 t15176 □□□立建城郗古	 郯竝果戈 xs1485 郯竝果之造戈

替	毗			慮	心
		 鄧公簋 03775 作應嫚毗媵簋  鄧公簋 03776 作應嫚毗媵簋		 上曾太子鼎 02750 心聖若慵(慮)	 秦公鐘 00262 克明厥心  秦公鐘 00265 克明厥心
 叔夷鐘 00278 毋㚘(替) 毋已  叔夷鎛 00285.8 毋㚘(替)毋已	 陳公孫𤔲父瓶 09979 旅毗(瓶)		 樂大司徒瓶 09981 旅毗(瓶)		
齊	陳	鄧		D	秦

 秦公鎛 00268.1 克明厥心  秦公鎛 00269.1 克明厥心	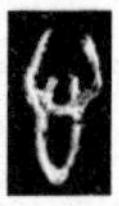 戎生鐘 xs1613 啟厥明心				
		 齊侯鎛 00271 彌心畏誋(忌)  叔夷鐘 00272.1 既専乃心	 叔夷鐘 00272.2 引猒(厭)乃心  叔夷鐘 00276.2 是小心恭適	 叔夷鐘 00281 引厭乃心  叔夷鎛 00285.1 余既専乃心	 叔夷鎛 00285.1 引厭乃心  叔夷鐘 00272.1 小心畏忌
秦	晉	齊			

	 上曾太子鼎 02750 心聖若慮				
 叔夷鎛 00285.1 小心畏忌  叔夷鎛 00285.6 小心恭適		 曾公𠱱鎛鐘 jk2020.1 小心有德  曾公𠱱甬鐘 A jk2020.1 小心有德	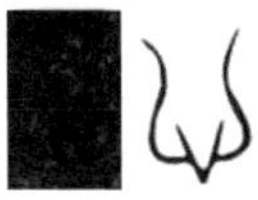 曾公𠱱甬鐘 B jk2020.1 小心有德		
				 蔡侯紐鐘 00210.2 既聽于心  蔡侯紐鐘 00211.2 既聽于心	 蔡侯紐鐘 00217.2 既聽于心
齊	D	曾		蔡	

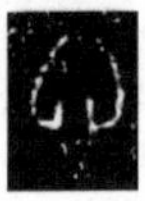 鄝伯受簠 04599.1 元妹叔嬴爲心  鄝伯受簠 04599.2 元妹叔嬴爲心	 王孫遺者鐘 00261.2 余恁飤(台)心				
		 遷邟鐘 mt15520 以樂我心  遷邟鐘 mt15521 以樂我心	 遷邟鎛 mt15796 以樂我心	 遷邟鎛 mt15794 以樂我心  遷邟鐘 mx1027 以樂我心	 能原鎛 00155.1 小者作心□
CE	楚	舒			越

悳 慎

					 曾伯霥簠 04631 㥶(慎)聖元武  曾伯霥簠 04632 㥶(慎)聖元武
				 叔夷鐘 00273.1 昚(慎)中厥罰  叔夷鎛 00285.2 昚(慎)中于罰	
 司馬楙鎛 eb49 先公正悳(德)	 競孫旟也鬲 mt03036 恭持明悳(德)	 永祿鈹 mt17926 承祿休悳(德)	 鼄公華鐘 00245 昚(慎)爲之名		
滕	楚		郳	齊	曾

 曾伯霥壺 ms1069 愻(慎)聖元武	 叔家父簠 04615 愻(慎)德不亡(忘)		 楚太師登鐘 mt15511a 愻(慎)淑温恭  楚太師登鐘 mt15512a 愻(慎)淑温恭	 楚太師登鐘 mt15513a 愻(慎)淑温恭  楚太師登鐘 mt15514a 愻(慎)淑温恭	 楚太師登鐘 mt15516a 愻(慎)淑温恭  楚太師登鐘 mt15518a 愻(慎)淑温恭
		 王孫遺者鐘 00261.2 肅哲(慎)聖武			
曾		楚			

念			憲		
 楚太師登鐘 mt15519a 愍(慎)淑温恭 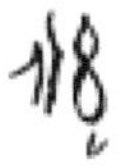 楚太師鄧子辥 慎鎛　mx1045 愍(慎)淑温恭			 秦公鐘 00262 憲公  秦公鐘 00264 憲公	 秦公鎛 00267.1 憲公  秦公鎛 00268.1 憲公	 秦公鎛 00269.1 憲公
	 吴王光鐘 0223.1 寺春念(稔)歲  吴王光鐘 00224.1 [寺旹]念(稔) 歲	 吴王光鐘 00224.2 □春念(稔)□			
楚	吴		秦		

戁			憼	紿	
 戎生鐘 xs1613 害(憲)公					
 晉公盤 mx0952 憲公			 叔夷鐘 00272.2 夷不敢弗憼戒  叔夷鎛 00285.2 夷不敢弗憼戒	 周王孫季紿戈 11309.1 周王孫季紿(怡)	
	 郳公鞁父鎛 mt15816 惕戁大命  郳公鞁父鎛 mt15817 惕戁大命	 郳公鞁父鎛 mt15818 惕戁大命			 郐王義楚觶 06513 永保紿(台)身
晉	郳		齊	CE	徐

慶

			 戈叔慶父鬲 00608 戴叔慶父		
	 曾大工尹戈 11365 曾大工尹季総(怡)	 秦公簋 04315.2 高引有慶  盄和鐘 00270.2 高引有慶		 陳公子中慶簠 04597 陳公子仲慶	
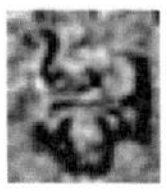  伯怡父鼎 eb312 鄎凡伯紿(怡)父					 宋右師延敦 CE33001 永永有慶
	曾	秦	戴	陳	宋

 兒慶鼎 xs1095 郳慶	 兒慶鬲 mt02868 郳慶	 郳慶鬲 mt02782 郳慶	 郳慶簠 mt05879 郳慶	 郳君慶壺g mt12333 郳君慶	 郳君慶壺 mt12335 郳君慶
 兒慶鬲 mt02867 郳慶	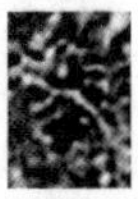 兒慶盤 mt14414 郳慶	 郳慶簠 mt05878 郳慶	 郳慶匜 s14955 郳慶	 郳君慶壺q mt12333 郳君慶	

郳

 邾君慶壺g ms1056 邾君慶  邾君慶壺q ms1056 邾君慶	 邾君慶壺 mt12337 邾君慶  郳慶鬲 ms0312 郳慶		 曩伯子宼父盨 04442.1 慶其以臧  曩伯子宼父盨 04442.2 慶其以臧	 曩伯子宼父盨 04443.1 慶其以臧  曩伯子宼父盨 04443.2 慶其以臧	 曩伯子宼父盨 04444.1 慶其以臧  曩伯子宼父盨 04444.2 慶其以臧
		 慶叔匜 10280 慶叔			
郳		齊	曩		

 曩伯子窡父盨 04445.1 慶其以臧  曩伯子窡父盨 04445.2 慶其以臧	 曾太保慶盆 eb965 曾太保慶				
	 曾公㽙鎛鐘 jk2020.1 有成有慶 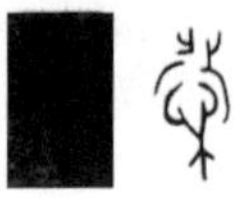 曾公㽙甬鐘 A jk2020.1 有成有慶	 曾公㽙甬鐘 B jk2020.1 有成有慶			
			 蔡侯紐鐘 00210.2 休有成慶  蔡侯紐鐘 00211.2 休有成慶	 蔡侯紐鐘 00217.2 休有成慶  蔡侯紐鐘 00218.2 休有成慶	 蔡侯鎛 00222.2 休有成慶
曩	曾		蔡		

		懷	想	恃	恁
					 王孫遺者鐘 00261.2 余恁㠯(台)心
 吴王光鐘 00224.3 華英有慶  吴王光鐘 00224.5 □□□慶	 慶孫之子峠簠 04502.1 慶孫之子  慶孫之子峠簠 04502.2 慶孫之子	 曾侯殘鐘 mx1031 懷燮四方	 醽祋想簠g xs534 醽祋想之飤薀  醽祋想簠q xs534 醽祋想之飤薀	 曾侯與鐘 mx1029 吴恃有眾庶	
吴		曾	楚	曾	楚

悆				忘	
	 魯伯悆盨 04458.1 魯伯悆  魯伯悆盨 04458.1 悆夙夤用追孝	 魯伯悆盨 04458.1 悆其萬年眉壽  魯伯悆盨 04458.2 魯伯悆	 魯伯悆盨 04458.2 悆夙夤用追孝  魯伯悆盨 04458.2 悆其萬年眉壽		
 曹公簋 04593 孟姬悆母  曹公盤 10144 孟姬悆母				 蔡侯紐鐘 00210.1 非敢寧忘（荒）  蔡侯紐鐘 00211.1 非敢寧忘（荒）	 蔡侯紐鐘 00217.1 非敢寧忘（荒）  蔡侯紐鐘 00218.1 非敢寧忘（荒）
曹	魯			蔡	

		 竈侯盤 ms1205 子子孫孫勿諲(忘)			
 蔡侯鎛 00219.1 非敢寧忘(荒)  蔡侯鎛 00220.1 非敢寧忘(荒)	 蔡侯鎛 00221.1 非敢寧忘(荒)  蔡侯鎛 00222.1 非敢寧忘(荒)		 郘夫人嬭鼎 mt02425 後民勿惶(忘)	 之乘辰鐘 xs1409 後孫勿忘	 吴王光鐘 0223.1 虔敬[命]勿忘  吴王光鐘 00224.8 虔敬命勿忘
蔡		CE	楚	徐	吴

愆					忌
 吴王光鐘 00224.17 虔[敬命]勿忘 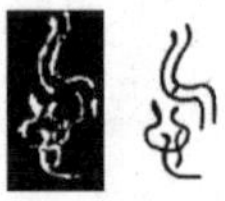 吴王光鑑 10298 子孫勿忘	 吴王光鑑 10299 子孫勿忘	 蔡侯紐鐘 00210.2 不愆(愆)不忒  蔡侯紐鐘 00211.2 不愆(愆)不忒	 蔡侯紐鐘 00217.2 不愆(愆)不忒  蔡侯鎛 00221.2 不愆(愆)不忒	 蔡侯鎛 00222.2 不愆(愆)不忒	 鼄公牼鐘 00149 畢龏畏忌  鼄公牼鐘 00150 畢龏畏忌
吴		蔡			邾

慍

	 齊太宰歸父盤 10151 齊太宰歸父𩃬爲忌沬盤	 叔夷鐘 00272.1 小心畏忌  叔夷鎛 00285.1 小心畏忌			 慍兒盞g xs1374 慍兒  慍兒盞q xs1374 慍兒
 鼄公牼鐘 00151 畢龏畏忌  鼄公華鐘 00245 畢龏畏忌			 三兒簋 04245 □聖□□忌	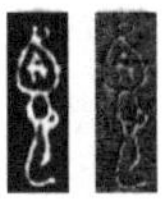 曾侯鐘 mx1025 畏忌慍(溫)恭	
邾	齊		徐	曾	CE

惻		悼	惕		
 宋右師延敦 CE33001 揚天鄭(則)	 競孫旟也鬲 mt03036 子孫是鄭(則)  競孫不服壺 mt12381 子孫是𢗽(則)	  司馬楙鎛 eb47 皇祖悼公	 趙孟庎壺 09678 邗王之惕(賜)金  趙孟庎壺 09679 邗王之惕(賜)金	 郘公䵼父鎛 mt15815 惕戁大命  郘公䵼父鎛 mt15816 惕戁大命	 郘公䵼父鎛 mt15817 惕戁大命  郘公䵼父鎛 mt15818 惕戁大命
宋	楚	滕	晉	郘	

	耻	忓	忞	忬	
	 嬭加編鐘 kg2020.7 余非敢乍(作) 醜(耻)				
 蔡侯申尊 06010 𤔲敬不惕(易)  蔡侯申盤 10171 𤔲敬不惕(易)		 滕之不忓劍 11608 滕之不忓由于	 楚王酓忞盤 mt14402 楚王酓忞 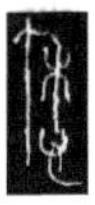 楚王酓忞匜 mt14869 楚王酓忞	 曾侯與鐘 mx1029 擇忬(予)吉金  曾侯與鐘 mx1029 用孝以享于忬 (予)皇祖	 曾侯殘鐘 mx1031 擇忬(予)吉金
蔡	曾	滕	楚	曾	

𢘂

	 嬭加鎛丙 ms1284 休𢘂(淑)孔煌	 王孫誥鐘 xs418 𢘂(淑)于威儀  王孫誥鐘 xs419 𢘂(淑)于威儀	 王孫誥鐘 xs420 𢘂(淑)于威儀  王孫誥鐘 xs421 𢘂(淑)于威儀	 王孫誥鐘 xs422 𢘂(淑)于威儀  王孫誥鐘 xs423 𢘂(淑)于威儀	 王孫誥鐘 xs425 𢘂(淑)于威儀  王孫誥鐘 xs426 𢘂(淑)于威儀
 鼄公華鐘 00245 𢘂(淑)穆不惰于厥身					
邾	曾	楚			

 王孫誥鐘 xs427 悲(淑)于威儀  王孫誥鐘 xs429 悲(淑)于威儀	 王孫誥鐘 xs430 悲(淑)于威儀  王孫誥鐘 xs434 悲(淑)于威儀	 王孫誥鐘 xs432 悲(淑)于威儀  王孫誥鐘 xs433 悲(淑)于威儀	 王孫誥鐘 xs440 悲(淑)于威儀  王孫遺者鐘 00261.2 悲(淑)于威儀	 王子午鼎 02811.2 悲(淑)于威儀  王子午鼎q xs444 悲(淑)于威儀	 王子午鼎 xs445 悲(淑)于威儀  王子午鼎 xs446 悲(淑)于威儀
				 王子臣俎 mt06321 悲(淑)終	
楚					

惻　　愈

			 魯伯愈父鬲 00690 魯伯愈父  魯伯愈父 00691 魯伯愈父	 魯伯愈父鬲 00692 魯伯愈父  魯伯愈父鬲 00693 魯伯愈父	 魯伯愈父鬲 00694 魯伯愈父  魯伯愈父鬲 00695 魯伯愈父
 王子午鼎q xs447 悬(淑)于威儀  王子午鼎 xs449 悬(淑)于威儀		 子惻子戈 10958 子惻子			
	 沇兒鎛 00203.1 徐王庚之悬(淑)子  沇兒鎛 00203.2 悬(淑)于威儀				
楚	徐		魯		

 魯伯愈父盤 10113 魯伯愈父  魯伯愈父盤 10115 魯伯愈父	 魯伯愈父匜 10244 魯伯愈父		 秦公鐘 00263 霝(靈)音肅肅雍雍  秦公鐘 00266 霝(靈)音肅肅雍雍	 秦公鎛 00267.2 霝(靈)音肅肅雍雍  秦公鎛 00268.2 霝(靈)音肅肅雍雍	 秦公鎛 00269.2 霝(靈)音肅肅雍雍
		 蔡子棶鼎 02087 悕(憏)子棶			
魯		蔡	秦		

河　　江

卷十一	時期 ＼ 區域	齊	曾	CE	楚
	早期			 江小仲母生鼎 02391 江小仲母	
	中期	 庚壺 09733.1B 入莒從河(菏)			 敬事天王鐘 00074 江漢  敬事天王鐘 00077 江漢
	晚期		 曾侯與鐘 mx1029 臨有江滇(夏)		

沱

				 曹公子沱戈 11120 曹公子沱	
 敬事天王鐘 00079 江漢  敬事天王鐘 00081.1 江漢					
	 姑發䎸反劍 11718 江之陽 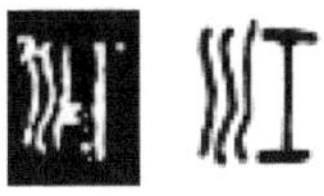 工𢧐王劍 11665 江之台	 工𫊸王姑發者坂劍　ms1617 江之陽	 趙孟庎壺 09678 黃沱(池)  趙孟庎壺 09679 黃沱(池)		 慶叔匜 10280 沱沱(施施)熙熙
楚	吴		晋	曹	齊

			涂	溺	漢
		 鐘伯侵鼎 02668 石(碥)沱(匜)		 王孫遺者鐘 00261.2 龢溺民人	 曾公畎鎛鐘 jk2020.1 漢東  曾公畎甬鐘 A jk2020.1 漢東
 樊季氏孫仲鼎 鼎　02624.1 碥沱(匜)  樊季氏孫仲鼎 鼎　02624.2 碥沱(匜)	 楚旒鼎 xs1197 石(碥)沱(匜)		 郐斲尹譬鼎 02766.1 以津(洗)涂俗 (沐浴)  郐斲尹譬鼎 02766.2 以津(洗)涂俗 (沐浴)		
樊	楚		徐	楚	曾

洛

 曾公𠇷甬鐘 B jk2020.1 漢東	 敬事天王鐘 00074 江漢  敬事天王鐘 00077 江漢	 敬事天王鐘 00079 江漢  敬事天王鐘 00081.1 江漢			
			 競之定鬲 mt03015 洛之戎  競之定鬲 mt03016 洛之戎	 競之定鬲 mt03017 洛之戎  競之定鬲 mt03018 洛之戎	 競之定鬲 mt03019 洛之戎  競之定鬲 mt03020 洛之定<戎>
曾	楚		楚		

沇　　油

 競之定鬲 mt03021 洛之定〈戎〉  競之定鬲 mt03022 洛之定〈戎〉	 競之定簋 mt04978 洛之戎  競之定簋 mt04979 洛之戎	 競之定豆 mt06150 洛之戎  競之定豆 mt06151 洛之戎	 沇兒鎛 00203.1 淑子沇兒	 吴王光鐘 00224.5 油油羕羕  吴王光鐘 00224.10 …油油…往…	 吴王光鐘 00224.8 …油往
楚			徐	吴	

淮			濼		
 曾伯霥簠 04631 滩(淮)夷  曾伯霥簠 04632 滩(淮)夷	 曾伯霥壺 ms1069 滩(淮)夷				
 曾公𠹭鎛鐘 jk2020.1 淮夷  曾公𠹭甬鐘 A jk2020.1 淮夷	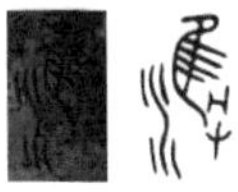 曾公𠹭甬鐘 B jk2020.1 淮夷		 篖叔之仲子平鐘　00172 以濼(樂)其大酋  篖叔之仲子平鐘　00174 以濼(樂)其大酋	 篖叔之仲子平鐘　00175 以濼(樂)其大酋  篖叔之仲子平鐘　00177 以濼(樂)其大酋	 篖叔之仲子平鐘　00178 以濼(樂)其大酋  篖叔之仲子平鐘　00179 以濼(樂)其大酋
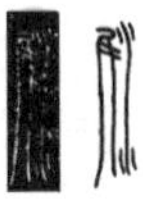 曾侯與鐘 mx1029 淮夷		 九里墩鼓座 00429.4 淮之上			
曾		鍾離	莒		

洹

莒	吴	陳	齊		
 簷叔之仲子平鐘　00180 以濼(樂)其大酋	 者𣲽鐘 00197.1 不濼不清   者𣲽鐘 00198.1 不濼不清	 有兒簋 mt05166 陳洹(桓)公			
			 洹子孟姜壺 09729 洹子孟姜  洹子孟姜壺 09729 洹子孟姜	 洹子孟姜壺 09729 洹子孟姜  洹子孟姜壺 09730 洹子孟姜	 洹子孟姜壺 09730 洹子孟姜

溉	涶	泈	沍	汭	
	 叔夷鐘 00272.1 師于淄潛(涶)  叔夷鎛 00285.1 師于淄潛(涶)	 泈叔鼎 02355 汷(泈)叔	 嬭加編鐘 kg2020.7 有此南沍		 郐子汆鼎 02390 徐子汆(汭)
 郐王耑又觶 06506 鍴溉之炣				 曾侯與鐘 mx1029 營宅洤(汭)土  曾侯與鐘 mx1030 營宅洤(汭)土	
徐	齊	CE	曾	曾	徐

淲	渚	滂	淪		
	 樊孫伯渚鼎 mx0197 樊孫伯渚	 冶仲考父壺 09708 多福滂滂	 原氏仲簠 xs395 淪仲嫣  原氏仲簠 xs396 淪仲嫣	 原氏仲簠 xs397 淪仲嫣	 伯駟父盤 10103 姬淪
 喬君鉦鋮 00423 喬君淲虘					
CE	樊		陳		D

浮	測	淑		清	
	 上曾太子鼎 02750 既龢無測			 鄭義伯𦉜q 09973 我酒既清	
 公父宅匜 10278 浮公之孫		 曾公畎鎛鐘 jk2020.1 沛沛(淑淑)伯昏 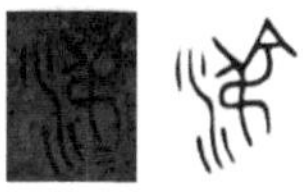 曾公畎甬鐘 A jk2020.1 沛沛(淑淑)伯昏	 曾公畎甬鐘 B jk2020.1 沛沛(淑淑)伯昏		 者𣴎鐘 00197.1 不濼不清 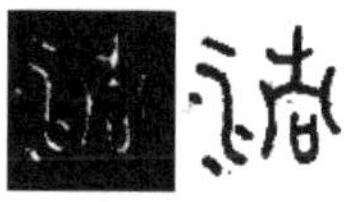 者𣴎鐘 00198.1 不濼不清
	D	曾		鄭	吴

	淺	滋	津	淦	湛
				 卜淦口高戈 xs816 卜淦口高	
 者瀊鐘 00195 [不濼不]清  者瀊鐘 00196 不[濼]不清		 仲滋鼎 xs632 中(仲)滋正行			 湛之行鼎甲 kx2021.1 湛之行鼎  湛之行鼎乙 kx2021.1 湛之行鼎
	 邩王欱淺劍 11621.1 越王勾潛(踐)  邩王欱淺劍 11621.2 越王勾潛(踐)		 郐䣄尹譬鼎 02766.1 以津(洗)涂俗(沐浴)  郐䣄尹譬鼎 02766.2 以津(洗)涂俗(沐浴)		
吳	越	秦	徐	秦	曾

  湛之行鼎丙 kx2021.1 湛之行鼎	 湛之行緐鼎甲q kx2021.1 湛之行緐	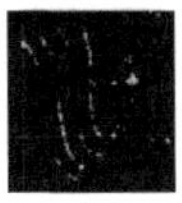 湛之行簋甲 kx2021.1 湛之行簋	 湛之行簋丙 kx2021.1 湛之行簋	 湛之行簠甲g kx2021.1 湛之行瑚	 湛之行簠乙g kx2021.1 湛之行瑚
 湛之行緐鼎甲g kx2021.1 湛之行緐	 湛之行緐鼎乙 kx2021.1 湛之行緐	 湛之行簋乙 kx2021.1 湛之行簋	 湛之行簋丁 kx2021.1 湛之行簋	 湛之行簠甲q kx2021.1 湛之行瑚	 湛之行簠乙q kx2021.1 湛之行瑚

曾

 湛之行鬲甲 kx2021.1 湛之行鬲  湛之行鬲乙 kx2021.1 湛之行鬲	 湛之行鬲丙 kx2021.1 湛之行鬲  湛之行鬲丁 kx2021.1 湛之行鬲	 湛之行壺 g kx2021.1 湛之行壺  湛之行壺 q kx2021.1 湛之行壺	 湛之戈甲 kx2021.1 湛之戈  湛之戈乙 kx2021.1 湛之戈	 湛作季嬴鼎甲 kx2021.1 湛作季嬴飤鼎  湛作季嬴簋甲 kx2021.1 湛作季嬴餴簋	 湛作季嬴簋乙 kx2021.1 湛作季嬴餴簋  湛作季嬴簋丙 kx2021.1 湛作季嬴餴簋

曾

 湛作季嬴簋丁 kx2021.1 湛作季嬴餗簋  湛作季嬴鬲甲 kx2021.1 湛作季嬴鬲	 湛作季嬴鬲乙 kx2021.1 湛作季嬴鬲  湛作季嬴鬲丙 kx2021.1 湛作季嬴鬲	 湛作季嬴鬲丁 kx2021.1 湛作季嬴鬲  湛作季嬴簠 kx2021.1 湛作季嬴飤𥂴	 湛作季嬴壺甲g kx2021.1 湛作季嬴尊壺  湛作季嬴壺甲q kx2021.1 湛作季嬴尊壺	 湛作季嬴壺乙g kx2021.1 湛作季嬴尊壺  湛作季嬴壺乙q kx2021.1 湛作季嬴尊壺	 湛作季嬴鈚 kx2021.1 湛之鬳鈚

曾

滳	湯				
	 戎生鐘 xs1616 繁湯(陽)  晉姜鼎 02826 繁湯(陽)	 邛湯伯匜 10208 邛湯(陽)  邛湯伯匜 10188 邛湯(陽)			 曾伯霥簠 04631 繁湯(陽)  曾伯霥簠 04632 繁湯(陽)
 國差罎 10361 皋旨皋滳			 曾公畎鎛鐘 jk2020.1 繁湯(陽)  曾公畎甬鐘 A jk2020.1 繁湯(陽)	 曾公畎甬鐘 A jk2020.1 繁湯(陽)  曾公畎甬鐘 B jk2020.1 繁湯(陽)	
曾	晉		曾		

 曾侯鼎 ms0224 季湯孎(芈)	 蔡公子叔湯壺 xs1892 蔡公子叔湯		 鄁公鼎 02714 鄁公湯		
		 彭公孫無所鼎 eb299 盪(湯)鼎  彭子射湯鼎 mt01667 鬻(湯)鼎		 黝鐘 xs482a 其音贏少則湯(揚)  黝鐘 xs486b 其音贏少則湯(揚)	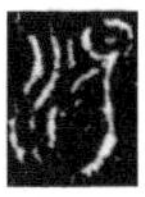 黝鐘 xs484b 其音贏少則湯(揚)  黝鎛 xs491a 其音贏少則湯(揚)
曾	蔡	CE		楚	

			液	沫	
			 叔液鼎 02669 叔液自作𩱙鼎	 秦子鎛 mt15771 釁(眉)壽  秦公鐘 00263 釁(眉)壽	 秦公鎛 00267.2 釁(眉)壽  秦公鎛 00268.2 釁(眉)壽
				 秦公簋 04315.2 釁(眉)壽	 盄和鐘 00270.2 釁(眉)壽
 𪒠鎛 xs492a 其音贏少則湯(揚)  𪒠鎛 xs494a 其音贏少則湯(揚)	 𪒠鎛 xs496b 其音贏少則湯(揚)  郘夫人嬭鼎 mt02425 以和御湯	 郐䣄尹𧢲鼎 02766.1 湯鼎  郐䣄尹𧢲鼎 02766.2 湯鼎			
楚		徐		秦	

 秦公鎛 00269.2 釁(眉)壽	 芮公鼓架銅套 ms1725 用釁(眉)壽	 蒳仲甗鑪 mt14087 釁(眉)壽	 戎生鐘 xs1618 釁(眉)壽  太師盤 xs1464 釁(眉)壽	 晉姜鼎 02826 釁(眉)壽	
			 子犯鐘 xs1014 釁(眉)壽  子犯鐘 xs1018 釁(眉)壽	 長子沫臣簠 04625.1 賫(眉)壽  長子沫臣簠 04625.2 賫(眉)壽	
			 郘黛鐘 00225 釁(眉)壽  郘黛鐘 00226 釁(眉)壽	 郘黛鐘 00228 釁(眉)壽  郘黛鐘 00231 釁(眉)壽	 郘黛鐘 00232 釁(眉)壽  郘黛鐘 00233 釁(眉)壽
秦	芮	AB	晉		

	 毛叔盤 10145 釁(眉)壽	 鄭伯氏士叔皇父鼎　02667 𧷸(眉)壽  子耳鼎 mt02253 𧷸(眉)壽	 召叔山父簠 04601 𧷸(眉)壽  召叔山父簠 04602 𧷸(眉)壽	 鄭義伯鐳 09973.1 𧷸(眉)壽  鄭義伯鐳 09973.2 𧷸(眉)壽	 蘇公匜 xs1465 𧷸(眉)壽
 邵黛鐘 00235 𧷸(眉)壽  邵黛鐘 00237 𧷸(眉)壽		 封子楚簠g mx0517 𧷸(眉)壽  封子楚簠q mx0517 𧷸(眉)壽			 寬兒鼎 02722 賁(眉)壽  寬兒缶 mt14091 𧷸(眉)壽
晉	毛	鄭			蘇

 鄦奓魯生鼎 02605 賮(眉)壽					
 鄦公買簠 04617.2 釁(眉)壽  鄦公買簠g eb475 釁(眉)壽	 鄦公買簠q eb475 釁(眉)壽 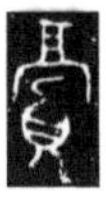 喬君鉦鋮 00423 賮(眉)壽	 子璋鐘 00113 釁(眉)壽  子璋鐘 00114 釁(眉)壽	 子璋鐘 00115.2 釁(眉)壽  子璋鐘 00116.2 釁(眉)壽	 子璋鐘 00117.2 釁(眉)壽  子璋鐘 00119 釁(眉)壽	 鄦子盟自鎛 00153 釁(眉)壽  鄦子盟自鎛 00154 釁(眉)壽

許

 陳公子甗 00947 瞢(眉)壽	 原氏仲簠 xs396 瞢(眉)壽				
 原氏仲簠 xs395 瞢(眉)壽	 原氏仲簠 xs397 瞢(眉)壽				
 陳公子中慶簠 04597 瞢(眉)壽	 敶医作孟姜㛢 簠　04606 瞢(眉)壽	 敶医作王仲嬀 㛢簠　04603.1 瞢(眉)壽	 敶医作王仲嬀 㛢簠　04604.1 瞢(眉)壽	 陳医盤 10157 瞢(眉)壽	 敶子匜 10279 瞢(眉)壽
 陳公孫䛗父瓶 09979 瞢(眉)壽	 敶医作孟姜㛢 簠　04607 瞢(眉)壽	 敶医作王仲嬀 㛢簠　04603.2 瞢(眉)壽	 敶医作王仲嬀 㛢簠　04604.2 瞢(眉)壽	 陳侯匜 xs1833 瞢(眉)壽	 敶大喪史仲高 鐘　00351.1 瞢(眉)壽
 陳樂君甗 xs1073 瞢(眉)壽					

陳

			 叔朕簠 04620 賫(眉)壽  叔朕簠 04621 釁(眉)壽	 宋眉父鬲 00601 宋賫父	
 陳大喪史仲高鐘 00352.1 釁(眉)壽  陳大喪史仲高鐘 00353.1 釁(眉)壽	 陳大喪史仲高鐘 00354.1 釁(眉)壽  陳大喪史仲高鐘 00355.1 釁(眉)壽	 有兒簋 mt05166 釁(眉)壽		 宋公圝鋪 mt06157 賫(眉)壽  宋公圝鋪 mx0532 賫(眉)壽	 宋公圝鼎g mx0209 賫(眉)壽  宋公圝鼎q mx0209 賫(眉)壽
				 宋君夫人鼎q eb304 釁(眉)壽  宋君夫人鼎g eb304 釁(眉)壽	 樂子簠 04618 釁(眉)壽
陳			戴	宋	

<table>
<tr>
<td>
曹伯狄毀
04019
賁(眉)壽</td>
<td>
杞伯每亡鼎
02642
賁(眉)壽

杞伯每亡壺蓋
09687
賁(眉)壽</td>
<td>
杞伯每亡壺
09688
賁(眉)老

【倒置】</td>
<td>
魯侯鼎
xs1067
賁(眉)壽

魯侯簠
xs1068
釁(眉)壽</td>
<td>
魯仲齊鼎
02639
釁(眉)壽

魯仲齊甗
00939
釁(眉)壽</td>
<td>
魯司徒仲齊盨
04440.1
釁(眉)壽

魯司徒仲齊盨
04441.1
釁(眉)壽</td>
</tr>
<tr>
<td></td>
<td></td>
<td></td>
<td>
魯大司徒厚氏元簠　04689
釁(眉)壽

魯大司徒厚氏元簠　04690.1
釁(眉)壽</td>
<td>
魯大司徒厚氏元簠　04690.2
釁(眉)壽

魯大司徒厚氏元簠　04691.1
釁(眉)壽</td>
<td>
魯大司徒厚氏元簠　04691.2
釁(眉)壽

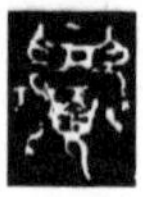
魯大左嗣徒元鼎　02592
釁(眉)壽</td>
</tr>
<tr>
<td>
曹公簠
04593
釁(眉)壽

曹公盤
10144
釁(眉)壽</td>
<td></td>
<td></td>
<td></td>
<td></td>
<td></td>
</tr>
<tr>
<td>曹</td>
<td colspan="2">杞</td>
<td colspan="3">魯</td>
</tr>
</table>

 魯司徒仲齊盨 04441.2 釁(眉)壽  魯司徒仲齊匜 10275 釁(眉)壽	 魯伯俞父簠 04566 賷(眉)壽  魯伯俞父簠 04567 賷(眉)壽	 魯伯俞父簠 04568 賷(眉)壽 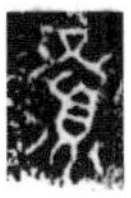 魯伯愈父簠 ms0561 釁(眉)壽	 魯大司徒子仲白匜　10277 釁(眉)壽  魯伯大父作季姬婧簋　03974 賷(眉)壽	 魯大宰邍父簋 03987 釁(眉)壽  魯伯大父作孟姜簋　03988 賷(眉)壽	 魯伯大父作仲姬俞簋　03989 賷(眉)壽  禽簋 hx2022.2 賷(眉)壽
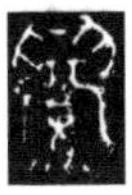 魯大左嗣徒元鼎　02593 釁(眉)壽  魯大司徒元盂 10316 釁(眉)壽	 魯少司寇封孫宅盤　10154 賷(眉)壽				

魯

 魯伯悆盨 04458.1 賷(眉)壽  魯伯悆盨 04458.2 賷(眉)壽	 魯酉子安母簠q mt05902 賷(眉)壽  魯酉子安母簠q mt05903 賷(眉)壽	 鼄來隹鬲 00670 賷(眉)壽  邾□白鼎 02640 賷(眉)壽	 邾□白鼎 02641 釁(眉)壽  鼄叔之伯鐘 00087 䰂(眉)壽	 邾叔彪父簠 04592 釁(眉)壽	 邾友父鬲 mt02939 賷(眉)壽  邾友父鬲 mt02942 賷(眉)壽
		 邾公釓鐘 00102 釁(眉)壽	 虘𠭯丘君盤 wm6.200 賷(眉)壽		
		 鼄大宰簠 04623 釁(眉)壽  鼄大宰簠 04624 釁(眉)壽	 鼄大宰鐘 00086.2 釁(眉)壽  鼄公華鐘 00245 釁(眉)壽	 邾公孫班鎛 00140 湏(眉)壽	 郳大司馬彊盤 ms1216 賷(眉)壽  郳大司馬彊匜 ms1260 賷(眉)壽
魯		邾			郳

 黿友父鬲 00717 賫(眉)壽  邾友父鬲 xs1094 賫(眉)壽	 邾友父鬲 mt02941 賫(眉)壽  黿□匜 10236 賫(眉)壽	 僉父瓶g mt14036 賫(眉)壽  僉父瓶q mt14036 賫(眉)壽	 邾君慶壺g mt12333 賫(眉)壽  邾君慶壺q mt12333 賫(眉)壽	 邾君慶壺 mt12334 賫(眉)壽  邾君慶壺 mt12337 賫(眉)壽	 邾君慶壺 mt12335 賫(眉)壽  邾君慶壺 mt12336 賫(眉)壽
 郘大司馬鈚 ms1177 賫(眉)壽					

郘

 郳君慶壺 g ms1056 𥂺(眉)壽	 子皇母簠 mt05853 𥂺(眉)壽	 郳公子害簠g mt05907 𥂺(眉)壽	 郳眉父鼎 jk2020.1 郳𥂺(眉)父	 薛侯盤 10133 𥂺(眉)壽	 郜仲簠g xs1045 𥂺(眉)寶
 郳君慶壺 q ms1056 𥂺(眉)壽	 郳公子害簠 mt05908 𥂺(眉)壽	 郳公子害簠q mt05907 𥂺(眉)壽	 畢仲弁簠 mt05912 萬年𥂺(眉)壽	 薛侯匜 10263 𥂺(眉)壽	 郜仲簠q xs1045 𥂺(眉)寶
					 郜公典盤 xs1043 𥂺(眉)壽
郳				薛	郜

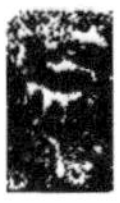 郜仲簠 xs1046 貴(眉)寶  郜伯祀鼎 02602 貴(眉)壽	 郜伯鼎 02601 貴(眉)壽	 鑄子叔黑匠鼎 02587 貴(眉)壽  鑄子叔黑匠盨 mt05608 貴(眉)壽	 鑄子叔黑匠簠 04570.1 貴(眉)壽  鑄子叔黑匠簠 04571.2 貴(眉)壽	 鑄子叔黑匠簋 03944 貴(眉)壽  鑄公簠蓋 04574 釁(眉)壽	 鑄叔作嬴氏鼎 02568 貴(眉)壽  鑄叔作嬴氏簠 04560.1 貴(眉)壽
郜		鑄			

 鑄叔作嬴氏簠 04560.2 𩑋(眉)壽  鑄叔盤 mt14456 𩑋(眉)壽	 弗奴父鼎 02589 釁(眉)壽	 齊縈姬盤 10147 釁(眉)壽			
		 齊太宰歸父盤 10151 釁(眉)壽  齊侯盂 10318 釁(眉)壽	 國差罎 10361 釁(眉)壽	 叔夷鐘 00277.1 釁(眉)壽  叔夷鎛 00285.7 釁(眉)壽	 齊侯作孟姬盤 10123 賫(眉)壽  姬寏母豆 04693 釁(眉)壽
		 公子土折壺 09709 釁(眉)壽  齐侯作孟姜敦 04645 釁(眉)壽	 洹子孟姜壺 09729 賫(眉)壽  洹子孟姜壺 09730 賫(眉)壽	 齊侯匜 10283 釁(眉)壽  齊侯盤 10159 釁(眉)壽	 齊侯鼎 mt02363 釁(眉)壽  慶叔匜 10280 釁(眉)壽
鑄	費	齊			

			 㠱伯子宎父盨 04442.1 賷(眉)壽  㠱伯子宎父盨 04442.2 賷(眉)壽	 㠱伯子宎父盨 04443.1 賷(眉)壽  㠱伯子宎父盨 04443.2 賷(眉)壽	 㠱伯子宎父盨 04444.1 賷(眉)壽  㠱伯子宎父盨 04444.2 賷(眉)壽
 簷叔之仲子平鐘　00173 賷(眉)壽  簷叔之仲子平鐘　00174 賷(眉)壽	 簷叔之仲子平鐘　00177 賷(眉)壽  簷叔之仲子平鐘　00178 賷(眉)壽	 簷叔之仲子平鐘　00180 賷(眉)壽			
			 㠱公壺 09704 亹(眉)壽		
莒			㠱		

 㠱伯子宼父盨 04445.1 賷(眉)壽  㠱伯子宼父盨 04445.2 賷(眉)壽	 夆叔盤 10163 釁(眉)壽  夆叔匜 10282 釁(眉)壽	 鄗甘辜鼎 xs1091 賷(眉)壽			 樊孫伯渚鼎 mx0197 釁(眉)壽
		 諸匜 sh696 賷(眉)壽	 華孟子鼎 mx0207 釁(眉)壽	 鄧公乘鼎 02573.1 釁(眉)壽  鄧公乘鼎 02573.2 釁(眉)壽	
㠱	逄	D		鄧	樊

 伯亞臣鐳 09974 賨(眉)壽  黃太子白克盤 10162 釁(眉)壽	 黃太子白克盆 10338 釁(眉)壽  伯遊父壺 mt12412 釁(眉)壽	 伯遊父壺 mt12413 釁(眉)壽  伯遊父鐳 mt14009 釁(眉)壽	 伯遊父盤 mt14510 釁(眉)壽  伯遊父卮 mt19239b 釁(眉)壽	 番君召簠 04582 賨(眉)壽  番君召簠 04583 賨(眉)壽	 番君召簠 04584 賨(眉)壽  番君召簠 04585 賨(眉)壽
				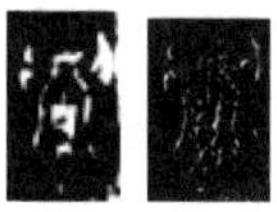 鄱子成周鐘 mt15256 釁(眉)壽 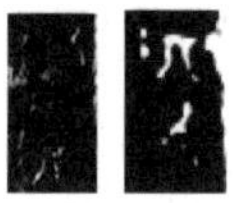 鄱子成周鐘 xs288 釁(眉)壽	
黃				番	

		 曾伯文簋 04051.1 𥌋(眉)壽  曾伯文簋 04051.2 𥌋(眉)壽	 曾伯文簋 04052.1 𥌋(眉)壽  曾伯文簋 04052.2 𥌋(眉)壽	 曾伯文簋 04053 𥌋(眉)壽  曾伯文簋 mt05028 𥌋(眉)壽	 曾仲大父蝨段 04203 𥌋(眉)壽  曾仲大父蝨段 04204.1 𥌋(眉)壽
 番君召簠 04586 賷(眉)壽  番君召簠 ms0567 賷(眉)壽	 番子鼎 ww2012.4 釁(眉) 壽	 曾公畎鎛鐘 jk2020.1 釁(眉)壽  曾公畎甬鐘 A jk2020.1 釁(眉)壽	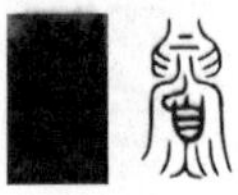 曾公畎甬鐘 B jk2020.1 釁(眉)壽	 曾孟孎諫盆 10332.1 釁(眉)壽  曾孟孎諫盆 10332.2 釁(眉)壽	
		 曾孫無期鼎 02606 釁(眉)壽  曾□□簠 04614 釁(眉)壽	 曾侯與鐘 mx1029 𩰪(眉)壽  曾侯與鐘 mx1032 釁(眉)壽		
番		曾			

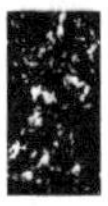 曾仲大父螽𣪘 04204.2 𥁕(眉)壽	 曾伯桼簠 04631 釁(眉)壽	 曾伯陭壺 09712.2 釁(眉)壽	 伯克父鼎 ms0285 眉壽	 曾伯克父壺g ms1062 𥂝(眉)壽	 曾伯克父壺 ms1063 𥂝(眉)壽
 曾伯桼壺 ms1069 釁(眉)壽	 曾伯桼簠 04632 釁(眉)壽	 曾伯陭壺 09712.5 釁(眉)壽	 曾伯克父簋 ms0509 眉壽	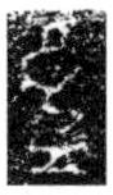 曾伯克父壺q ms1062 𥂝(眉)壽	

曾

 孟爾克母簠g ms0583 釁(眉)壽  孟爾克母簠q ms0583 釁(眉)壽	 鼄乎簋 04157.1 釁(眉)壽  鼄乎簋 04157.2 釁(眉)壽	 鼄乎簋 04158.1 釁(眉)壽  鼄乎簋 04158.2 釁(眉)壽	 蔡大善夫趣簠g xs1236 釁(眉)壽  蔡大善夫趣簠q xs1236 釁(眉)壽	 蔡公子叔湯壺 xs1892 釁(眉)壽	
			 鄬中姬丹盤 xs471 釁(眉)壽  鄬中姬丹匜 xs472 釁(眉)壽	 蔡大司馬燮盤 eb936 釁(眉)壽  蔡大司馬燮匜 mx0997 釁(眉)壽	
			 蔡侯䪞尊 06010 穆穆釁釁(亹亹)  蔡侯䪞盤 10171 穆穆釁釁(亹亹)	 蔡大師鼎 02738 釁(眉)壽  蔡叔季之孫貫匜　10284 釁(眉)壽	 蔡侯簠 xs1897 釁(眉)壽  蔡侯簠g xs1896 釁(眉)壽
曾			蔡		

			 𧃍公彭宇簠 04610 釁(眉)壽  𧃍公彭宇簠 04611 釁(眉)壽	 矩甗 xs970 釁(眉)壽	
 蔡侯簠q xs1896 釁(眉)壽  蔡侯簠 ms0582 釁(眉)壽	 雌盤 ms1210 釁(眉)壽	 丁兒鼎蓋 xs1712 賷(眉)壽	 申公壽簠 mx0498 釁(眉)壽  彭子壽簠 mx0497 釁(眉)壽	 叔姜簠g xs1212 釁(眉)壽  叔姜簠q xs1212 釁(眉)壽	 彭公孫無所鼎 eb299 釁(眉)壽  無所簠 eb474 釁(眉)壽
蔡		CE			

			 蛣公誠簋 04600 覺(眉)壽  上鄀公敄人簋蓋　04183 覺(眉)壽	 鄀公平侯鼎 02771 覺(眉)壽 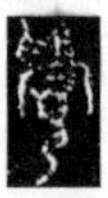 鄀公平侯鼎 02772 覺(眉)壽	 孟城瓶 09980 覺(眉)壽  鄀公誠鼎 02753 覺(眉)壽
			 鰲兒罍 xs1187 覺(眉)壽	 上鄀府簋 04613.1 覺(眉)壽  上鄀府簋 04613.2 覺(眉)壽	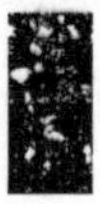 上鄀公簋g xs401 覺(眉)壽  上鄀公簋q xs401 覺(眉)壽
 彭子射盂鼎 mt02264 覺(眉)壽  彭子射兒簋 mt05884 覺(眉)壽	 彭啓簋甲 ww2020.10 覺(眉)壽  彭啓簋丙g ww2020.10 覺(眉)壽	 彭啓簋丙q ww2020.10 覺(眉)壽			

CE

 伯戔盤 10160 釁(眉)壽	 彭子仲盆蓋 10340 釁(眉)壽		 考叔䀇父簠 04608.1 釁(眉)壽	 考叔䀇父簠 04609.1 釁(眉)壽	 塞公孫䀇父匜 10276 釁(眉)壽
 伯戔盆g 10341 釁(眉)壽	 𨟻子奠伯鬲 00742 釁(眉)壽		 考叔䀇父簠 04608.2 釁(眉)壽	 考叔䀇父簠 04609.2 釁(眉)壽	 楚王鐘 00072 釁(眉)壽
 叔師父壺 09706 釁(眉)壽	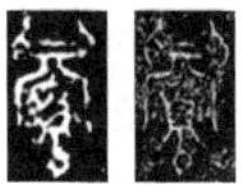 𦰡子𪗮盞g xs1235 釁(眉)壽	 侯孫老簠 g ms0586 釁(眉)壽	 楚屈子赤目簠 04612 釁(眉)壽	 王子申盞 04643 釁(眉)壽	 何次簠g xs403 釁(眉)壽
 𩐳君季𢓊鑑 mx0535 釁(眉)壽	 諆余鼎 mx0219 釁(眉)壽		 楚屈子赤目簠 xs1230 釁(眉)壽	 東姬匜 xs398 釁(眉)壽	 何次簠q xs403 釁(眉)壽
	 義子鼎 eb308 釁(眉)壽		 子季嬴青簠 04594.1 釁(眉)壽	 褱鼎 02551.1 釁(眉)壽	 欒書缶 10008.2 釁(眉)壽
			 子季嬴青簠 04594.2 釁(眉)壽	 褱鼎 02551.2 釁(眉)壽	 𪒠鐘 xs482a 釁(眉)壽
CE			楚		

 何次簠g xs404 釁(眉)壽  何次簠q xs404 釁(眉)壽	 敬事天王鐘 00073 釁(眉)壽  敬事天王鐘 00075 釁(眉)壽	 敬事天王鐘 00076 釁(眉)壽  敬事天王鐘 00078.1 釁(眉)壽	 敬事天王鐘 00080.1 釁(眉)壽  楚叔之孫倗鼎q xs473 釁(眉)壽	 王孫遺者鐘 00261.1 釁(眉)壽  楚王鼎g mt02318 釁(眉)壽	 楚王鼎q mt02318 釁(眉)壽  楚王鼎 mx0210 釁(眉)壽
 𪒠鐘 xs483b 釁(眉)壽  𪒠鎛 xs489a 釁(眉)壽	 𪒠鎛 xs490a 釁(眉)壽  𪒠鎛 xs491b 釁(眉)壽	 𪒠鎛 xs492a 釁(眉)壽  𪒠鎛 xs495a 釁(眉)壽			
楚					

 楚王鼎 mx0188 睂(眉)壽	 王子吳鼎 02717 睂(眉)壽	 王子午鼎 02811.2 睂(眉)壽	 王子午鼎 xs445 睂(眉)壽	 王子午鼎q xs447 睂(眉)壽	 季子康鎛 mt15789b 覺(眉)壽
 楚王媵嬭加缶 kg2020.7 睂(眉)壽	 王子吳鼎 mt02343b 睂(眉)壽	 王子午鼎q xs444 睂(眉)壽	 王子午鼎 xs446 睂(眉)壽		 季子康鎛 mt15790b 覺(眉)壽
楚					鍾離

 次口缶 xs1249 釁(眉)壽	 庚兒鼎 02715 釁(眉)壽  庚兒鼎 02716 釁(眉)壽			 者瀘鐘 00194 釁(眉)壽  者瀘鐘 00195 釁(眉)壽	 者瀘鐘 00196 釁(眉)壽  者瀘鐘 00198.1 釁(眉)壽
 沇兒鎛 00203.2 釁(眉)壽	 徐王子旃鐘 00182.2 釁(眉)壽	 郐諧尹征城 00425.2 釁(眉)壽	 郐䠄尹替鼎 02766.1 釁(眉)壽  郐䠄尹替鼎 02766.2 釁(眉)壽	 吴王光鑑 10298 釁(眉)壽  吴王光鑑 10299 釁(眉)壽	
徐				吴	

	 伯口鼎 mt02262 釁(眉)[壽]	 王孫壽甗 00946 釁(眉)壽  卓林父簋蓋 04018 釁(眉)壽	 皇與匜 eb954 釁(眉)壽  叔夜鼎 02646 釁(眉)壽	 叔液鼎 02669 釁(眉)壽  叔家父簠 04615 釁(眉)老無疆	 冶仲考父壺 09708 釁(眉)壽  伯其父簠 04581 釁(眉)壽
		 鎬鼎 02478 釁(眉)壽  欒大司徒瓶 09981 釁(眉)壽	 般仲柔盤 10143 釁(眉)壽  侃孫奎母盤 10153 釁(眉)壽	 大孟姜匜 10274 釁(眉)壽  益余敦 xs1627 釁(眉)壽	 王孫叔諲甗 mt03362 釁(眉)壽
 者尚余卑盤 10165 釁(眉)壽	 乙鼎 02607 釁(眉)壽  要君盂 10319 釁(眉)壽	 伯怡父鼎 eb312 釁(眉)壽  伯怡父鼎 eb313 釁(眉)壽	 揚鼎 mt02319 釁(眉)壽  與子具鼎 xs1399 釁(眉)壽	 痏父匜 mt14986 釁(眉)壽	
越					

顯

 太師盤 xs1464 顯(沫)盤	 魯伯愈父盤 10113 灦(沫)盤  魯伯愈父盤 10114 灦(沫)盤	 魯伯愈父盤 10115 灦(沫)盤  魯伯愈父匜 10244 灦(沫)匜			 伯戔盤 10160 顯(沫)盤
			 齊太宰歸父盤 10151 灦(沫)盤	 伯遊父盤 mt14510 顯(沫)盤	
晉	魯		齊	黃	CE

浴

	 自盤 ms1195 顋盤	 曩伯寍父盤 10081 䀀(沬)盤  曩伯寍父匜 10211 㬂(沬)匜			
			 孟滕姬缶 10005 浴(浴)缶  孟滕姬缶 xs416 浴(浴)缶	 鄬子倗浴缶g xs459 浴(浴)缶  鄬子倗浴缶q xs459 浴(浴)缶	 鄬子倗浴缶g xs460 浴(浴)缶  鄬子倗浴缶q xs460 浴(浴)缶
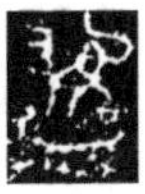 蔡叔季之孫䞵匜 10284 盨(沬)盤					
蔡		曩	楚		

汲	減		滅		洉
 己侯壺 09632 使小臣以汲					
	 者減鐘 00197.1 皮𦉥之子者減  者減鐘 00200 [皮𦉥]之子者減	 者減鐘 00201 皮𦉥之子者減  者減鐘 00202 皮然之子者減	 子犯鐘 xs1010 滅厥  子犯鐘 xs1022 滅厥	 嬭加鎛乙 ms1283 余滅顄下屖	
					 鄧尹疾鼎 02234.1 洉盗
纪	吴		晋	曾	鄧

深	淺			淄	澓
 深伯鼎 02621 深伯	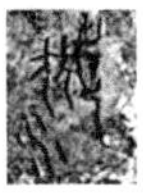 宋公圝鋪 mt06157 淺(濫)叔子  宋公圝鋪 mx0532 淺(濫)叔子	 宋公圝鼎g mx0209 淺(濫)叔子  宋公圝鼎q mx0209 淺(濫)叔子	 濫公宜脂鼎 mx0191 淺(濫)公  濫夫人鎛 mx1040 淺(濫)夫人	 叔夷鐘 00272.1 師于畺(淄)涶  叔夷鎛 00285.1 師于畺(淄)涶	
					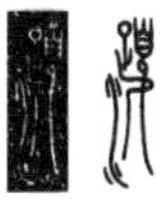 曾侯與鐘 mx1029 臨有江澓(夏)
	宋		D	齊	曾

涉		瀕		川	巠
					 戎生鐘 xs1613 廣巠(經)其猷  晋姜鼎 02826 巠(經)雍明德
 曾公畎鎛鐘 jk2020.1 涉政(征)淮夷  曾公畎甬鐘 A jk2020.1 涉政(征)淮夷	 曾公畎甬鐘 B jk2020.1 涉政(征)淮夷				
		 唐子仲瀕兒匜 xs1209 唐子仲瀕兒  唐子仲瀕鈚 xs1210 唐子仲瀕	 唐子仲瀕兒盤 xs1211 唐子仲瀕兒	 冉鉦鋮 00428 □□□大川	
曾		唐		吴	晋

州

	 右洀州還矛 11503 右洀州還	 叔夷鐘 00276.1 九州  叔夷鐘 00283 …九州	 叔夷鎛 00285.6 九州		
 [化阝]夫人坙缶 ms1179 [化阝]夫人坙				 申文王之孫簠 mt05943 申文王之孫州桒	 忾不余席鎮 mx1385 九州
楚	燕	齊		CE	越

	泉	虋	永			
			 内公鐘 00031 永寶用  内公鼎 00743 永寶用享	 内公鼎 02387 永寶用  内公鼎 02389 永寶用	 内太子鼎 02448 永用享  内公鼎 02475 永寶用享
	 右泉州還矛 11503 湶(泉)州	 虋君季𩕢鑑 mx0535 虋君			
 豫州戈 11074 豫州					
	燕	CE	芮		

 內太子白鼎 02496 永用	 內公簋蓋 03707 永寶用	 內大子白簠蓋 04537 永用	 內公壺 09596 永寶用	 內公壺 09598 永寶用	 內大子白壺 09645.1 永用享
 內子仲□鼎 02517 永寶用	 內公簋蓋 03708 永寶用	 內大子白簠蓋 04538 永用	 內公壺 09597 永寶用	 內大子白壺蓋 09644 永用享	 內大子白壺 09645.2 永用享

芮

 芮公鬲 eb77 永寶用享	 芮太子白鬲 mt2980 永保用享	 芮太子白鬲 mt2898 永保用享	 芮子仲殿鼎 mt02125 永寶用	 芮公脊父壺 ms1046 永用	 芮公鼎 ms0254 永寶用享
 芮太子鬲 eb78 永寶用享	 芮太子白鬲 mt2981 永保用享	 芮太子白鬲 mt2899 永保用享	 芮子仲鼎 mt01910 永寶用享	 太師小子白歡父鼎 ms0261 永寶用	 芮公鼎 ms0255 永寶用享

芮

 芮太子白鼎 ms0229 永保用  内公簋 04531 永寶用享	 荀侯匜 10232 永寶用	 菰仲甗鑪 mt14087 永□□□	 虞侯政壺 09696 永寶用	 虢季鼎 xs9 永寶用享  虢季鼎 xs10 永寶用享	 虢季鼎 xs11 永寶用享  虢季鼎 xs12 永寶用享
芮	荀	AB	虞	虢	

 虢季鼎 xs13 永寶用享  虢季鼎 xs14 永寶用享	 虢季鼎 xs15 永寶用享  虢季𣪘g xs16 永寶用	 虢季𣪘q xs16 永寶用  虢季𣪘q xs17 永寶用	 虢季𣪘g xs18 永寶用  虢季𣪘q xs18 永寶用	 虢季𣪘 xs19 永寶用  虢季𣪘q xs20 永寶用	 虢季𣪘g xs20 永寶用  虢季𣪘g xs21 永寶用
虢					

 虢季𣪘q xs21 永寶用	 虢季鬲 xs23 永寶用享	 虢季鬲 xs25 永寶用享	 虢季鬲 xs27 永寶用享	 虢季盨g xs31 永寶用	 虢季盨g xs32 永寶用
 虢季鬲 xs22 永寶用享	 虢季鬲 xs24 永寶用享	 虢季鬲 xs26 永寶用享	 虢季鬲 xs29 永寶用享	 虢季盨q xs31 永寶用	 虢季盨q xs32 永寶用

虢

 虢季盨g xs33 永寶用	 虢季盨g xs34 永寶用	 虢季簠g xs35 永寶用	 虢季壺 xs38 永寶用	 虢仲簠 xs46 永寶用	 國子碩父鬲 xs49 永寶用享
 虢季盨q xs33 永寶用	 虢季盨q xs34 永寶用	 虢季簠q xs35 永寶用	 虢季盤 xs40 永寶用	 國子碩父鬲 xs48 永寶用享	 虢宮父鬲 xs50 用從永征
虢					

 虢宮父盤 xs51 用從永征	 虢碩父簠q xs52 永寶用享	 虢姜壺 mt12223 永寶用	 虢宮父鬲 mt02823 用從永征	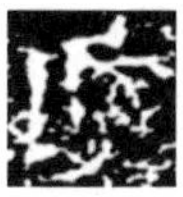 虢宮父匜 mt14895 用從永征	 虢季氏子組鬲 00662 永寶用享
 虢碩父簠g xs52 永寶用享	 虢姜鼎 mt01839 永寶用	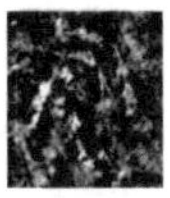 虢姜甗 mt03301 永寶用	 城父匜 mt14927 永寶用	 虢季子組鬲 00661 永寶用享	 虢季氏子組簋 03971 永寶用享

虢

 虢季氏子組簋 03972 永寶用享  虢季氏子組簋 03973 永寶用享	 虢季氏子組壺 09655 永寶其用享  虢季氏子組盤 ms1214 永寶用享	 賙金氏孫盤 10098 永寶用  虢季甗 ws2020.1 永寶用享	 虢嫚□盤 10088 永寶用  虢虎父鼎 ms0238 永寶用	 虢季氏子組鬲 mt02888 永寶用	 戎生鐘 xs1620 永寶用  太師盤 xs1464 永用爲寶
					 子犯鐘 xs1015 永寶用樂  子犯鐘 xs1019 永寶用樂
					 郘黛鐘 00225 永以爲寶  郘黛鐘 00226 永以爲寶
虢					晉

 晋侯簋g mt04712 永寶用	 晋侯簋g mt04713 永寶用享	 晋叔家父壺 xss908 永寶用享	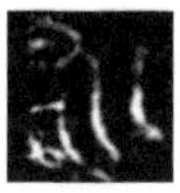 晋刑氏鼎 ms0247 永寶用享	 �湯伯匜 10208 永用之	 叔休盨 mt05617 永保用
 晋侯簋q mt04712 永寶用	 晋侯簋q mt04713 永寶用	 晋叔家父壺 mt12357 永寶用	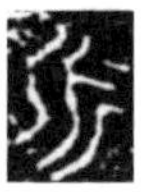 晋侯簋 ms0467 永寶用	 叔休壺 ms1060 永保用	 叔休盨 mt05618 永保用
 晋公盆 10342 永康(康)寶	 長子沫臣簠 04625.1 永保用之				
 晋公盤 mx0952 永康(康)寶	 長子沫臣簠 04625.2 永保用之				
 邵黛鐘 00227 永以爲寶	 邵黛鐘 00230 永以爲寶	 邵黛鐘 00233 永以爲寶	 邵黛鐘 00237 永以爲寶		
 邵黛鐘 00228 永以爲寶	 邵黛鐘 00231 永以爲寶	 邵黛鐘 00235 永以爲寶			

晋

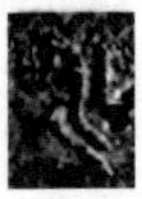 叔休盨 mt05619 永保用  叔休盤 mt14482 永保用	 叔休盉 mt14778 永保用  叔休壺 ms1059 永保用	 仲考父盤 jk2020.4 永害福爾後  楷侯宰吹壺甲g jk2020.4 永用	 楷侯宰吹壺甲q jk2020.4 永用  楷侯宰吹壺乙g jk2020.4 永用	 楷侯宰吹壺乙q jk2020.4 永用	 燕仲盨q kw2021.3 永寶用享  燕仲盨g kw2021.3 永寶用享
					 匽公匜 10229 永寶用
晉		黎			燕

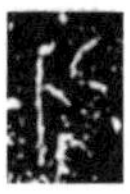 燕仲鼎 kw2021.3 永寶用享  琱射壺 kw2021.3 永寶用享	 燕仲鬲 kw2021.3 永寶用享  燕仲匜 kw2021.3 永寶用	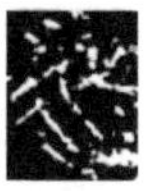 宗婦鄁嬰鼎 02683 永寶用  宗婦鄁嬰鼎 02684 永寶用	 宗婦鄁嬰鼎 02685 永寶用  宗婦鄁嬰鼎 02686 永寶用	 宗婦鄁嬰鼎 02687 永寶用  宗婦鄁嬰鼎 02688 永寶用	 宗婦鄁嬰𣪘蓋 04076 永寶用  宗婦鄁嬰𣪘 04077 永寶用
燕		BC			

 宗婦鄁嬰𣪘 04078 永寶用	 宗婦鄁嬰𣪘 04080 永寶用	 宗婦鄁嬰𣪘 04082 永寶用	 宗婦鄁嬰𣪘 04084 永寶用	 宗婦鄁嬰𣪘 04086.1 永寶用	 宗婦鄁嬰𣪘 04087 永寶用
 宗婦鄁嬰𣪘 04079 永寶用	 宗婦鄁嬰𣪘 04081 永寶用	 宗婦鄁嬰𣪘 04083 永寶用	 宗婦鄁嬰𣪘 04085 永寶用	 宗婦鄁嬰𣪘 04086.2 永寶用	 宗婦鄁嬰壺 09698.2 永寶用

BC

 宗婦鄁嬰壺 09699.1 永寶用	 單子白盨 04424 永寶用	 毛叔虎父簋g hx2021.5 子子孫孫永寶	 毛叔虎父簋q mx0424 子子孫孫永寶	 毛百父匜 mx0988 永寶用享	 毛虎壺q hx2021.5 永寶用
 宗婦鄁嬰盤 10152 永寶用	 單伯遵父鬲 00737 永寶用享	 毛叔虎父簋g mx0424 子子孫孫永寶	 毛叔虎父簋q hx2021.5 子子孫孫永寶	 毛百父鼎 hx2021.5 永寶用	 毛虎壺g hx2021.5 永寶
BC	單	毛			

 毛叔盤 10145 永俘(保)用	 鄭饔原父鼎 02493 永用  鄭師口父鬲 00731 永寶用	 伯高父甗 00938 永寶  鄭戕句父鼎 02520 永寶用	 鄭伯氏士叔皇父鼎　02667 永寶用享  子耳鼎 mt02253 永寶用	 召叔山父簠 04601 用爲永寶  召叔山父簠 04602 用爲永寶	 鄭義伯鑷 09973.1 永寶  鄭義伯鑷 09973.2 孫子⺀永寶
	 鄭子石鼎 02421 永寶用  鄭大内史叔上匜　10281 永寶用之				
	 與兵壺q eb878 永寶孷(教)之  與兵壺g eb878 永寶教之	 哀成叔鼎 02782 永用禋祀	 封子楚簠q mx0517 永保用之  封子楚簠g mx0517 永保用之		
毛	鄭				

 京叔盨q xs1964 永寶用 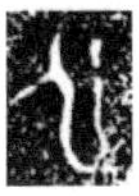 京叔盨g xs1964 永寶用	 寶登鼎 mt02122 永寶用享	 穌冶妊鼎 02526 永寶用  穌冶妊盤 10118 永寶用之	 穌公子段 04014 永寶用享  穌公子段 04015 永寶用享	 蘇公匜 xs1465 永琛(寶)用	 許子□父鼎 mx0161 子子孫孫永□□  許成孝鼎 mx0190 永寶用之
					 許公簠g mx0510 永命無疆  許公簠g mx0510 永保用之
		 寬兒鼎 02722 永保用之  寬兒缶 mt14091 永保用之			 鄦公買簠 04617.2 永命無疆  鄦公買簠 04617.2 永寶用之
鄭		蘇			許

 伯國父鼎 mx0194 永寶用享  鄦奓魯生鼎 02605 永寶用					
 許公簠q mx0510 永命無疆	 許公簠g mx0511 永命無疆  許公簠g mx0511 永保用之	 許公簠q mx0511 永命無疆  許公簠q mx0511 永保用之			
 鄦公買簠g eb475 永命無疆  鄦公買簠g eb475 永寶用之	 鄦公買簠q eb475 永命無疆  鄦公買簠q eb475 永寶用之	 子璋鐘 00113 永保鼓之  子璋鐘 00114 永保鼓之	 子璋鐘 00115.1 永保鼓之  子璋鐘 00116.1 永保鼓之	 子璋鐘 00117.1 永保鼓之  子璋鐘 00119 永保鼓之	 鄦子盟自鎛 00153 永保鼓之  鄦子盟自鎛 00154 永保鼓之
許					

 陳医鬲 00705 永用	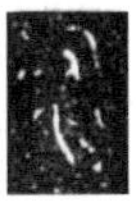 陳生隺鼎 02468 永寶用	 敶医壺 09633.1 永寶用	 敶医壺 09634.1 永寶用	 敶侯作嘉姬𣪘 03903 永寶用	 原氏仲簠 xs396 永壽用之
 陳医鬲 00706 永用	 敶侯鼎 02650 永壽用之	 敶医壺 09633.2 永寶用	 敶医壺 09634.2 永寶用	 原氏仲簠 xs395 永用之	 原氏仲簠 xs397 永壽用之
 敶大喪史仲高鐘　00350 永寶用之	 敶大喪史仲高鐘　00354.2 永寶用之	 陳公子中慶簠 04597 永壽用之	 敶医作王仲嬀𡢁簠　04603.1 永壽用之	 敶医作王仲嬀𡢁簠　04604.1 永壽用之	 敶医作孟姜𡢁簠　04606 永壽用之
 敶大喪史仲高鐘　00353.2 永寶用	 敶大喪史仲高鐘　00355.2 永寶用之	 陳公孫𢍰父瓶 09979 永壽用之	 敶医作王仲嬀𡢁簠　04603.2 永壽用之	 敶医作王仲嬀𡢁簠　04604.2 永壽用之	 敶医作孟姜𡢁簠　04607 永壽用之
 陳樂君甗 xs1073 永用之					
 宋兒鼎 mx0162 永保用之					

陳

		 戈叔朕鼎 02690 永寶用之  戈叔朕鼎 02691 永寶用之	 戈叔朕鼎 02692 永寶用之  叔朕簠 04620 永寶用之	 叔朕簠 04621 永寶用之  戈伯匜 10246 永寶用之	 商丘叔簠 04557 永寶用  商丘叔簠 04558 永寶用
 陳戻盤 10157 永壽用之  陳伯元匜 10267 永壽用之	 陳子匜 10279 永壽用之  有兒簋 mt05166 永保用之				 趞亥鼎 02588 永壽用之
					 宋右師延敦g xs1713 永永有慶  宋右師延敦 CE33001 永永有慶
陳		戴			宋

 商丘叔簠 04559.1 永寶用  商丘叔簠 04559.2 永寶用	 商丘叔簠 xs1071 永寶用			 曹伯狄毁 04019 永寶用享	 杞伯每亡鼎 02494.1 永寶用  杞伯每亡毁 03899.1 永寶用享
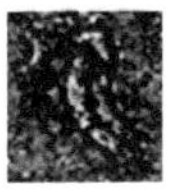 宋公圝鋪 mt06157 永保用之  宋公圝鋪 mx0532 永保用之	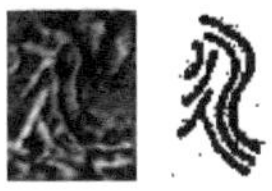 宋公圝鼎g mx0209 永保用之  宋公圝鼎q mx0209 永保用之				
 樂子簠 04618 永保用之		 鄬子臺簠 04545 永壽用  鄬子蒀臺鼎g 02498 永壽用之	 鄬子蒀臺鼎q 02498 永壽用之	 曹公簠 04593 永壽用之  曹公盤 10144 永壽用之	
宋		邊		曹	杞

 杞伯每亡毀 03901 永寶用享	 杞伯每亡鼎 02495 汖(永)寶用	 杞伯每亡毀 03897 汖(永)寶用享	 杞伯每亡毀 03898.2 汖(永)寶用享	 杞伯每亡毀 03900 汖(永)寶用享	 杞伯每亡壺蓋 09687 汖(永)寶用享
 杞伯每亡壺 09688 永寶用享	 杞伯每亡鼎 02642 汖(永)寶用享	 杞伯每亡毀 03898.1 汖(永)寶用享	 杞伯每亡毀 03899.2 汖(永)寶用享	 杞伯每亡毀 03902.2 汖(永)寶用享	 杞伯每亡盆 10334 汖(永)寶用

杞

 杞伯每刃簋 mt04860 永寶用  杞伯雙聯鬲 mx0262 永寶用	 魯仲齊鼎 02639 永寶用享  魯仲齊甗 00939 永寶用	 魯司徒仲齊盨 04440.1 永寶用享  魯司徒仲齊盨 04440.2 永寶用享	 魯司徒仲齊盨 04441.1 永寶用享  魯司徒仲齊盨 04441.2 永寶用享	 魯伯愈父鬲 00690 永寶用  魯伯愈父鬲 00691 永寶用	 魯伯愈父鬲 00692 永寶用  魯伯愈父鬲 00693 永寶用
	 魯大司徒厚氏元篚　04689 永寶用之  魯大司徒厚氏元篚　04690.1 永寶用之	 魯大司徒厚氏元篚　04690.2 永寶用之  魯大司徒厚氏元篚　04691.1 永寶用之	 魯大司徒厚氏元篚　04691.2 永寶用之 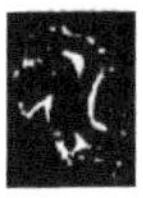 魯大左嗣徒元鼎　02592 永寶用之	 魯大左嗣徒元鼎　02593 永寶用之  魯大司徒元盂 10316 永寶用	 魯少司寇封孫宅盤　10154 永寶用之
杞	魯				

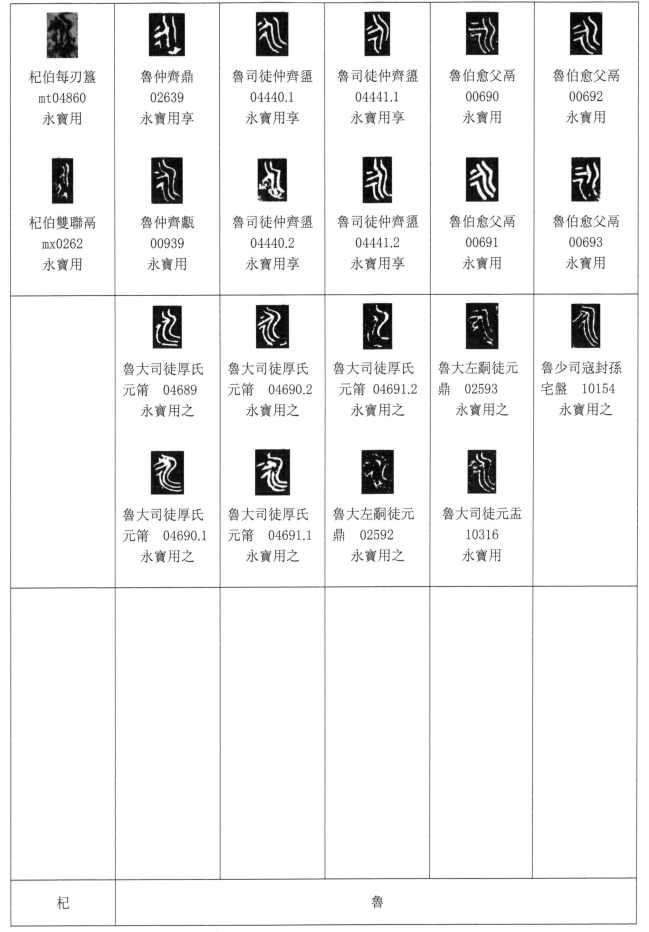

 魯伯愈父鬲 00694 永寶用	 魯伯愈父盤 10113 永寶用	 魯伯愈父盤 10115 永寶用	 魯侯鼎 xs1067 永寶用	 魯宰駟父鬲 00707 永寶用	 魯伯大父作孟姜簋　03988 永寶用
 魯伯愈父鬲 00695 永寶用	 魯伯愈父盤 10114 永寶用	 魯伯愈父匜 10244 永寶用	 魯侯簠 xs1068 永寶用	 魯伯大父作季姬婧簋　03974 永寶用	 魯伯大父作仲姬俞簋　03989 永寶用享
魯					

 魯大宰遷父簋 03987 永寶用	 魯士浮父簠 04517.2 永寶用	 魯士浮父簠 04519 永寶用	 魯大司徒子仲白匜　10277 永保用之	 魯伯悆盨 04458.1 永寶用享	 魯酉子安母簠g mt05902 永寶用
 魯士浮父簠 04517.1 永寶用	 魯士浮父簠 04518 永寶用	 魯士浮父簠 04520 永寶用	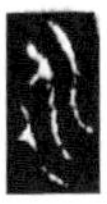 魯姬鬲 00593 永寶用	 魯伯悆盨 04458.2 永寶用享	 魯酉子安母簠q mt05902 永寶用

魯

 魯酉子安母簋g mt05903 永寶用	 魯正叔盤 10124 永壽用之	 魯伯俞父簠 04566 永寶用	 魯伯俞父簠 04568 永寶用	 魯伯匜 10222 永寶用	 鼄伯鬲 00669 永寶用
 魯酉子安母簋q mt05903 永寶用	 禽簋 hx2022.2 永寶用	 魯伯俞父簠 04567 永寶用	 魯伯愈父簠 ms0561 永寶用		 鼄討鼎 02426 永寶用
					 鼄大宰鐘 00086.2 永保用享
					 鼄公華鐘 00245 永保用享
魯					邾

 邾□白鼎 02640 永寶用  邾□白鼎 02641 永寶用	 邾伯御戎鼎 02525 永寶用  鼄叔之伯鐘 00087 永賲(保)用享	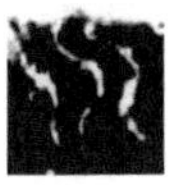 邾叔彪父簠g ms0573 永寶用享  邾叔彪父簠q ms0573 永寶用享	 孟嬴匜 mt14877 永[寶用]	 邾友父鬲 mt02939 永寶用  邾友父鬲 mt02942 永寶用	 邾友父鬲 mt02941 永寶用  鼄友父鬲 00717 永寶用
 鼄大宰簠 04623 永寶用之  鼄大宰簠 04624 永寶用之				 郳公韍父鎛 mt15815 永者是保  郳公韍父鎛 mt15816 永者是保	 郳公韍父鎛 mt15817 永者是保  郳公韍父鎛 mt15818 永者是保
邾				郳	

 郳友父鬲 xs1094 永寶用  兒慶鼎 xs1095 永寶用	 郳公子害簠g mt05907 永寶用  郳公子害簠q mt05907 永寶用	 郳公子害簠 mt05908 永寶用  僉父瓶g mt14036 永寶用之	 僉父瓶q mt14036 永寶用之  兒慶鬲 mt02866 永寶用	 兒慶鬲 mt02868 永寶用  兒慶盤 mt14414 永寶用	 郳慶鬲 ms0312 永寶用  郳慶簠 mt05878 永寶用享
 郳大司馬彊盤 ms1216 永保用之 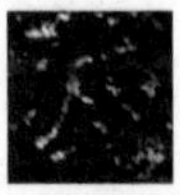 郳大司馬彊匜 ms1260 永保用之	 郳大司馬鈚 ms1177 永保用之  隮公克敦 04641 永保用之				
郳					

 郳慶簠 mt05879 永寶用享	 郳君慶壺 mtt12334 永寶用	 郳君慶壺q mt12333 永寶用	 郳君慶壺 q ms1056 永寶用	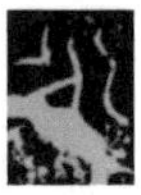 郳眉父鼎 jk2020.1 永寶用享	 郳季脂墓簠q ms0571 永寶用
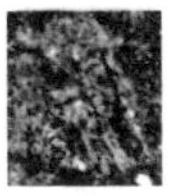 郳慶匜 mt14955 永寶用享	 郳君慶壺g mt12333 永寶用	 郳君慶壺g ms1056 永寶用	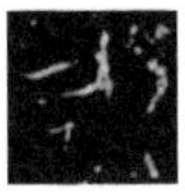 郳壽父鼎 jk2020.1 永寶用享	 郳季脂墓簠g ms0571 永寶用	 郳季脂墓簠g ms0572 永寶用

郘

 子皇母簠 mt05853 永寶用之	 圓君婦媿霝壺 mt12353 永用	 縢侯穌盨 04428 永寶用	 薛侯盤 10133 永寶用	 走馬薛仲赤簠 04556 永保用享	 薛子仲安簠 04546.1 永寶用享
 畢仲弁簠 mt05912 永寶用之	 圓君婦媿霝壺 ms1055 厽(永)用	 滕侯蘇盨 mt05620 永寶用	 薛侯匜 10263 永寶用	 薛子仲安簠 04547 永寶用享	 薛子仲安簠 04546.2 永寶用享
郳		滕	薛		

 邿仲簠g xs1045 永寶用  邿仲簠q xs1045 永寶用	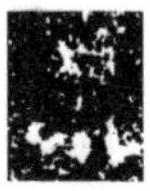 邿仲簠 xs1046 永寶用	 邿伯鼎 02601 永寶用  邿伯祀鼎 02602 永寶用享	 邿譴簋 04040.1 永寶用享  邿譴簋 04040.2 永寶用享	 邿譴簋 04040.1 用賜永壽  邿譴簋 04040.2 用賜永壽	 邿譴簋 mt05022 用賜永壽  邿譴簋 mt05022 永寶用享
 邿公典盤 xs1043 永保用之					

邿

 鑄子叔黑叵鼎 02587 永寶用  鑄子叔黑叵簠 04570.1 永寶用	 鑄子叔黑叵簠 04570.2 永寶用  鑄子叔黑叵簠 04571.1 永寶用	 鑄子叔黑叵簠 04571.2 永寶用  鑄子叔黑叵盨 mt05608 永寶用	 鑄子叔黑叵鬲 00735 永寶用  鑄子叔黑叵簋 03944 永寶用	 叔黑叵匜 10217 永寶用  鑄叔作嬴氏鼎 02568 永寶用	 鑄叔作嬴氏簠 04560.1 永寶用  鑄叔作嬴氏簠 04560.2 永寶用
 鑄司寇鼎 xs1917 永寶用  祝司寇獸鼎 02474 永寶用					

鑄

 鑄公簠蓋 04574 永寶用 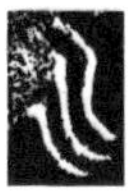 鑄子撫匜 10210 永寶用	 鑄侯求鐘 00047 永享用之 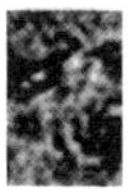 鑄叔盤 mt14456 永寶用	 尋仲盤 10135 永寶用  尋仲匜 10266 永寶用	 弗奴父鼎 02589 永寶用	 齊侯子行匜 10233 永寶用享  齊侯匜 10272 永寶用	 齊縈姬盤 10147 永保用享  齊良壺 09659 永保用
				 齊侯鎛 00271 永命 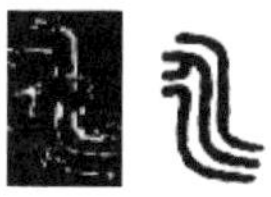 齊侯鎛 00271 永保用享	 齊侯盂 10318 永保其身  齊侯盂 10318 永保用之
				 齐侯作孟姜敦 04645 永保用之  齊侯盤 10159 永保用之	 齊侯鼎 mt02363 永保用之
鑄		鄩	費	齊	

 齊趫父鬲 00685 永寶用享  齊趫父鬲 00686 永寶用享	 齊侯匜 10242 永保用  齊侯盤 10117 永保用	 齊伯里父匜 mt14966 永寶用  齊不超鬲 mt02926 永寶用			
 國差罎 10361 永保用之  𩇯子鼎 mt02404A 永保用	 齊侯子仲姜鬲 mx0261 永保其身  齊侯子仲姜鬲 mx0261 永保用之	 叔夷鐘 00278 永保其身  叔夷鐘 00278 永保用享	 齊医敦 04638 永保用	 齊医敦 04639.1 永保用  齊医敦 04639.2 永保用	 姬寏母豆 04693 永命多福  姬寏母豆 04693 永寶用

齊

				 己華父鼎 02418 永用  己侯壺 09632 永寶用	 㠱侯弟叟鼎 02638 永寶用  㠱甫人匜 10261 永寶用
 簷叔之仲子平鐘　00172 永保用之  簷叔之仲子平鐘　00173 永保用之	 簷叔之仲子平鐘　00174 永保用之  簷叔之仲子平鐘　00175 永保用之	 簷叔之仲子平鐘　00177 永保用之  簷叔之仲子平鐘　00179 永保用之	 簷叔之仲子平鐘　00180 永保用之		
 簷侯少子簋 04152 永保用享  簷平壺 xs1088 永保用之					 㠱公壺 09704 永保其身  㠱公壺 09704 永保用之
莒				纪	㠱

 曩侯簋 xs1462 永寶用	 哀鼎g mt02311 永保用之 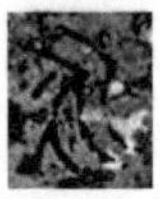 哀鼎q mt02311 永保用之	 夆叔盤 10163 永保其身  夆叔盤 10163 永保用之	 夆叔匜 10282 永保其身  夆叔匜 10282 永保用之	 鄁甘辜鼎 xs1091 永寶用享	
				 濫夫人鎛 mx1040 濫夫人永□	 取膚上子商盤 10126 永寶用  取膚上子商匜 10253 永寶用
				 拍敦 04644 永世毋出	
曩		逄		D	

 鄧公簋 03775 永寶用  鄧公簋 03776 永寶用	 鄧公孫無忌鼎 xs1231 永壽無疆  鄧公孫無忌鼎 xs1231 永寶用之	 伯氏始氏鼎 02643 永寶用  鄧伯吉射盤 10121 永寶用享	 昜娟鼎 ms0225 永寶用享		
			 唐侯制鼎 ms0219 永祜福  唐侯制鼎 ms0220 永祜福	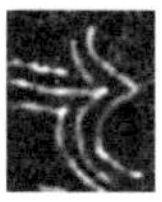 唐侯制鼎 ms0221 永祜福	 唐侯制簋 ms0468 其永祜福  唐侯制壺 mx0829 其永祜福
			 唐子仲瀕兒盤 xs1211 永寶用之		
鄧			唐		

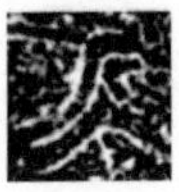 樊伯千鼎 mx0200 永寶用享	 黃子季庚臣簠 ms0589 用寶是尚	 黃季鼎 02565 永寶用享	 □□單盤 10132 永寶用享	 奚子宿車鼎 02603.2 永寶	 郄季寬車匜 10234 永寶用之
 樊孫伯渚鼎 mx0197 永用之享	 黃仲匜 10214 永寶用享	 叔單鼎 02657 永寶用享	 奚子宿車鼎 02603.1 永寶	 奚子宿車鼎 02604.1 子孫永寶	 郄季寬車盤 10109 永寶用之
 樊君匜 10256.1 永寶用享	 伯亞臣鐳 09974 永寶是尚	 黃子鼎 02566 永祜福	 黃子豆 04687 永祜福	 黃子盉 09445 永祜福	 黃子壺 09664 永祜福
 樊君匜 10256.2 永寶用享	 黃子鬲 00687 永祜福	 黃子鼎 02567 永祜福	 黃子豆 xs93 永祜福	 黃子壺 09663 永祜福	 黃子鐳 09966 永祜福
	 黃韋俞父盤 10146 永用之				
樊	黃				

黃太子白克盤
10162
永寶用之

黃太子白克盆
10338
永寶用之

黃君孟匜
10230
永祜福

黃君孟鐳
xs92
永祜福

黃君孟盤
10104
永祜福

黃君孟壺
xs91
永祜福

黃君孟鐳
09963
永祜福

黃君孟鼎
xs90
永祜福

黃君孟豆
04686
永祜福

黃子盤
10122
永祜福

黃子匜
10254
永祜福

黃

	 番□伯者君盤 10139 永寶用享	 番□伯者君盤 10140 永寶用之  番□伯者君匜 10268 永寶用享	 番□伯者君匜 10269 永寶用享  番昶伯者君鼎 02618 永寶用	 番君酝伯鬲 00732 永用  番君酝伯鬲 00733 永用	 番君酝伯鬲 00734 永用  番昶伯者君鼎 02617 永寶用
 伯遊父壺 mt12412 永寶用之  伯遊父壺 mt12413 永寶用之	 番君召簠 04582 永寶用  番君召簠 04583 永寶用之	 番君召簠 04584 永寶用之  番君召簠 04585 永寶用之	 番君召簠 04586 永寶用之  番君召簠 04587 永寶用之	 番子鼎 ww2012.4 永保用之	
	 鄱子成周鐘 xs289 其永鼓之				
黃	番				

 番君伯歡盤 10136 永用之享  番君匜 10271 永寶用享	 番伯酓匜 10259 永寶用  番叔壺 xs297 永用之	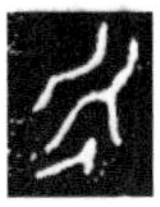 曾伯文簋 04051.1 永寶用享  曾伯文簋 04051.2 永寶用享	 曾伯文簋 04052.1 永寶用享 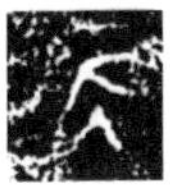 曾伯文簋 04052.2 永寶用享	 曾伯文簋 04053 永寶自<用>享 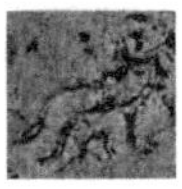 曾伯文簋 mt05028 永寶用享	 曾仲大父蝨段 04203 永寶用享  曾仲大父蝨段 04204.1 永寶用享
		 曾公畎鎛鐘 jk2020.1 永命  曾公畎鎛鐘 jk2020.1 永保用享	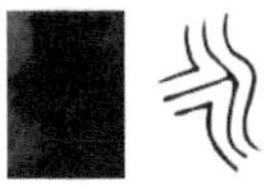 曾公畎甬鐘 A jk2020.1 永命  曾公畎甬鐘 A jk2020.1 永保用享	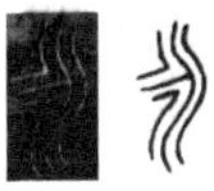 曾公畎甬鐘 B jk2020.1 永命 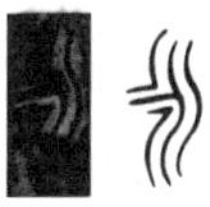 曾公畎甬鐘 B jk2020.1 永保用享	 加嬭簋g ms0556 其永用之  加嬭簋q ms0556 其永用之
		 曾侯與鐘 mx1034 永用畯長  嫼盤 mx0948 永保用之	 曾孫無期鼎 02606 永寶用之  曾子叔牀父簠 蓋　04544 永祜福	 曾季关臣盤 eb933 永用之  曾□□簠 04614 永寶用之	 曾子義行簠g xs1265 永保用之  曾子義行簠q xs1265 永保用之
番		曾			

 伯克父鼎 ms0285 永寶用享	 曾伯克父簋 ms0509 永寶用	 曾伯克父盨 ms0538 永寶	 曾伯克父壺g ms1062 永寶用	 曾伯克父壺 ms1063 永寶用	 曾伯霥簠 04631 永寶用之享
 曾伯克父簋 ms0509 永命	 曾伯克父甗 ms0361 永寶	 曾伯克父盨 ms0539 永寶	 曾伯克父壺q ms1062 永寶用	 曾伯霥壺 ms1069 永寶	 曾伯霥簠 04632 永寶用之享
 湛之行鼎甲 kx2021.1 其永用之	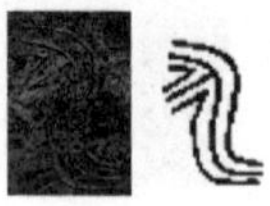 湛之行鼎丙 kx2021.1 其永用之	 湛之行繁鼎甲q kx2021.1 其永用之	 湛之行簋甲 kx2021.1 其永用之	 湛之行簋丙 kx2021.1 其永用之	 湛之行簠甲g kx2021.1 其永用 之
 湛之行鼎乙 kx2021.1 其永用之	 湛之行繁鼎甲 gkx2021.1 其永用之	 湛之行繁鼎乙 kx2021.1 其永用之	 湛之行簋乙 kx2021.1 其永用之	 湛之行簋丁 kx2021.1 其永用之	 湛之行簠甲q kx2021.1 其永用之

曾

 曾子牧臣鼎 ms0211 永祜福	 曾子牧臣壺 ms1408 永祜福	 牧臣簠q ms0553 爾永祜福	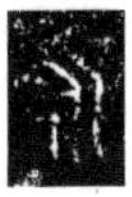 曾仲大父蝨毁 04204.2 永寶用享	 曾伯鬲 xs1217 永寶用	 曾子斁鼎 mx0146 永用之
 曾子牧臣壺 ms1407 永祜福	 牧臣簠g ms0553 爾永祜福	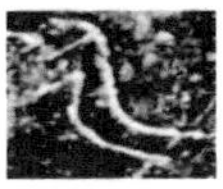 牧臣簠g ms0554 爾永祜福	 㸐右盤 10150 永寶用享	 曾太保嬬簋 mx0425 永用之	 曾子壽鼎 mx0147 永祜福
 湛之行簠乙g kx2021.1 其永用之	 湛之行鬲甲 kx2021.1 其永用之	 湛之行鬲丙 kx2021.1 其永用之	 湛之行壺g xs2021.1 其永用之	 湛作季嬴鼎甲 kx2021.1 其永用之	 湛作季嬴鼎丙 kx2021.1 其永用之
 湛之行簠乙q kx2021.1 其永用之	 湛之行鬲乙 kx2021.1 其永用之	 湛之行鬲丁 kx2021.1 其永用之	 湛之行壺q kx2021.1 其永用之	 湛作季嬴鼎乙 kx2021.1 其永用之	 湛作季嬴簋甲 kx2021.1 其永用之

曾

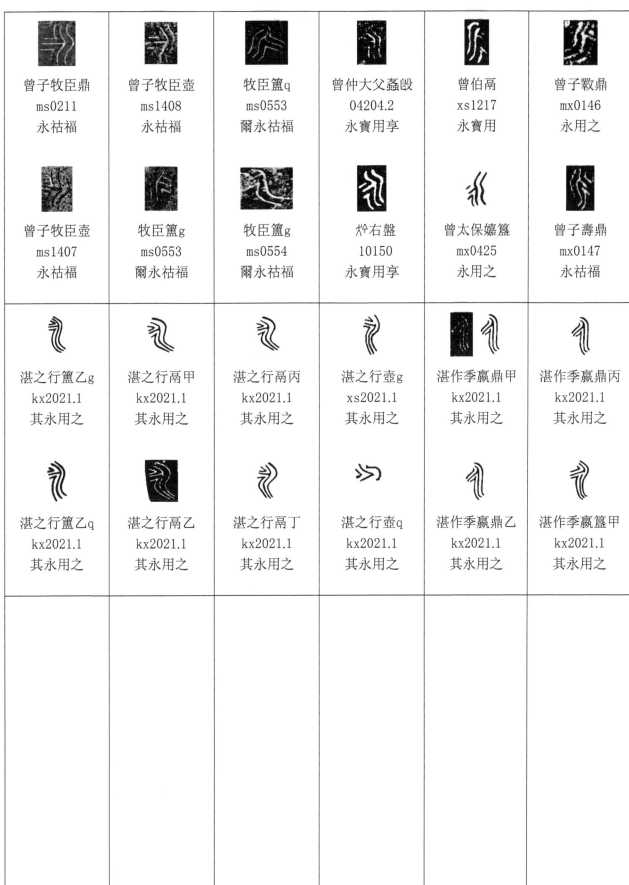

 曾子𩡧鼎 ms0210 永祐福	 曾子伯𠫑盤 10156 永寶用享	 曾子仲謱鼎 02620 永用之	 曾亘嫚鼎 xs1201 爾永祐福	 曾子伯誩鼎 02450 永祐福	 曾侯簠 0459 永用之
 曾侯鼎 ms0224 其永用□	 曾子仲謱甗 00943 永用之	 曾孟嬴削簠 xs1199 永祐福	 曾亘嫚鼎 xs1202 永祐福	 曾仲子敔鼎 02564 永用享	 曾者子鼎 02563 子子孫孫永壽
 湛作季嬴簋乙 kx2021.1 其永用之	 湛作季嬴簋丁 kx2021.1 其永用之	 湛作季嬴鬲乙 kx2021.1 其永用之	 湛作季嬴鬲丁 kx2021.1 其永用之	 湛作季嬴壺甲q kx2021.1 其永用之	 湛作季嬴壺乙q kx2021.1 其永用之
 湛作季嬴簋丙 kx2021.1 其永用之	 湛作季嬴鬲甲 kx2021.1 其永用之	 湛作季嬴鬲丙 kx2021.1 其永用之	 湛作季嬴簠 kx2021.1 其永用之	 湛作季嬴壺乙g kx2021.1 其永用之	 曾侯寶鼎 ms0265 永用之

曾

 曾大保盆 10336 永用之	 竈乎簋 04157.1 眉壽永命	 竈乎簋 04157.2 眉壽永命	 竈乎簋 04158.1 眉壽永命	 竈乎簋 04158.2 眉壽永命	 曾侯子鐘 mt15141 其永用之
 夨叔匜 ms1257 永壽用之	 竈乎簋 04157.1 萬年永用	 竈乎簋 04157.2 萬年永用	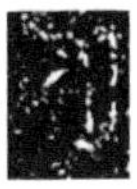 竈乎簋 04158.1 萬年永用	 竈乎簋 04158.2 萬年永用	 曾侯子鐘 mt15142 永用之
 曾侯宏鼎 mt02219 永用之	 曾侯宏鼎 mx0187 永用之	 曾侯宏簋 mt04976 永用之	 曾侯宏鼎 mx0185 永用之	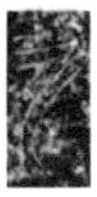 曾公子叔涹簠q mx0507 永寶用之	 曾子㞒簠 04528.1 永祜福
 曾侯宏鼎 mt02220 永用之	 曾侯宏簋 mt04975 永用之	 曾侯宏壺 mt12390 永用之	 曾侯宏鼎 mx0186 永用之	 加嬭簋 mx0375 其永用之	 曾子㞒簠 04529.1 永祜福

曾

 曾侯子鐘 mt15143 永用之  曾侯子鐘 mt15144 永用之	 曾侯子鐘 mt15146 永用之  曾侯子鐘 mt15147 永用之	 曾侯子鐘 mt15149 永用之	 蔡大善夫趣簠g xs1236 永寶用之  蔡大善夫趣簠q xs1236 永寶用之	 蔡太史鉚 10356 永保用  蔡公子叔湯壺 xs1892 永寶用享	 蔡侯鼎 xs1905 永寶用享
			 蔡大司馬燮盤 eb936 永保用之 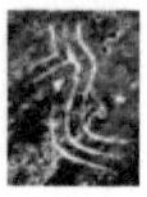 蔡大司馬燮匜 mx0997 永保用之		
			 蔡侯䜌尊 06010 永保用之  蔡侯䜌盤 10171 永保用之	 蔡大師鼎 02738 永寶用之  蔡叔季之孫君 匜　10284 永寶用之	 蔡侯簠g xs1896 永寶用之  蔡侯簠q xs1896 永寶用之
曾			蔡		

	 申比父豆g ms0604 永享用  申比父豆q ms0604 永享用	 鄦公彭宇簠 04610 永寶用之  鄦公彭宇簠 04611 永寶用之	 彭伯壺g xs315 永寶用之  彭伯壺q xs315 永寶用之		
 蔡侯簠 xs1897 永寶用之  蔡侯簠 ms0582 永寶用之	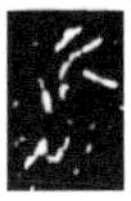 申公壽簠 mx0498 永保用之  彭子壽簠 mx0497 永保用之	 申文王之孫簠 mt05943 永保用之  彭公孫無所鼎 eb299 永保用之	 彭子射盂鼎 mt02264 永保用之  彭子射兒簠 mt05884 永寶用之	 喬君鉦鋮 00423 永寶用之	 丁兒鼎蓋 xs1712 永保用之
蔡	CE				

 彭伯壺g xs316 永寶用之  彭伯壺q xs316 永寶用之	 矩甗 xs970 永寶用之	 蛞公誠簠 04600 永寶用  上鄀公敄人簋蓋　04183 永寶用享	 鄀公平侯鼎 02771 永寶用享  鄀公平侯鼎 02772 永寶用享	 鄀公簠蓋 04569 永寶用之  孟城瓶 09980 永寶用之	 鄀公誠鼎 02753 永寶用  鄀于子斯簠 04543 永用
		 蒸兒罍 xs1187 永保用之	 上鄀公簠g xs401 永寶用之  上鄀公簠q xs401 永寶用之	 上鄀府簠 04613.1 永寶用之  上鄀府簠 04613.2 永寶用之	
 叔姜簠g xs1212 永保用之  叔姜簠q xs1212 永保用之					
CE					

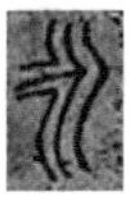 上鄀太子平侯匜　ms1252 永寶用	 鄂姜簠 ms0552 永寶用  鄂伯邍鼎 ms0241 永寶用享	 鄂伯邍鼎 ms0241 永寶用享  □人孱石盤 ms1200 永祜福	 邛君婦龢壺 09639 永寶用之  伯戔盤 10160 永寶用之	 伯戔盆g 10341 永保用之  伯戔盆q 10341 永保用之	
			 江叔螽鬲 00677 永寶用之	 叔師父壺 09706 永寶用之  蔡君季䰢鑑 mx0535 永寶是尚	 郙子行盆 10330.1 永寶[用]之  郙子行盆 10330.2 永寶用之

CE

 袒伯業鼎 02622 永寶用享  袒伯墉盤 10130 永用享	 袒盤 10094 永寶用享  袒仲無龍匜 10249 永寶用享	 袒仲無龍鬲 00713 永寶用享  袒仲無龍鬲 00714 永寶用享	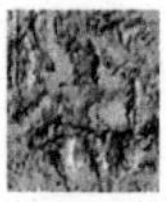 袒仲侯盤 ms1206 永寶用享  袒𢃇伯壺蓋 ms1057 永寶用享	 袒𢃇伯壺 mx0831 永寶用享 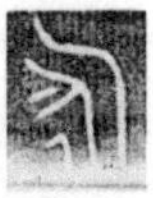 袒𢃇伯壺 jjmy011 永寶用享	 袒𢃇伯壺蓋 ms1058 永寶用享
 鄝伯受簠 04599.1 其永用之  鄝伯受簠 04599.2 其永用之					
CE					

 郳伯貝懋盤 mx0941 子孫永寶盤	 鄁公鼎 02714 永寶用享	 鄁公簋 04017.1 永用享	 廓季伯歸鼎 02644 永寶用之	 伯歸臺盤 mt14484 永用之	 彭子仲盆蓋 10340 永寶用之
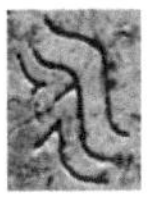 郳伯貝懋盤 mx0941 永用享	 鄁公簋 04016 永用享	 鄁公簋 04017.2 永用享	 廓季伯歸鼎 02645 永寶用之	 鬙子奠伯鬲 00742 永寶用	 郘君鬳鼎 mx0198 永用之
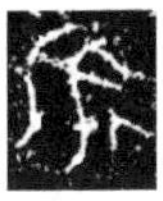 子諆盆 10335.2 永壽用之	 諆余鼎 mx0219 永寶用之	 蔡子龤盞g xs1235 永保用之	 湴叔壺 09625 永用之	 泠叔鼎 02355 永用之	
	 登鐸 mx1048 永保是尚		 湴叔壺 09626 永用之	 盅鼎 02356 其永用之	
 侯古堆鎛 xs276 其永鼓之	 侯古堆鎛 xs279 其永鼓之	 義子鼎 eb308 永保用之			
 侯古堆鎛 xs278 其永鼓之					

CE

 備兵鼎 jjmy007 永寶用	 楚季哶盤 10125 永寶用享  考叔㽙父簠 04608.1 永寶用之	 楚嬴盤 10148 永用享  楚嬴匜 10273 永用享	 考叔㽙父簠 04609.1 永寶用之  考叔㽙父簠 04609.2 永寶用之	 塞公孫㽙父匜 10276 永寶用之  楚王鐘 00072 永保用之	 楚太師登鐘 mt15511a 永寶鼓之
	 楚子暖簠 04575 永保之  楚子暖簠 04576 永保之	 楚子暖簠 04577 永保之  東姬匜 xs398 永寶用之	 何次簠q xs404 永保用之  何次簠g xs404 永保用之	 孟縢姬缶 10005 永保用之  孟縢姬缶 xs416 永保用之	 敬事天王鐘 00073 自作永(詠)命(鈴)  敬事天王鐘 00075 自作永(詠)命(鈴)
	 褱鼎 02551.1 永保用之  褱鼎 02551.2 永保用之	 競孫不服壺 mt12381 永保之用享  復公仲簋蓋 04128 萬年永壽	 𪑗鎛 xs489a 永保鼓之  𪑗鎛 xs490a 永保鼓之		
CE	楚				

<table>
<tr>
<td>
楚太師登鐘
mt15512b
永寶鼓之

楚太師登鐘
mt15513b
永寶鼓之</td>
<td>
楚太師登鐘
mt15514b
永寶鼓之

楚太師登鐘
mt15516b
永寶鼓之</td>
<td></td>
<td></td>
<td></td>
<td></td>
</tr>
<tr>
<td>
王子嬰次鐘
00052
永用宴喜

王子申盞
04643
永保用之</td>
<td>
楚屈子赤目簠
04612
永保用之

楚屈子赤目簠
xs1230
永保用之</td>
<td>
以鄧匜
xs405
永寶用之</td>
<td>
以鄧鼎g
xs406
永寶用之

以鄧鼎q
xs406
永寶用之</td>
<td>
仲改衛簠
xs399
子子孫孫永寶

何次簠
xs402
永保用之</td>
<td>
何次簠g
xs403
永保用之

何次簠q
xs403
永保用之</td>
</tr>
<tr>
<td></td>
<td></td>
<td></td>
<td></td>
<td></td>
<td></td>
</tr>
<tr>
<td colspan="6">楚</td>
</tr>
</table>

 敬事天王鐘 00076 自作永(詠)命(鈴)  敬事天王鐘 00078.1 自作永(詠)命(鈴)	 敬事天王鐘 00080.1 自作永(詠)命(鈴)  王孫誥鐘 xs418 永受其福	 王孫誥鐘 xs419 永受其福  王孫誥鐘 xs420 永受其福	 王孫誥鐘 xs421 永受其福  王孫誥鐘 xs422 永受其福	 王孫誥鐘 xs423 永受其福  王孫誥鐘 xs425 永受其福	 王孫誥鐘 xs426 永受其福  王孫誥鐘 xs427 永受其福
楚					

 王孫誥鐘 xs428 永受其福	 王孫誥鐘 xs430 永受其福	 王孫誥鐘 xs439 永受其福	 王孫誥鐘 xs418 永保鼓之	 王孫誥鐘 xs420 永保鼓之	 王孫誥鐘 xs422 永保鼓之
 王孫誥鐘 xs429 永受其福	 王孫誥鐘 xs436 永受其福	 王孫誥鐘 xs441 永受其福	 王孫誥鐘 xs419 永保鼓之	 王孫誥鐘 xs421 永保鼓之	 王孫誥鐘 xs423 永保鼓之

楚

 王孫誥鐘 xs424 永保鼓之  王孫誥鐘 xs425 永保鼓之	 王孫誥鐘 xs426 永保鼓之  王孫誥鐘 xs427 永保鼓之	 王孫誥鐘 xs428 永保鼓之  王孫誥鐘 xs429 永保鼓之	 王孫誥鐘 xs431 永保鼓之  王孫誥鐘 xs436 永保鼓之	 王孫誥鐘 xs437 永保鼓之  王孫誥鐘 xs438 永保鼓之	 王孫誥鐘 xs442 永保鼓之  鷹鬲 xs458 永保用之
楚					

 王孫遺者鐘 00261.2 誕永余德(值)	 楚王媵嬭加缶 kg2020.7 永保用之	 飤簠q xs475 永保用之	 飤簠q xs476 永保用之	 飤簠q xs478 永保用之	 楚王鼎q mt02318 永寶用之
 王孫遺者鐘 00261.1 永保鼓之	 飤簠g xs475 永保用之	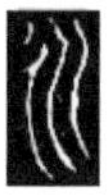 飤簠g xs476 永保用之	 飤簠g xs478 永保用之	 楚王鼎g mt02318 永寶用之	 楚王鼎 mx0210 永寶用之

楚

 楚王鼎 mx0188 永保用之  發孫虜簠 xs1773 永保用之	 發孫虜鼎g xs1205 永保用之  發孫虜鼎q xs1205 永保用之	 王子吴鼎 mt02343b 永保用之  王子吴鼎 02717 永保用之	 鄢子受鐘 xs505 永配厥休  鄢子受鐘 xs508 永配厥休	 鄢子受鐘 xs512 永配厥休  鄢子受鎛 xs513 永配厥休	 鄢子受鎛 xs514 永配厥休  鄢子受鎛 xs515 永配厥休
			 永陳缶蓋 xs1191 永陳之尊缶		

楚

 鄦子受鎛 xs516 永配厥休  鄦子受鎛 xs518 永配厥休	 鄦子受鎛 xs520 永配厥休	 王子午鼎 02811.2 永受其福  王子午鼎q xs444 永受其福	 王子午鼎 xs445 永受其福  王子午鼎 xs446 永受其福	 王子午鼎q xs447 永受其福  王子午鼎 xs449 永受其福	 季子康鎛 15786b 永保是[尚]  季子康鎛 mt15789b 永保是尚
楚					鍾離

	 郃大子鼎 02652 永寶用之				
 季子康鎛 mt15790b 永保是尚  季子康鎛 mt15791b 永保是尚	 次口缶 xs1249 永保用之  宜桐盂 10320 永壽用之		 者𣓨鐘 00193 永[保是尚]  者𣓨鐘 00194 永保是尚	 者𣓨鐘 00195 永保是尚  者𣓨鐘 00196 永[保是]尚	 者𣓨鐘 00197.2 永保是尚  者𣓨鐘 00198.2 永保是尚
	 沇兒鎛 00203.1 永保鼓之  郃王義楚觶 06513 永保矧(台)身	 郃𪣻尹譬鼎 02766.1 永保用之  郃𪣻尹譬鼎 02766.2 永保用之	 臧孫鐘 00093 永保是從  臧孫鐘 00094 永保是從	 臧孫鐘 00095 永保是從  臧孫鐘 00096 永保是從	 臧孫鐘 00097 永保是從  臧孫鐘 00098 永保是從
鍾離	徐		吴		

 者㴱鐘 00200 永保用之  者㴱鐘 00201 永保用之	 者㴱鐘 00202 永保用之				
 臧孫鐘 00099 永保是從  臧孫鐘 00100 永保是從	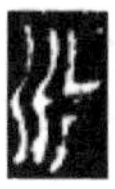 臧孫鐘 00101 永保是從  冉鉦鋮 00428 祚以永鼓	 姑馮昏同之子 句鑃　00424.2 永保用之  其次句鑃 00421 永保用之	 其次句鑃 00422A 永保用之  其次句鑃 00422B 永保用之	 越王丌北古劍 wy098 自作永用之  越王丌北古劍 wy098 自作永用之	 越王丌北古劍 wy098 自作永之用之 劍  者尚余卑盤 10165 永寶用之
吴		越			

 朿仲弖父簋 mx0404 永寶用享	 彔簋蓋甲 mx0392 永寶用	 武生毀鼎 02522 永寶用之	 奢虎簠 04539.1 永寶用	 旅虎簠 04540 永寶用	 旅虎簠 04541.2 永寶用
 朿仲弖父簋蓋 03924 永寶用享	 彔簋蓋乙 mx0393 永寶用	 武生毀鼎 02523 永寶用之	 奢虎簠 04539.2 永寶用	 旅虎簠 04541.1 永寶用	
 嘉子孟嬴指缶 xs1806 永用之	 掃片昶豯鼎 02570 永寶用享	 □偖生鼎 02632 永寶用享	 深伯鼎 02621 永寶用之	 瘵鼎 02569 永寶用之	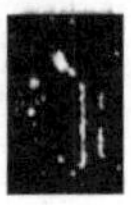 伯□父簠 04535 永寶用
	 掃片昶豯鼎 02571 永寶用享	 □偖生鼎 02633 永寶用享	 鐘伯侵鼎 02668 永寶用之	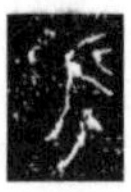 伯彊簠 04526 永祜福	 樂大司徒瓶 09981 永寶用
 嘉子昜伯臚簠 04605.1 永壽用之	 師麻孝叔鼎 02552 永寶用	 乙鼎 02607 永保用之	 尊父鼎 mt02096 永寶用享	 伯怡父鼎 eb312 永保用之	 痯父匜 mt14986 永寶用
 嘉子昜伯臚簠 04605.2 永壽用之		 揚鼎 mt02319 永保用	 與子具鼎 xs1399 永保用之	 永祿鈹 mt17926 永成壽福	

 䨻侯簋 04561 永寶用享	 叔牙父鬲 00674 永寶用	 鄭大嗣攻鬲 00678 永保用之	 郮子良人甗 00945 其子子孫孫永□□	 叔姬鼎 02392 永用	 專車季鼎 02476 永寶用
 䨻侯簋 04562 永寶用享	 右戲仲夏父鬲 00668 永寶用	 尌仲甗 00933 永寶用	 王孫壽甗 00946 永保用之	 自作尊鼎 02430 永寶用享	 伯筍父鼎 02513 永寶用
 永寶用享盤 10058 永寶□□	 侃孫奎母盤 10153 永保用之	 公父宅匜 10278 永寶用之	 益余敦 xs1627 永保用之		
 般仲柔盤 10143 永寶用之	 作司□匜 10260 永作祜(福)	 □子季□盆 10339 永寶用之	 王孫叔諲甗 mt03362 永寶用享		
 𢉋鈹 mx1335 永終自襲䖒					

 雍鼎 02521 永寶用	 □魯宰两鼎 02591 永寶用之	 京叔姬簠 04504 其永用	 㚶仲簠 04534 永寶用	 子叔壺 09603.1 永用	 夢子匜 10245 永[保]用
 寗弃生鼎 02524 永寶用	 叔皮父簋 04127 永用	 卓林父簋蓋 04018 永寶用	 伯其父簠 04581 永寶用之	 伯駟父盤 10103 永寶用	 史孔卮 10352 永寶用

 子叔嬴内君盆 10331 永用	 皇與匜 eb954 永寶用	 仲阪父盆g ms0619 永享用	 伯氏鼎 02443 羕(永)寶用	 伯氏鼎 02445 羕(永)寶用	 伯氏鼎 02447 羕(永)寶用
 □伯侯盤 xs1309 永□用之	 妝盘 ms0618 永寶	 仲阪父盆q ms0619 永享用	 伯氏鼎 02444 羕(永)寶用	 伯氏鼎 02446 羕(永)寶用	

羕

 考征君季鼎 02519 永寶用之  冶仲考父壺 09708 永寶是尚	 叔液鼎 02669 永壽用之  伯索史盂 10317 永用				
				 叔夷鎛 00285.8 羕(永)保其身  叔夷鎛 00285.8 羕(永)保用享	
		 鄦子妝簠 04616 羕(永)保用之	 郳公孫班鎛 00140 羕(永)保用之	 公子土折壺 09709 羕(永)保用之  公子土折壺 09709 羕(永)保其身	 慶叔匜 10280 羕(永)保其身  慶叔匜 10280 羕(永)保用之
		許	郳	齊	

 鄧公乘鼎 02573.1 羕(永)保用之  鄧公乘鼎 02573.2 羕(永)保用之					
	 無所簠 eb474 羕(永)保用之  彭启簠丙q ww2020.10 羕(永)保用之	 子季嬴青簠 04594.1 羕(永)寶用之  子季嬴青簠 04594.2 羕(永)寶用之	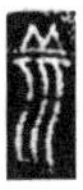 倗夫人嫘鼎 mt02425 羕(永)壽無疆  競孫旟也鬲 mt03036 羕(永)保之用享	 遷邟鐘 mt15520 羕(永)保用之  遷邟鐘 mt15521 羕(永)保用之	 遷邟鎛 mt15794 羕(永)保用之  遷邟鎛 mt15796 羕(永)保用之
鄧	CE	楚		舒	

谷　冶

		 𩀁仲之孫簋 04120 羕(永)寶用享		 穌冶妊鼎 02526 蘇冶妊  穌冶妊盤 10118 蘇冶妊	 冶仲考父壺 09708 冶仲丂父
		 匽君壺 09680 羕(永)保用之			
 遷沵鐘 mx1027 羕(永)保用之  夫跌申鼎 xs1250 羕(永)寶用鬻(享)	 吴王光鐘 00224.5 油油羕羕	 壬午吉日戈 xs1979 以羕(永)	 九里墩鼓座 00429.2 王東吴谷		
舒	吴		鍾離	蘇	

靁　　　　霝

	 䢅伯𤔲父罍 mt13826 寶罍(罍)		 戎生鐘 xs1614 天子歆霝(靈)		 鄭義伯𨰠 09973.1 作季姜霝(𨰠)  鄭義伯𨰠 09973.2 作季姜霝(𨰠)
				 叔左鼎 mt02334 其霝用□□	
 洹子孟姜壺 09729 齊侯[女]罍(雷)  洹子孟姜壺 09730 齊侯女罍(雷)		 雷子歸産鼎 ms0175 雷子			
齊	CE		晉	BC	鄭

	 僉父瓶g mt14036 霝父君僉父  僉父瓶q mt14036 霝父君僉父	 圓君婦媿霝壺 mt12353 圓君婦媿霝  圓君鼎 02502 圓君婦媿霝	 圓君婦媿霝鎣 09434 圓君婦媿霝  圓君婦媿霝壺 ms1055 圓君婦媿霝		
 邾公釛鐘 00102 揚君霝(靈)  邾公糧鐘 gs1.金 1.13 霝禾鐘				 齊太宰歸父盤 10151 霝(靈)命難老  叔夷鐘 00276.2 桓武霝(靈)公	 叔夷鐘 00277.1 霝(靈)命難老  叔夷鎛 00285.7 霝(靈)命難老
 邾公孫班鎛 00140 霝(靈)命無期					
邾	郳			齊	

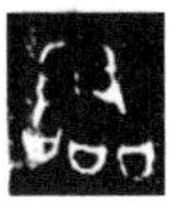 黃子鬲 00687 霝(令)終靈後	 黃子鼎 02566 霝(令)終靈後	 黃子鼎 02567 永祜霝(靈)轃	 黃子豆 04687 霝終霝(靈)後	 黃子豆 xs93 霝終霝(靈)後	 黃子盉 09445 霝終霝(靈)後
 黃子鬲 00687 霝終霝(靈)後	 黃子鼎 02566 霝終霝(靈)後	 黃子豆 04687 霝(令)終靈後	 黃子豆 xs93 霝(令)終靈後	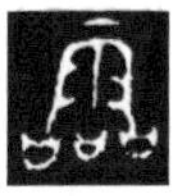 黃子盉 09445 霝(令)終靈後	 黃子壺 09663 霝(令)終靈後

黃

 黄子壺 09663 霝終霝(靈)後  黄子壺 09664 霝(令)終靈後	 黄子壺 09664 霝終霝(靈)後  黄子鐳 09966 霝(鐳)	 黄子盤 10122 霝(令)終靈後  黄子盤 10122 霝終霝(靈)後	 黄子匜 10254 霝(令)終霝後  黄子匜 10254 霝終霝(靈)後	 黄子豆 ms0608 霝(令)終霝後  黄子豆 ms0608 霝終霝(靈)後	 黄子鐳 xs94 霝(鐳)

黄

 曾仲大父螽𣪕 04203 黃耇霝(令)終  曾仲大父螽𣪕 04204.1 黃耇霝(令)終	 曾仲大父螽𣪕 04204.2 黃耇霝(令)終	 曾子伯窞盤 10156 黃耇霝(令)[終]  曾侯簠 04598 叔姬霝	 曾伯克父簋 ms0509 黃耇霝(令)終  曾伯克父鐳 ms1174 飤霝(鐳)		
 嬭加鎛丁 ms1285 霝(令)終黃耇					
 曾侯與鐘 mx1029 曾侯之霝(靈)				 蔡侯䌓尊 06010 霝(靈)頌託商  蔡侯䌓盤 10171 霝(靈)頌託商	 𪏮鐘 xs482b 霝(靈)色若華  𪏮鐘 xs486b 霝(靈)色若華
曾				蔡	楚

䨲

					 盄和鐘 00270.2 昭䨲(格)孝享
 𪒠鐘 xs484b 霝(靈)色若華  𪒠鎛 xs489b 霝(靈)色若華	 𪒠鎛 xs490b 霝(靈)色若華  𪒠鎛 xs491a 霝(靈)色若華	 𪒠鎛 xs492a 霝(靈)色若華  𪒠鎛 xs494b 霝(靈)色若華	 𪒠鎛 xs496b 霝(靈)色若華	 嘉賓鐘 00051 霝(靈)聞	
楚					秦

雩　　　　　　　　　　　　　霥

				 曾伯霥簠 04631 曾伯霥  曾伯霥簠 04631 曾伯霥	 曾伯霥簠 04632 曾伯霥  曾伯霥簠 04632 曾[白]霥
 叔夷鐘 00273.1 雩厥行師  叔夷鐘 00276.1 雩生叔夷	 叔夷鎛 00285.2 雩厥行師  叔夷鎛 00285.6 雩生叔夷		 作司口匜 10260 雩之四方		
		 霸服晋邦劍 wy054 口雩全(百)邦 斯口			
齊		吴		曾	

	霖	雲			魚
 曾伯霥壺 ms1069 曾伯霥  曾伯霥簠 ms0548 曾伯霥					 穌冶妊鼎 02526 虢改魚母  穌冶妊盤 10118 虢改魚母
	 王孫霖簠 04501.2 王孫霖	 姑發腎反劍 11718 云(員)用員獲  姑發腎反劍 11718 云用云(員)獲	 工𠭯王劍 11665 作元云(員)用劍  工盧王姑發者坂劍 ms1617 云(員)用員獲	 工盧王姑發者坂劍 ms1617 云用云(員)獲	
曾	楚	吳			虢

		鮎			鱞
	 索魚王戈 xs1300 索魚王□□戈	 秦子戈 11352a 左右市鮎  秦子戈 11353 左右市鮎	 秦子矛 11547.2 左右市鮎 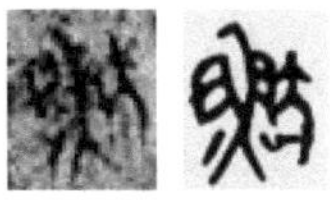 秦子戈 xs1350 左右市鮎	 秦子戈 mt17209 左右市鮎	
 郐王㯱鼎 02675 用鬻魚腊					
					 司馬楙鎛 eb48 鱞寡
徐			秦		滕

	鱏	鯢	鮮	魿	鮇
					 鄧鰟鼎 02085.1 鄧鮇之飤鼎  鄧鰟鼎 02085.2 鄧鮇之飤鼎
 曾侯鐘 mx1025 鰥寡	 蔡公孫鱏戈 mx1200 蔡公孫鱏	 郳公鯢曹戈 11209 郳公鯢	 杕氏壺 09715 歲賢鮮虞	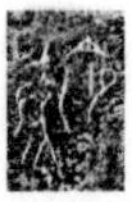 叔皇之孫魿敦 ms0593 叔往之孫魿	
曾	蔡		燕	CE	鄧

漁　　　　　　　　　　　鱸　　　龍

 楚王孫漁戈 11152 楚王孫𩆱(漁)	 楚王孫漁矛 eb1268 楚王孫𩆱(漁)	 競之𩆱鼎 mx0178 競之𩆱	 曾大醢尹壺 mt12225 曾大醢尹鱸	 郘黛鐘 00226 喬喬其龍	 郘黛鐘 00230 喬喬其龍
 楚王孫漁戈 11153 楚王孫𩆱(漁)	 楚王孫漁戈 ms1435 楚王孫𩆱(漁)		 曾大醢尹壺 mt12226 曾大醢尹鱸	 郘黛鐘 00228 喬喬其龍	 郘黛鐘 00233 喬喬其龍
楚			曾	晉	

					 䢵仲無龍匜 10249 䢵仲無龍  䢵仲無龍匕 00970 䢵仲無龍
		 樊夫人龍嬴壺 09637 樊夫人龍嬴  樊夫人龍嬴匜 10209 樊夫人龍嬴	 樊夫人龍嬴鬲 00675 樊夫人龍嬴  樊夫人龍嬴鬲 00676 樊夫人龍嬴	 樊夫人龍嬴鼎 xs296 樊夫人龍嬴 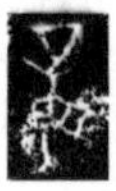 樊夫人龍嬴盤 10082 樊夫人龍嬴	
 郘黛鐘 00235 喬喬其龍  郘黛鐘 00236 喬喬其龍	 郘黛鐘 00237 喬喬其龍				
晉		樊			CE

⿱⿰與龍力			飛	⿱飛異	
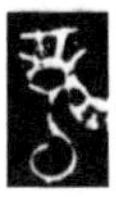 䢼仲無龍鬲 00713 䢼仲無龍 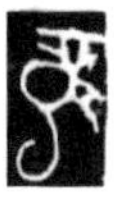 䢼仲無龍鬲 00714 䢼仲無龍				 秦公鐘 00262 ⿱飛異(翼)受明德  秦公鐘 00265 ⿱飛異(翼)受明德	 秦公鎛 00267.2 ⿱飛異(翼)受明德  秦公鎛 00268.2 ⿱飛異(翼)受明德
		 嬭加鎛乙 ms1283 ⿱⿰與龍力⿱⿰與龍力豫政			
	 九里墩鼓座 00429.4 俳公獲飛龍		 九里墩鼓座 00429.4 飛龍		
CE	鍾離	曾	鍾離	秦	

非

	 曾亘嫚鼎 xs1201 曾亘嫚非彔  曾伯陭鉞 xs1203 賀非歷毆	 曾亘嫚鼎 xs1202 曾亘嫚非彔			
	 孏加編鐘 kg2020.7 余非敢乍(作) 聭(恥)				
 司馬楙鎛 eb49 非敢墬禰			 蔡侯紐鐘 00210.1 非敢寧忘(荒)  蔡侯紐鐘 00211.1 非敢寧忘(荒)	 蔡侯紐鐘 00218.1 非敢寧忘(荒) 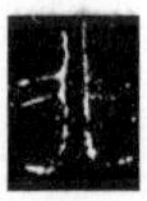 蔡侯鎛 00219.1 非敢寧忘(荒)	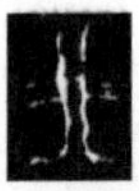 蔡侯鎛 00221.1 非敢寧忘(荒)  蔡侯鎛 00222.1 非敢寧忘(荒)
滕	曾		蔡		

靡

 樊君簠 04487 樊君靡					
	 九里墩鼓座 00429.1 聖靡公				
樊	鍾離				

卷十二

孔

時期＼區域	秦	晉	晉	郳
早期	 秦子簋蓋 eb423 又嬃(有柔)孔嘉	 太師盤 xs1464 孔碩且好		
中期	 盄和鐘 00270.2 其音肅肅雍雍孔煌	 子犯鐘 xs1009 搏伐楚荆孔休  子犯鐘 xs1013 孔淑且碩	 子犯鐘 xs1021 搏伐楚荆孔休 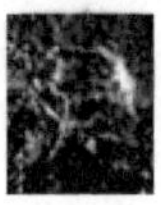 晉公盤 mx0952 孔静晉邦	
晚期				 鼄大宰簠 04623 畢恭孔惠  鼄大宰簠 04624 畢恭孔惠

	 曾伯霥簠 04631 元武孔黹  曾伯霥簠 04632 元武孔黹	 曾伯霥壺 ms1069 慎聖孔武  曾子斿鼎 02757 孔㞷□□			
	 曾公畎鎛鐘 jk2020.1 顋天孔惠 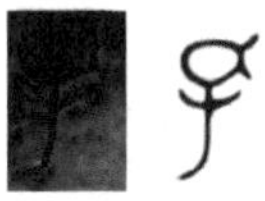 曾公畎甬鐘 A jk2020.1 顋天孔惠	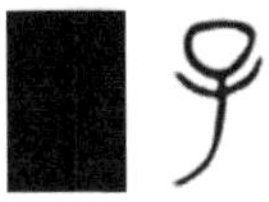 曾公畎甬鐘 B jk2020.1 顋天孔惠  孎加鎛丙 ms1284 休淑孔鍠	 周王孫季紃戈 11309.1 孔臧元武  登鐸 mx1048 元鳴孔鍠	 王孫誥鐘 xs418 元鳴孔鍠  王孫誥鐘 xs419 元鳴孔鍠	 王孫誥鐘 xs420 元鳴孔鍠  王孫誥鐘 xs421 元鳴孔鍠
 鄦子盟自鎛 00153 元鳴孔鍠  鄦子盟自鎛 00154 元鳴孔鍠					
許	曾		CE	楚	

 王孫誥鐘 xs422 元鳴孔鍠  王孫誥鐘 xs423 元鳴孔鍠	 王孫誥鐘 xs427 元鳴孔鍠  王孫誥鐘 xs428 元鳴孔鍠	 王孫誥鐘 xs429 元鳴孔鍠  王孫誥鐘 xs430 元鳴孔鍠	 王孫誥鐘 xs434 元鳴孔諻  王孫誥鐘 xs433 元鳴孔鍠	 王孫誥鐘 xs443 元鳴孔鍠  王孫遺者鐘 00261.1 元鳴孔鍠	
					 沇兒鎛 00203.1 元鳴孔鍠  沇兒鎛 00203.2 孔嘉元成
楚					徐

		乳		不	
	 史孔卮 10352 史孔作卮			 秦公鐘 00262 不惰于上  秦公鐘 00264 不惰于上	 秦公鎛 00267.1 不惰于上  秦公鎛 00268.1 不惰于上
		 曾公𫹷鎛鐘 jk2020.1 乳(孺)小子 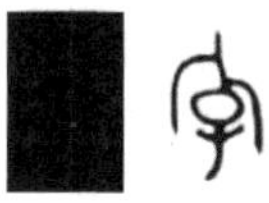 曾公𫹷甬鐘 A jk2020.1 乳(孺)小子	 曾公𫹷甬鐘 B jk2020.1 乳(孺)小子 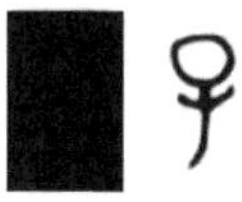 曾公𫹷甬鐘 B jk2020.1 乳(孺)小子	 仲滋鼎 xs632 痽旨羞不痽	 秦公簋 04315.1 不(丕)顯  秦公簋 04315.2 鎮静不廷
 徐王子旃鐘 00182.2 元鳴孔皇					
徐		曾		秦	

 秦公鎛 00269.1 不惰于上		 戎生鐘 xs1614 用戟不廷方  戎生鐘 xs1615 懿歆不朁	 晉姜鼎 02826 不暇妄(荒)寧  晉姜鼎 02826 虔不惰		
 盄和鐘 00270.1 不(丕)顯  盄和鐘 00270.1 不惰在上	 盄和鐘 00270.2 鎮静不廷  秦公戈 mx1238 戮畏不廷	 子犯鐘 xs1021 諸楚荆不聽命于王所  晉公盆 10342 莫不□□	 晉公盆 10342 莫不日卑豐  晉公盤 mx0952 至于不廷	 晉公盤 mx0952 靈名不□  晉公盤 mx0952 莫不日卑豐	
		 邵黛鐘 00225 不敢爲喬(驕)  邵黛鐘 00226 不敢爲喬(驕)	 邵黛鐘 00228 不敢爲喬(驕)  邵黛鐘 00229 不敢爲喬(驕)	 邵黛鐘 00230 不敢爲喬(驕)  邵黛鐘 00231 不敢爲喬(驕)	 邵黛鐘 00233 不敢爲喬(驕)  邵黛鐘 00234 不敢爲喬(驕)
秦		晉			

 邵黛鐘 00235 不敢爲喬(驕)  邵黛鐘 00236 不敢爲喬(驕)	 邵黛鐘 00237 不敢爲喬(驕)	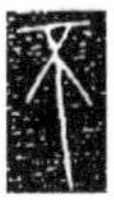 與兵壺q eb878 不(丕)陳春秋歲嘗	  杕氏壺 09715 多實不訏	 宋公差戈 11289 所造不昜族戈	 鼄公華鐘 00245 淑穆不惰于厥身
晋		鄭	燕	宋	鄬

		 齊不趄鬲 mt02926 齊不趄作侯伯尊鬲			
	 郜公典盤 xs1043 不(丕)用勿出	 庚壺 09733.2B 賸相乘牡創不也  庚壺 09733.2B 不可多也	 叔夷鐘 00272.1 汝不惰夙夜  叔夷鐘 00272.2 夷不敢弗懲戒	 叔夷鐘 00273.2 弗敢不對揚…之賜休命  叔夷鐘 00274.2 虔恤不易	 叔夷鐘 00279 夷不敢…  叔夷鐘 00282 …虔恤不易
 滕之不㤓劍 11608 滕之不㤓由于		 洹子孟姜壺 09729 余不其使汝受殃  洹子孟姜壺 09730 余不其使汝受殃			
滕	郜	齊			

<table>
<tr><td></td><td></td><td></td><td></td><td></td><td></td></tr>
<tr>
<td>
叔夷鎛
00285.1
汝不惰夙夜

叔夷鎛
00285.2
夷不敢弗憼戒</td>
<td>
叔夷鎛
00285.3
敢不對揚…之賜休命

叔夷鎛
00285.4
虔恤不易</td>
<td>
叔夷鐘
00276.1
不(丕)顯

叔夷鐘
00277.1
不(丕)顯</td>
<td>
叔夷鐘
00283
不(丕)顯…

叔夷鎛
00285.6
不(丕)顯</td>
<td>
叔夷鎛
00285.7
不(丕)顯</td>
<td></td>
</tr>
<tr><td></td><td></td><td></td><td></td><td></td><td>
郿侯少子簋
04152
乃孝孫不巨</td></tr>
<tr><td colspan="5">齊</td><td>莒</td></tr>
</table>

 鄧公簋蓋 04055 不故女夫人	 曾伯霥簠 04631 遐不黄耇  曾伯霥簠 04632 遐不黄耇				
		 蔡侯龖尊 06010 擸敬不惕(易)  蔡侯龖尊 06010 不諱考壽	 蔡侯龖盤 10171 擸敬不惕(易)  蔡侯龖盤 10171 不諱考壽	 蔡侯紐鐘 00210.1 有虔不惕(易)  蔡侯紐鐘 00210.2 不愆不忒	 蔡侯紐鐘 00211.1 有虔不惕(易)  蔡侯紐鐘 00211.2 不愆不忒
鄧	曾	蔡			

 蔡侯紐鐘 00216.1 不愆不忒	 蔡侯紐鐘 00217.2 不愆不忒	 蔡侯紐鐘 00218.1 有虔不惕(易)	 蔡侯鎛 00221.1 有虔不惕(易)	 蔡侯鎛 00221.2 不愆不忒	 蔡侯鎛 00222.2 不愆不忒
 蔡侯紐鐘 00216.1 不愆不忒	 蔡侯紐鐘 00217.2 不愆不忒	 蔡侯紐鐘 00218.2 不愆不忒	 蔡侯鎛 00221.2 不愆不忒	 蔡侯鎛 00222.1 有虔不惕(易)	 蔡侯鎛 00222.2 不愆不忒

蔡

 王孫誥鐘 xs418 余不畏不差  王孫誥鐘 xs418 余不畏不差	 王孫誥鐘 xs419 余不畏不差  王孫誥鐘 xs419 余不畏不差	 王孫誥鐘 xs420 余不畏不差  王孫誥鐘 xs420 余不畏不差	 王孫誥鐘 xs421 余不畏不差  王孫誥鐘 xs421 余不畏不差	 王孫誥鐘 xs422 余不畏不差  王孫誥鐘 xs422 余不畏不差	 王孫誥鐘 xs423 余不畏不差  王孫誥鐘 xs423 余不畏不差
 𪒠鐘 xs485b 余不忒在天之下  𪒠鎛 xs489b 余不忒在天之下	 𪒠鎛 xs490b 余不忒在天之下  𪒠鎛 xs491a 余不忒在天之下	 𪒠鎛 xs493b 余不忒在天之下  𪒠鎛 xs495b 余不忒在天之下			

楚

 王孫誥鐘 xs424 余不畏不差	 王孫誥鐘 xs425 余不畏不差	 王孫誥鐘 xs426 余不畏不差	 王孫誥鐘 xs427 余不畏不差	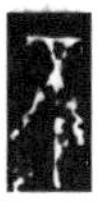 王孫誥鐘 xs428 余不畏不差	 王孫誥鐘 xs429 余不畏不差
 王孫誥鐘 xs424 余不畏不差	 王孫誥鐘 xs425 余不畏不差	 王孫誥鐘 xs426 余不畏不差	 王孫誥鐘 xs427 余不畏不差	 王孫誥鐘 xs429 余不畏不差	 王孫誥鐘 xs430 余不畏不差

楚

 王孫誥鐘 xs430 余不畏不差  王孫誥鐘 xs434 余不畏不差	 王孫誥鐘 xs434 余不畏不差  王孫誥鐘 xs435 余不畏不差	 王孫誥鐘 xs435 余不畏不差  王孫誥鐘 xs433 余不畏不差	 王孫誥鐘 xs433 余不畏不差  王孫誥鐘 xs440 余不畏不差	 王孫誥鐘 xs440 余不畏不差  王孫誥鐘 xs418 誨猷不飤	 王孫誥鐘 xs419 誨猷不飤  王孫誥鐘 xs420 誨猷不飤

楚

 王孫誥鐘 xs421 誨猷不飤	 王孫誥鐘 xs423 誨猷不飤	 王孫誥鐘 xs425 誨猷不飤	 王孫誥鐘 xs427 誨猷不飤	 王孫誥鐘 xs429 誨猷不飤	 王孫誥鐘 xs436 誨猷不飤
 王孫誥鐘 xs422 誨猷不飤	 王孫誥鐘 xs424 誨猷不飤	 王孫誥鐘 xs426 誨猷不飤	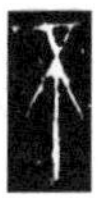 王孫誥鐘 xs428 誨猷不飤	 王孫誥鐘 xs431 誨猷不飤	 王孫誥鐘 xs432 誨猷不飤

楚

 王孫誥鐘 xs439 誨猷不飤  王孫誥鐘 xs441 誨猷不飤	 王孫遺者鐘 00261.2 誨猷不飤  倗戟 xs469 用燮不廷	 王子午鼎 02811.2 不畏不差  王子午鼎 02811.2 不畏不差	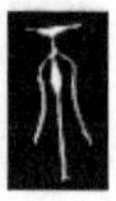 王子午鼎q xs444 不畏不差  王子午鼎 xs445 不畏不差	 王子午鼎 xs446 不畏不差  王子午鼎 xs446 不畏不差	 王子午鼎q xs447 不畏不差  王子午鼎q xs447 不畏不差
		 競孫旟也鬲 mt03036 吉辰不貣  競孫旟也鬲 mt03036 會哉不服	 競孫不服壺 mt12381 吉辰不貣  競孫不服壺 mt12381 競孫不服		
楚					

 者\u6ecf鐘 00193 不[濼]不[清]	 者\u6ecf鐘 00194 不[帛不差]	 者\u6ecf鐘 00196 不帛(白)不差	 者\u6ecf鐘 00196 不[濼]不清	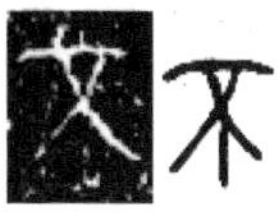 者\u6ecf鐘 00197.1 不帛(白)不差	 者\u6ecf鐘 00197.1 不濼不清
 者\u6ecf鐘 00193 不[濼]不[清]	 者\u6ecf鐘 00195 不帛(白)[不差]	 者\u6ecf鐘 00196 不帛(白)不差	 者\u6ecf鐘 00196 不[濼]不清	 者\u6ecf鐘 00197.1 不帛(白)不差	 者\u6ecf鐘 00197.1 不濼不清
 工吴王叡\u7d34工吴劍 mt17948 不可告仁	 吴王光鐘 0223.1 入成(城)不賡	 吴王光鐘 00224.2 入成(城)不□			
 配兒鉤鑃 00427.1 □不敢諪舍擇厥吉金	 吴王光鐘 00224.1 入成(城)不賡	 吴王光鐘 00224.22 [入]成(城)不[賡]			
吴					

否

			 叔家父簠 04615 慎德不亡(忘)		
 者𨚕鐘 00198.1 不帛(白)不崋  者𨚕鐘 00198.1 不帛(白)不崋	 者𨚕鐘 00198.1 不濼不清  者𨚕鐘 00198.1 不濼不清		 文公之母弟鐘 xs1479 不(丕)義又匿  文公之母弟鐘 xs1479 余不敢困𥉉	 嘉子孟嬴指缶 xs1806 嘉子孟嬴指不(丕)	 晋公盆 10342 以嚴虩若否  晋公盤 mx0952 以嚴虩若否
		 越王者旨於睗鐘　00144 夙暮不忒  忾不余席鎮 mx1385 越王之子忾不余			
吴		越			晋

柴　至

		 戎生鐘 xs1614 至于辝皇考卲伯			
		 晉公盆 10342 至于不廷  晉公盤 mx0952 至于不廷			
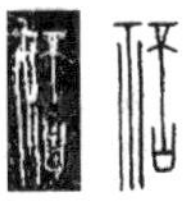 蔡侯䜌尊 06010 上下陟祐	 郐王盧 10390 徐王之元子柴（背）		 與兵壺q eb878 至于子子孫孫  與兵壺 ms1068 至于子子孫孫	 鼄公𥡴鐘 00149 至于萬年  鼄公𥡴鐘 00150 至于萬年	 鼄公𥡴鐘 00151 至于萬年
蔡	徐	晉	鄭	郳	

 齊侯鎛 00271 世萬至於辝孫子	 叔夷鐘 00278 毋替毋已至于世	 曾公𠵮鎛鐘 jk2020.1 至于繁陽	 曾公𠵮鎛鐘 jk2020.1 至于桓莊	 曾公𠵮甬鐘 A jk2020.1 福祿日至	 曾公𠵮甬鐘 A jk2020.1 至于繁陽
	 叔夷鎛 00285.8 毋替毋已至于世	 曾公𠵮鎛鐘 jk2020.1 福祿日至	 曾公𠵮甬鐘 A jk2020.1 至于繁陽	 曾公𠵮甬鐘 A jk2020.1 至于桓莊	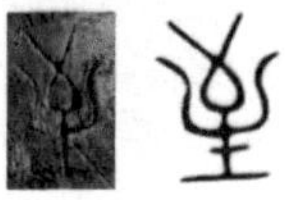 曾公𠵮甬鐘 B jk2020.1 至于繁陽
齊		曾			

  曾公畎甬鐘 B jk2020.1 福祿日至  曾公畎甬鐘 B jk2020.1 至于桓莊	 嬭加鎛丁 ms1285 至于孫子	 敬事天王鐘 00074 至于父兄  敬事天王鐘 00077 至于父兄	 敬事天王鐘 00078.2 至于父兄  敬事天王鐘 00081.1 至于父兄		
		 䵼鐘 xs482b 至諸長竽  䵼鐘 xs486a 至諸長竽	 䵼鐘 xs487a 至諸長竽	 䵼鎛 xs489a 至諸長竽  䵼鎛 xs490a 至諸長竽	 䵼鎛 xs491a 至諸長竽  䵼鎛 xs492b 至諸長竽
曾		楚			

臺

 𪒠鎛 xs494b 至諸長簫  𪒠鎛 xs496b 至諸長簫	 九里墩鼓座 00429.4 至于淮之上	 郐諮尹征城 00425.2 徹至劍兵	 攻敔王光劍 11666 逭余允至	 淳于公戈 11124 淳于公之嵩 （臺）豫造  淳于公戈 11125 淳于公之嵩 （臺）豫造	 喬君鉦鋮 00423 臺君淲慮
楚	鍾離	徐	吳	淳于	

西

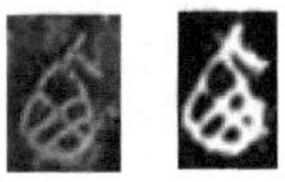 秦政伯喪戈 eb1248 戮政西旁  秦政伯喪戈 eb1249 戮政西旁					
	 子犯鐘 xs1009 西之六師  子犯鐘 xs1021 西之六師		 嫩伯元匜 10267 西孟嬀婤母	 國差𦉜 10361 西墉(墉)寶𦉜	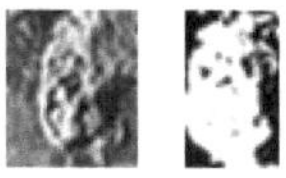 曾大工尹戈 11365 西宮
		 燕西宮壺 xs1298 西宮		 右伯君權 10383 右伯君西里疸	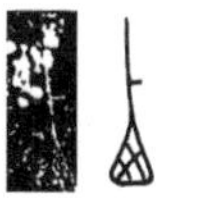 曾侯與鐘 mx1029 西政(征)南伐
秦	晋	燕	陳	齊	曾

卤

			 戎生鐘 xs1616 嘉遣卤責(漬)  晉姜鼎 02826 卤責(漬)	 叔休盨 mt05617 𦉜都君司卤  叔休盨 mt05618 𦉜都君司卤	 叔休盨 mt05619 𦉜都君司卤  叔休盤 mt14482 𦉜都君司卤
		 西年車器 12018 西年			
 工𫑡王劍 11665 北南西行   姑發䎁反劍 11718 南行西行	 工盧王姑發者坂劍　ms1617 北南西行				
吴			晉		

戹　　庫　　⿸户孚

 叔休盉 mt14778 𠫑都君司卤	 叔休壺 ms1059 𠫑都君司卤  叔休壺 ms1060 𠫑都君司卤			 魯士⿸户孚父簠 04517.1 魯士⿸户孚父  魯士⿸户孚父簠 04517.2 魯士⿸户孚父	 魯士⿸户孚父簠 04518 魯士⿸户孚父  魯士⿸户孚父簠 04519 魯士⿸户孚父
		 齊侯鎛 00271 大攻厄太史太遂太宰			
			 司馬楙鎛 eb48 用克庫(肇)謹		
晋		齊	滕	魯	

門				閭	
 魯士浮父簠 04520 魯士浮父					
	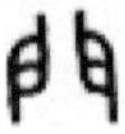 庚壺 09733.1B 庚大門之	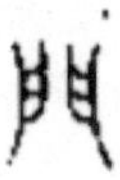 曾公𠯑鎛鐘 jk2020.1 南門  曾公𠯑甬鐘 A jk2020.1 南門	 曾公𠯑甬鐘 B jk2020.1 南門		
				 闌丘爲鵙造戈 11073 闌(閭)丘爲鵙造	 郐王盧 10390 元子背之炒闌(爐)
魯	齊	曾		D	徐

闢　闌

 晉公盆 10342 廣闢（闢）四方  晉公盤 mx0952 廣闢（闢）四方	 王孫誥鐘 xs418 闌闌龢鐘  王孫誥鐘 xs419 闌闌龢鐘	 王孫誥鐘 xs420 闌闌龢鐘  王孫誥鐘 xs421 闌闌龢鐘	 王孫誥鐘 xs422 闌闌龢鐘  王孫誥鐘 xs423 闌闌龢鐘	 王孫誥鐘 xs424 闌闌龢鐘  王孫誥鐘 xs425 闌闌龢鐘	 王孫誥鐘 xs426 闌闌龢鐘  王孫誥鐘 xs427 闌闌龢鐘
晉	楚				

 王孫誥鐘 xs428 闌闌龢鐘	 王孫誥鐘 xs431 闌闌龢鐘	 王孫誥鐘 xs432 闌闌龢鐘	 王孫誥鐘 xs441 闌闌龢鐘	 王子午鼎 02811.2 闌闌獸獸	 王子午鼎 xs445 闌闌獸獸
 王孫誥鐘 xs429 闌闌龢鐘	 王孫誥鐘 xs436 闌闌龢鐘	 王孫誥鐘 xs439 闌闌龢鐘	 王孫遺者鐘 00261.2 闌闌龢鐘	 王子午鼎q xs444 闌闌獸獸	 王子午鼎 xs446 闌闌獸獸

楚

耳　　聖

	 子耳鼎 mt02253 鄭伯公子子耳		 毛虎壺q hx2021.5 皇考聖叔  毛虎壺g hx2021.5 皇考聖叔		
 王子午鼎 xs447 闌闌獸獸		 耳鑄公劍 xs1981 耳鑄公劍		 齊侯鎛 00271 皇祖聖叔 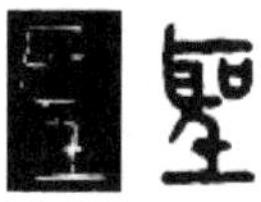 齊侯鎛 00271 皇妣聖姜	 簷叔之仲子平鐘　00172 聖智龏哴(良)  簷叔之仲子平鐘　00173 聖智龏哴(良)
				 洹子孟姜壺 09729 聖(聽)命于天子  洹子孟姜壺 09730 聖(聽)命于天子	
楚	鄭	CE	毛	齊	莒

		 上曾太子鼎 02750 心聖若慮	 曾伯霥簠 04631 慎聖元武  曾伯霥簠 04632 慎聖元武	 曾伯霥壺 ms1069 慎聖孔武	
 簷叔之仲子平鐘　00175 聖智龏哴(良)  簷叔之仲子平鐘　00177 聖智龏哴(良)	 簷叔之仲子平鐘　00179 聖智龏哴(良)  簷叔之仲子平鐘　00180 聖智龏哴(良)		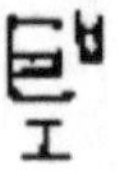 曾公畭鎛鐘 jk2020.1 吾聖有聞  曾公畭甬鐘 A jk2020.1 吾聖有聞	 曾公畭甬鐘 A jk2020.1 吾聖有聞 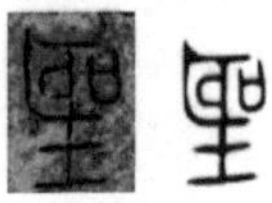 曾公畭甬鐘 B jk2020.1 吾聖有聞	 王孫遺者鐘 00261.2 肅慎聖武
				 曾侯與鐘 mx1029 業業厥譵(聖)	
莒		D	曾		楚

					 寵乎簋 04157.1 用𠱾(聽)夙夜  寵乎簋 04157.2 用𠱾(聽)夙夜
			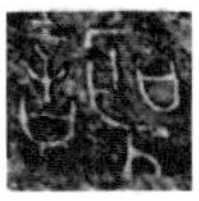 王孫叔諲甗 mmt03362 王孫叔諲(聖)	 子犯鐘 xs1021 諸楚荊不𠱾(聽)命	
 九里墩鼓座 00429.1 聖靡公	 郐䵒尹䞣鼎 02766.1 温良聖敏  郐䵒尹䞣鼎 02766.2 温良聖敏	 三兒簋 04245 □聖□□忌			
鍾離	徐			晋	曾

聞

 鼄乎簋 04158.1 用叩(聽)夙夜  鼄乎簋 04158.2 用叩(聽)夙夜					
	 聽盂 xs1072 晤(聽)所獻爲下寢盂	 簷叔之仲子平鐘　00172 䎽(聞)于夏東  簷叔之仲子平鐘　00174 䎽(聞)于夏東	 簷叔之仲子平鐘　00175 䎽(聞)于夏東  簷叔之仲子平鐘　00177 䎽(聞)于夏東	 簷叔之仲子平鐘　00178 䎽(聞)于夏東  簷叔之仲子平鐘　00180 䎽(聞)于夏東	 曾公𠹗鎛鐘 jk2020.1 吾聖有䎽(聞)  曾公𠹗甬鐘 A jk2020.1 吾聖有䎽(聞)
曾		莒			曾

 曾公𠹯甬鐘 B jk2020.1 吾聖有䎽(聞) 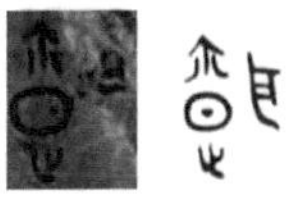 曾公𠹯甬鐘 B jk2020.1 吾聖有䎽(聞)	 登鐸 mx1048 専䎽(聞)四方	 王孫誥鐘 xs418 䎽(聞)于四國  王孫誥鐘 xs419 䎽(聞)于四國	 王孫誥鐘 xs420 䎽(聞)于四國  王孫誥鐘 xs421 䎽(聞)于四國	 王孫誥鐘 xs422 䎽(聞)于四國  王孫誥鐘 xs423 䎽(聞)于四國	 王孫誥鐘 xs424 䎽(聞)于四國  王孫誥鐘 xs425 䎽(聞)于四國
曾	CE	楚			

<table>
<tr><td></td><td></td><td></td><td></td><td></td><td></td></tr>
<tr>
<td>
王孫誥鐘
xs426
䎽(聞)于四國

王孫誥鐘
xs427
䎽(聞)于四國</td>
<td>
王孫誥鐘
xs428
䎽(聞)于四國

王孫誥鐘
xs429
䎽(聞)于四國</td>
<td>
王孫誥鐘
xs430
䎽(聞)于四國

王孫誥鐘
xs434
䎽(聞)于四國</td>
<td>
王孫誥鐘
xs432
䎽(聞)于四國

王孫誥鐘
xs439
䎽(聞)于四國</td>
<td>
王孫誥鐘
xs440
䎽(聞)于四國</td>
<td></td>
</tr>
<tr><td></td><td></td><td></td><td></td><td></td>
<td>
九里墩鼓座
00429.2
遠淑䎽(聞)于
王東吴谷</td>
</tr>
<tr><td colspan="5">楚</td><td>鍾離</td></tr>
</table>

			瞳	𦣝	
				 鑄子叔黑𦣝鼎 02587 鑄子叔黑𦣝  鑄子叔黑𦣝盨 04423 鑄子叔黑𦣝	 鑄子叔黑𦣝盨 mt05608 鑄子叔黑𦣝 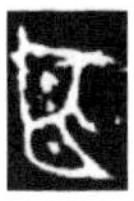 鑄子叔黑𦣝簠 04570.1 鑄子叔黑𦣝
	 者㴅鐘 00197.2 䎽（聞）于四方  者㴅鐘 00198.2 䎽（聞）于四方		 瞳戈 xs1971 吕王之孫瞳		
 徐王子旃鐘 00182.2 䎽（聞）于四方		 嘉賓鐘 00051 靈䎽（聞）			
徐	吴			鑄	

 鑄子叔黑臣簠 04570.2 鑄子叔黑臣  鑄子叔黑臣簠 04571.1 鑄子叔黑臣	 鑄子叔黑臣簠 04571.2 鑄子叔黑臣  叔黑臣匜 10217 叔黑臣	 鑄子叔黑臣鬲 00735 鑄子叔黑臣			
			 黄子鬲 00624 孟臣（姬）  黄子鼎 02567 孟臣（姬）	 黄子罐 09987 孟臣（姬）  黄子器座 10355 孟臣（姬）	 黄子𨱑 09966 孟臣（姬）  黄子𨱑 xs94 孟臣（姬）
鑄			黄		

巸

 黄子盤 10122 孟巨(姬)  黄子匜 10254 孟巨(姬)		 郜公典盤 xs1043 它它(施施)巸巸(熙熙)	 覃子鼎 mt02404A 它它(施施)巸巸(熙熙) 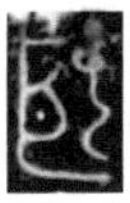 齊侯子仲姜鬲 mx0261 它它(施施)巸巸(熙熙)		
	 蔡叔季之孫君匜 10284 孟巨(姬)		 齐侯作孟姜敦 04645 它它(施施)巸巸(熙熙)  齊侯匜 10283 它它(施施)巸巸(熙熙)	 齊侯盤 10159 它它(施施)巸巸(熙熙)  齊侯鼎 mt02363 它它(施施)巸巸(熙熙)	 慶叔匜 10280 沱沱(施施)巸巸(熙熙)
黄	蔡	郜	齊		

搩

	 夆叔盤 10163 它它(施施)巸巸(熙熙)  夆叔匜 10282 它它(施施)巸巸(熙熙)			 鄭井叔蒦父鬲 00580 搩(饙)鬲	
					 叔夷鐘 00273.2 敢用搩(拜)韻首  叔夷鐘 00275.1 夷用或敢再搩(拜)韻首
 曩公壺 09704 它它(施施)巸巸(熙熙)		 賈孫叔子屖盤 mt14512 它它(施施)巸巸(熙熙)	 徐王子旃鐘 00182.2 韹韹(皇皇)巸巸(熙熙)	 與兵壺q eb878 參搩(拜)項(空)首  與兵壺 ms1068 參搩(拜)項(空)首	 洹子孟姜壺 09729 齊侯搩(拜)嘉命  洹子孟姜壺 09730 齊侯搩(拜)嘉命
曩	逢	D	徐	鄭	齊

			扶	拍	擇
		 伯氏始氏鼎 02643 搛(饙)鼎			
 叔夷鐘 00282 敢再搛(拜)䭫首  叔夷鎛 00285.3 乃敢用搛(拜)䭫首	 叔夷鎛 00285.5 或敢再搛(拜)䭫首				
			 玄翏敓鋁戈 11136 玄翏敓(扶)鋁	 拍敦 04644 拍作朕配平姬墉宮祀彝	 郘夫人嬭鼎 mt02425 斁(擇)其古<吉>金
齊		鄧	吳	D	楚

承			揚		
			 戎生鐘 xs1615 對𩰫(揚)其大福  晉姜鼎 02826 敏𩰫(揚)厥光烈		
	 叔夷鐘 00277.2 毋或(有)承類  叔夷鎛 00285.8 毋或(有)承類			 叔夷鐘 00273.2 對𩰬(揚)朕辟皇君之賜休命  叔夷鎛 00285.3 對𩰬(揚)朕辟皇君之賜休命	
 欒書缶 10008.2 斁(擇)其吉金		 永祿鈹 mt17926 承祿休悳			 揚鼎 mt02319 陽𡢁子𩰬(揚)
楚	齊		晉	齊	

	 秦子簋蓋 eb423 士女			 魯大司徒子仲白匜　10277 庶女	
 庚壺 09733.2B 庚戠(捷)其兵虩(甲)車馬		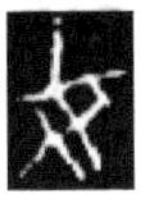 晉公盆 10342 元女  晉公盤 mx0952 元女	 敶子匜 10279 孱孟嬀穀女(母)		 郜公典盤 xs1043 男女無期
齊	秦	晉	陳	魯	郜

 齊侯匜 10272 虢孟姬良女(母)					
 𪒠子鼎 mt02404A 男女無期  庚壺 09733.2B 士女	 庚壺 09733.2B 余以賜女(汝)□  庚壺 09733.2B 天長授女(汝)	 叔夷鐘 00272.1 公曰女(汝)夷…  叔夷鐘 00272.1 女(汝)小心畏忌	 叔夷鐘 00272.1 女(汝)不惰夙夜  叔夷鐘 00272.2 余命女(汝)政于朕三軍	 叔夷鐘 00273.1 女(汝)敬恭辝命  叔夷鐘 00273.1 女(汝)雁鬲公家	 叔夷鐘 00273.1 女(汝)巩勞朕行師  叔夷鐘 00273.1 女(汝)肇敏于戎功
 齐侯作孟姜敦 04645 男女無期  齊侯匜 10283 男女無期	 齊侯盤 10159 男女無期  齊侯鼎 mt02363 男女無期	 洹子孟姜壺 09730 齊侯女雷  洹子孟姜壺 09729 余不其使女(汝)受殃	 慶叔匜 10280 男女無期		
齊					

 叔夷鐘 00273.2 余賜女(汝)萊都	 叔夷鐘 00273.2 爲女(汝)敵寮	 叔夷鐘 00274.1 女(汝)尃余于艱卹	 叔夷鐘 00274.2 余命女(汝)緘佐正卿	 叔夷鐘 00275.1 余賜女(汝)馬車戎兵	 叔夷鐘 00276.1 而鹹公之女
 叔夷鐘 00273.2 余命女(汝)司治萊	 叔夷鐘 00274.1 女(汝)夷毋曰…	 叔夷鐘 00274.1 女(汝)康能乃九事	 叔夷鐘 00275.1 女(汝)以卹余朕身	 叔夷鐘 00275.1 女(汝)以戒戎攸(祚)	 叔夷鐘 00278 女(汝)考壽萬年

齊

 叔夷鐘 00280 而皽公之女	 叔夷鐘 00282 女(汝)尃余于艱卹	 叔夷鎛 00285.1 余命女(汝)政于朕三軍	 叔夷鎛 00285.1 女(汝)不惰夙夜	 叔夷鎛 00285.2 女(汝)雁鬲公家	 叔夷鎛 00285.3 女(汝)肈敏于戎功
 叔夷鐘 00281 余賜女(汝)萊都	 叔夷鎛 00285.1 女(汝)夷余經乃先祖	 叔夷鎛 00285.1 女(汝)小心畏忌	 叔夷鎛 00285.2 女(汝)敬恭辝命	 叔夷鎛 00285.2 女(汝)巩勞朕行師	 叔夷鎛 00285.3 余賜女(汝)萊都

齊

 叔夷鎛 00285.3 余命女（汝）司治萊	 叔夷鎛 00285.3 女（汝）康能九事	 叔夷鎛 00285.4 女（汝）尃余于艱卹	 叔夷鎛 00285.4 女（汝）以尃戒公家	 叔夷鎛 00285.5 余賜女（汝）馬車戎兵	 叔夷鎛 00285.6 而鹹公之女
 叔夷鎛 00285.3 爲女（汝）敵寮	 叔夷鎛 00285.4 女（汝）夷毋曰…	 叔夷鎛 00285.4 余命女（汝）緘佐正卿	 叔夷鎛 00285.5 女（汝）以卹余朕身	 叔夷鎛 00285.5 女（汝）以戒戎钕（祚）	 叔夷鎛 00285.8 女（汝）考壽萬年

齊

 鄩仲盤 10135 仲女子  鄩仲匜 10266 仲女子	 鄧公簋蓋 04055 女夫人  鄧公簋蓋 04055 女夫人	 矢叔匜 ms1257 元女			
				 者𣳯鐘 00195 卑女(汝)鱅鱅剖剖  者𣳯鐘 00197.2 卑女(汝)鱅鱅剖剖	
		 嫼盤 mx0948 元女	 蔡大師鼎 02738 許叔姬可女(母)	 工𠁩大叔戈 mt17138 工𠁩大叔䂀女要  吴王夫差盉 xs1475 女子	 冉鉦鋮 00428 女(汝)勿喪勿敗
鄩	鄧	曾	蔡	吴	

			 仲姜壺 mt12247 仲姜  仲姜壺 mt12248 仲姜	 仲姜簋g mt04534 仲姜  仲姜鼎 mt01835 仲姜	 仲姜鼎 mt01836 仲姜 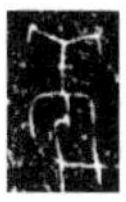 仲姜鼎 mt01837 仲姜
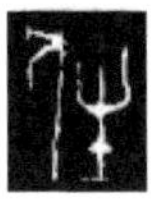 齊侯鎛 00271 保吾子姓(姓)					
	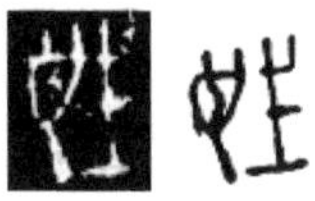 羅兒匜 xs1266 余吴王之姓(甥)	 之乘辰鐘 xs1409 而乍詬夫吕之貴姓(甥)			
齊	CE	徐	芮		

 仲姜鼎 mt01838 仲姜  仲姜甗 mt03300 仲姜	 仲姜簋q mt04534 仲姜 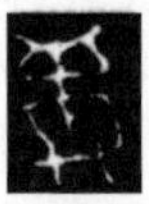 仲姜鼎 ms0202 仲姜	 仲姜簋g mt04532 仲姜  仲姜簋q mt04532 仲姜	 仲姜簋g mt04533 仲姜  仲姜簋q mt04533 仲姜	 仲姜簋g mt04535 仲姜  仲姜簋q mt04535 仲姜	 虢仲簠 xs46 虣姜  虢姜鼎 mt01839 虢姜
芮					虢

 虢姜壺 mt12223 虢姜  虢姜甗 mt03301 虢姜	 太師盤 xs1464 仲姜  晉姜鼎 02826 晉姜	 晉姜鼎 02826 晉姜	 衛夫人鬲 00595 叔姜  衛夫人鬲 xs1700 叔姜	 衛夫人鬲 xs1701 叔姜	
					 匽公匜 10229 姜乘
虢	晉		衛		燕

 單子白盨 04424 叔姜	 鄭義伯𨱑 09973.2 季姜				 魯伯大父作孟姜簋　03988 孟姜
		 許公簠g mx0510 叔姜  許公簠g mx0511 叔姜	 許公簠q mx0511 叔姜	 陳医作孟姜㛣簠　04606 孟姜  陳医作孟姜㛣簠　04607 孟姜	
		 鄦子妝簠 04616 孟姜			
單	鄭	許		陳	魯

	 鑄侯求鐘 00047 季姜	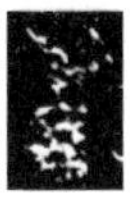 齊伯里父匜 mt14966 周姜			
 邿公典盤 xs1043 邿子姜首		 齊侯鎛 00271 仲姜 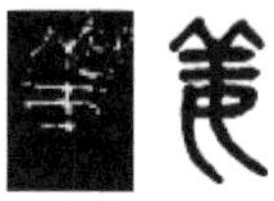 齊侯鎛 00271 皇妣聖姜	 齊侯鎛 00271 皇妣有成惠姜  齊侯盂 10318 仲姜	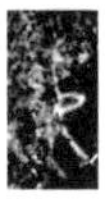 齊侯子仲姜鬲 mx0260 仲姜	
		 洹子孟姜壺 09729 孟姜  洹子孟姜壺 09729 孟姜	 洹子孟姜壺 09730 孟姜  洹子孟姜壺 09730 孟姜	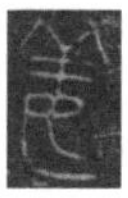 齐侯作孟姜敦 04645 孟姜  齊侯匜 10283 孟姜	 齊侯盤 10159 孟姜  齊侯鼎 mt02363 孟姜
邿	鑄	齊			

	 曩伯寏父盤 10081 媵姜無沫盤  曩伯寏父匜 10211 媵姜無沫匜	 曩侯簋 xs1462 邢姜妎母		 申比父豆g ms0604 孟姜  申比父豆q ms0604 孟姜	 鄂姜鬲 jk2020.3 鄂姜  鄂姜簠 jk2020.3 鄂姜
  公子土折壺 09709 仲姜  慶叔匜 10280 孟姜	 曩公壺 09704 叔姜		 賈孫叔子屖盤 mt14512 孟姜	 叔姜簠g xs1212 叔姜  叔姜簠q xs1212 叔姜	
齊	曩		D	CE	

姬

 鄂姜簋 ms0552 鄂姜	 子叔壺 09603.1 叔姜  伯索史盂 10317 季姜	 秦公鐘 00262 王姬  秦公鐘 00264 王姬	 秦公鎛 00267.1 王姬  秦公鎛 00268.1 王姬	 秦公鎛 00269.1 王姬  秦子簋蓋 eb423 秦子姬□	 內公鼎 00743 叔姬
	 大孟姜匜 10274 大孟姜				
CE		秦			芮

 虢季甗 ws2020.1 匽姬		 梁姬罐 xs45 梁姬	 毛叔盤 10145 孟姬	 𢦏叔慶父鬲 00608 叔姬	 敶侯作嘉姬段 03903 嘉姬
	 晉公盤 mx0952 孟姬				 敶姬小公子盨 04379.1 陳姬  敶姬小公子盨 04379.2 陳姬
虢	晉	梁	毛	戴	陳

	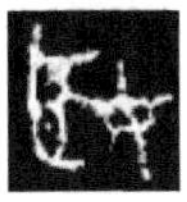 魯侯鼎 xs1067 姬翏  魯侯簋 xs1068 姬翏	 魯伯厚父盤 10086 仲姬  魯伯厚父盤 mt14413 仲姬	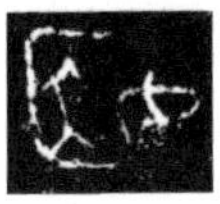 魯伯者父盤 10087 孟姬  魯伯俞父簠 04566 作姬𠃬𥂕	 魯伯俞父簠 04567 作姬𠃬𥂕  魯伯俞父簠 04568 作姬𠃬𥂕	 魯伯愈父簠 ms0561 作姬𠃬𥂕  魯伯愈父鬲 00690 邾姬
	 魯少司寇封孫宅盤　10154 孟姬				
 曹公簋 04593 孟姬  曹公盤 10144 孟姬					
曹	魯				

 魯伯愈父鬲 00691 邾姬	 魯伯愈父鬲 00693 邾姬	 魯伯愈父鬲 00695 邾姬	 魯伯愈父盤 10114 邾姬	 魯伯愈父匜 10244 邾姬	 魯姬鬲 00593 魯姬
 魯伯愈父鬲 00692 邾姬	 魯伯愈父鬲 00694 邾姬	 魯伯愈父盤 10113 邾姬	 魯伯愈父盤 10115 邾姬	 魯大司徒子仲白匜　10277 孟姬	 魯宰駟父鬲 00707 姬雝

魯

 魯伯大父作季姬婧簋 03974 季姬  禽簋 hx2022.2 姬□	 魯大宰遼父簋 03987 季姬  魯伯大父作仲姬俞簋 03989 仲姬	 郳伯御戎鼎 02525 滕姬	 齊侯匜 10272 孟姬  齊縈姬盤 10147 齊縈姬	 齊趫父鬲 00685 孟姬  齊趫父鬲 00686 孟姬	 齊侯匜 10242 郲姬  齊侯盤 10117 郲姬
			 齊侯作孟姬盤 10123 孟姬  姬寏母豆 04693 姬寏母		
魯		郳	齊		

 槼姬鬲 xs1070 槼(祝)姬	 干氏叔子盤 10131 仲姬	 曾侯簠 04598 叔姬  曾侯簠 04598 叔姬	 矢叔匜 ms1257 孟姬		
	 禾簋 03939 孟姬  拍敦 04644 朕配平姬	 曾仲姬壺 eb855 仲姬  曾子原彝簠 04573 孟姬	 曾姬盤 eb924 曾姬	 仲姬敦g xs502 仲姬  仲姬敦q xs502 仲姬	 曾媱孎朱姬簠g xs530 邾姬  曾媱孎朱姬簠q xs530 邾姬
鑄	D	曾			

 蔡侯鼎 xs1905 宋姬					 鄂侯作孟姬壺 ms1044 孟姬
 鄢中姬丹盤 xs471 仲姬  鄢中姬丹匜 xs472 仲姬	 蔡大司馬燮盤 eb936 孟姬  蔡大司馬燮匜 mx0997 孟姬	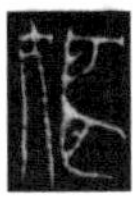 蔡侯簠 ms0582 楚中姬		 侯孫老簠 g ms0586 孟姬	
 蔡侯𨟭尊 05939 大孟姬  蔡侯𨟭尊 06010 大孟姬	 蔡侯𨟭缶 10004 大孟姬  蔡侯𨟭盤 10171 大孟姬	 蔡大師鼎 02738 叔姬可母  蔡侯簠 xs1897 孟姬	 蔡侯簠g xs1896 孟姬  蔡侯簠q xs1896 孟姬		
蔡				CE	

 孟滕姬缶 10005 孟滕姬  孟滕姬缶 xs416 孟滕姬	 東姬匜 xs398 東姬				
 王孫霧簠 04501.2 蔡姬		 吴王光鐘 00223.1 叔姬 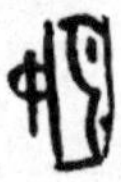 吴王光鐘 00224.5 叔姬	 吴王光鐘 00224.8 [叔]姬  吴王光鐘 00224.17 叔姬	 吴王光鑑 10298 叔姬  吴王光鑑 10298 叔姬	 吴王光鑑 10299 叔姬  吴王光鑑 10299 叔姬
楚		吴			

姑

 賨侯簋 04561 叔姬	 叔家父簋 04615 仲姬	 京叔姬簋 04504 叔姬	 晋姑盤 mt14461 晋姑	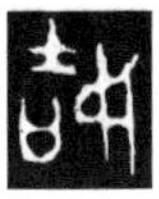 晋侯簋g mt04712 師氏姑	 晋侯簋q mt04713 師氏姞<姑>
 賨侯簋 04562 叔姬	 叔姬鼎 02392 叔姬	 伯駟父盤 10103 作姬淪媵盤	 晋姑匜 mt14954 晋姑	 晋侯簋q mt04712 師氏姑	 晋侯簋 ms0467 師氏姑
 姬劍 mx1290 姬劍					
			晋		

嬴

 單伯遷父鬲 00737 仲姞	 叔牙父鬲 00674 姞氏	 國子碩父鬲 xs48 季嬴  國子碩父鬲 xs49 季嬴	 鄁口白鼎 02640 作此嬴尊鼎  鄁口白鼎 02641 作此嬴尊鼎	 郜仲簠g xs1045 孟嬴  郜仲簠q xs1045 孟嬴	 郜仲簠 xs1046 孟嬴
單		虢	鄁	郜	

 鑄叔作嬴氏鼎 02568 嬴氏  鑄叔作嬴氏簠 04560.1 嬴氏	 鑄叔作嬴氏簠 04560.2 嬴氏		 黃季鼎 02565 季嬴		
			 黃太子白克盤 10162 仲嬴	 樊夫人龍嬴壺 09637 樊夫人龍嬴  樊夫人龍嬴匜 10209 樊夫人龍嬴	 樊夫人龍嬴鬲 00675 樊夫人龍嬴 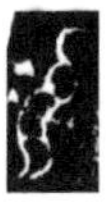 樊夫人龍嬴鬲 00676 樊夫人龍嬴
		 鄦子妝簠 04616 秦嬴			
鑄		許	黃	樊	

	 曾孟嬴削簠 xs1199 孟嬴				
 樊夫人龍嬴鼎 xs296 樊夫人龍嬴  樊夫人龍嬴盤 10082 樊夫人龍嬴	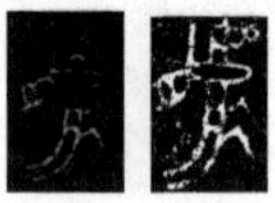 湛作季嬴鼎甲 kx2021.1 季嬴  湛作季嬴簋甲 kx2021.1 季嬴	 湛作季嬴簋乙 kx2021.1 季嬴  湛作季嬴簋丙 kx2021.1 季嬴	 湛作季嬴簋丁 kx2021.1 季嬴  湛作季嬴鬲甲 kx2021.1 季嬴	 湛作季嬴鬲乙 kx2021.1 季嬴  湛作季嬴鬲丙 kx2021.1 季嬴	 湛作季嬴鬲丁 kx2021.1 季嬴  湛作季嬴簠 kx2021.1 季嬴
樊	曾				

			 楚嬴盤 10148 楚嬴  楚嬴匜 10273 楚嬴		 子叔嬴内君盆 10331 子叔嬴内君
 湛作季嬴壺甲g kx2021.1 季嬴  湛作季嬴壺甲q kx2021.1 季嬴	 湛作季嬴壺乙g kx2021.1 季嬴  湛作季嬴壺乙q kx2021.1 季嬴	 鄴伯受簠 04599.1 叔嬴  鄴伯受簠 04599.2 叔嬴			 嘉子孟嬴指缶 xs1806 孟嬴
			 子季嬴青簠 04594.1 子季嬴青  子季嬴青簠 04594.2 子季嬴青	 伽夫人嫘鼎 mt02425 鄢大尹(君)嬴作之	
曾		CE	楚		

嬀

<table>
<tr>
<td>
伯國父鼎
mx0194
叔嬀</td>
<td>
敶侯鼎
02650
嬀□

原氏仲簠
xs397
仲嬀</td>
<td>
敶医壺
09633.1
嬀櫓

敶医壺
09633.2
嬀櫓</td>
<td>
敶医壺
09634.1
嬀櫓

敶医壺
09634.2
嬀櫓</td>
<td>
原氏仲簠
xs395
仲嬀

原氏仲簠
xs396
仲嬀</td>
<td>
陳医鬲
00705
季嬀

陳医鬲
00706
季嬀</td>
</tr>
<tr>
<td></td>
<td>
敶医作王仲嬀
援簠　04603.1
仲嬀

敶医作王仲嬀
援簠　04603.2
仲嬀</td>
<td>
敶医作王仲嬀
援簠　04604.1
仲嬀

敶医作王仲嬀
援簠　04604.2
仲嬀</td>
<td>
陳医盤
10157
仲嬀

敶伯元匜
10267
孟嬀</td>
<td>
敶子匜
10279
孟嬀</td>
<td>
敶姬小公子盨
04379.1
叔嬀

敶姬小公子盨
04379.2
叔嬀</td>
</tr>
<tr>
<td></td><td></td><td></td><td></td><td></td><td></td>
</tr>
<tr>
<td>許</td>
<td colspan="5">陳</td>
</tr>
</table>

	娸		妘	妻	
 䨱侯盤 ms1205 蔡嫣	 邾季脂𦵦簠g ms0571 仲娸  邾季脂𦵦簠q ms0571 仲娸	 邾季脂𦵦簠g ms0572 仲娸			 郐大子鼎 02652 好妻
 益余敦 xs1627 叔嫣			 鄭大内史叔上匜　10281 叔嬶(妘)		
				 賈孫叔子屖盤 mt14512 妻囗壽老無期	 嬰同盆 ms0621 保朘公之妻
	邲		鄭	D	徐

婦

	 叔皮父簋 04127 妻子	 内公鼎 00743 京仲氏婦	 圓君婦媿霝壺 mt12353 圓君婦媿霝  圓君婦媿霝鎣 09434 圓君婦媿霝	 圓君鼎 02502 圓君婦媿霝  圓君婦媿霝壺 ms1055 圓君婦媿霝	
					 晉公盆 10342 宗婦楚邦  晉公盤 mx0952 宗婦楚邦
 夫跌申鼎 xs1250 甚六之妻					
舒		芮	郳		晉

 弟大叔殘器 xs991 …婦季…	 宗婦鄁嬰鼎 02683 宗婦  宗婦鄁嬰鼎 02684 宗婦	 宗婦鄁嬰鼎 02685 宗婦  宗婦鄁嬰鼎 02686 宗婦	 宗婦鄁嬰鼎 02687 宗婦  宗婦鄁嬰鼎 02688 宗婦	 宗婦鄁嬰鼎 02689 宗婦  宗婦鄁嬰殷蓋 04076 宗婦	 宗婦鄁嬰殷 04077 宗婦  宗婦鄁嬰殷 04078 宗婦
BC	BC				

 宗婦蔀嬰毁 04079 宗婦	 宗婦蔀嬰毁 04081 宗婦	 宗婦蔀嬰毁 04084 宗婦	 宗婦蔀嬰毁 04086.1 宗婦	 宗婦部嬰壺 09698.2 宗婦	 宗婦蔀嬰盤 10152 宗婦
 宗婦蔀嬰毁 04080 宗婦	 宗婦蔀嬰毁 04083 宗婦	 宗婦蔀嬰毁 04085 宗婦	 宗婦蔀嬰毁 04086.2 宗婦	 宗婦部嬰壺 09699.1 宗婦	
BC					

妊

	 邛君婦龢壺 09639 邛君婦		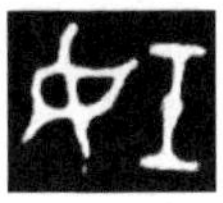 穌冶妊鼎 02526 蘇冶妊  穌冶妊盤 10118 蘇冶妊	 兒慶鼎 xs1095 秦妊  兒慶鬲 mt02866 秦妊	 兒慶鬲 mt02868 秦妊 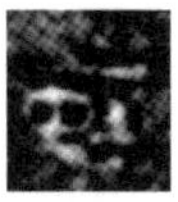 兒慶盤 mt14414 秦妊
 華孟子鼎 mx0207 中叚厥婦中子					
		 蔡叔季之孫君 匜　10284 孟姬有之婦			
D	CE	蔡	蘇	鄅	

 郳華妊鬲 mt02762 郳華妊	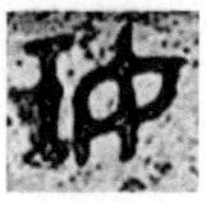 郳慶簠 mt05878 秦妊	 郳慶匜 mt14955 秦妊	 郳君慶壺q mt12333 秦妊	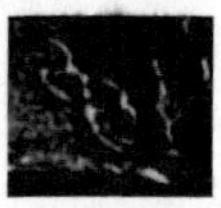 郳君慶壺 mt12336 秦妊	 郳君慶壺g ms1056 秦妊
 郳慶鬲 mt02782 秦妊	 郳慶簠 mt05879 秦妊	 郳君慶壺g mt12333 秦妊	 郳君慶壺 mt12335 秦妊	 郳君慶壺 mt12337 秦妊	 郳君慶壺q ms1056 秦妊
郳					

 郳慶鬲 ms0312 秦妊	 薛侯盤 10133 叔妊  薛侯匜 10263 叔妊	 邿伯鼎 02601 孟妊	 鑄公簠蓋 04574 孟妊  鑄叔盤 mt14456 叔妊	 (孰/皿)姬鬲 xs1070 孟妊  鑄公簠 sh379 孟妊	
		 邿□鼎 sh170 孟妊			 (女疊)妊車軎 12030 (女疊)(姪)妊
郳	薛	邿	鑄		

母

 王作贊母鬲 00611 孯𪈟贊母				 穌冶妊鼎 02526 虢改魚母  穌冶妊盤 10118 虢改魚母	 鄦奓魯生鼎 02605 壽母
	 長子沫臣簠 04625.1 孟孎(羋)之母  長子沫臣簠 04625.2 孟孎(羋)之母				
		 杕氏壺 09715 卑獵母(毋)後	 哀成叔鼎 02782 少去母父  鄭莊公之孫盧鼎　mt02409 父母		 鄦子盟自鎛 00153 眉壽母(毋)已  鄦子盟自鎛 00154 眉壽母(毋)已
周	晉	燕	鄭	蘇	許

 原氏仲簠 xs395 家母  原氏仲簠 xs396 家母	 原氏仲簠 xs397 家母  敶侯鼎 02650 媯□母			 杞伯雙聯鬲 mx0262 車母	 侯母壺 09657.1 侯母  侯母壺 09657.2 侯母
 陳戻盤 10157 媯𣑱母  陳侯匜 xs1833 王□母	 敶伯元匜 10267 西孟媯婤母				
		 宋君夫人鼎q eb304 爲民父母  宋君夫人鼎g eb304 爲民父母	 曹公簠 04593 孟姬悆母  曹公盤 10144 孟姬悆母		
陳		宋	曹	杞	魯

 魯伯悆盨 04458.1 皇考皇母  魯伯悆盨 04458.2 皇考皇母	 魯酉子安母簠q mt05902 魯酉子安母  魯酉子安母簠q mt05903 魯酉子安母	 子皇母簠 mt05853 子皇母	 邿召簠g xs1042 諸母諸兄  邿召簠g xs1042 母(毋)有疆	 邿召簠q xs1042 諸母諸兄  邿召簠q xs1042 母(毋)有疆	 邿譴簋 04040.1 父母  邿譴簋 04040.2 父母
		 郳始鬲 00596 郳始逕母			
魯		郳	邿		

 郜譴簋 mt05022 父母	 鑄公簠蓋 04574 孟妊車母  鑄公簠 sh379 孟妊車母				
		 䵼子鼎 mt02404A 壽君母(毋)死  齊侯鎛 00271 皇母	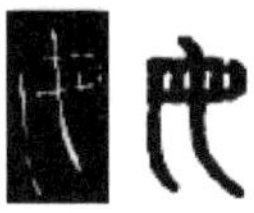 齊侯鎛 00271 壽老母(毋)死  國差罎 10361 侯氏母(毋)瘠毋疕	 國差罎 10361 侯氏毋瘠母(毋)疕  叔夷鐘 00277.1 皇母	 叔夷鐘 00284 皇母  叔夷鎛 00285.7 皇母
郜	鑄	齊			

 叔夷鐘 00272.2 左右母(毋)諱	 叔夷鐘 00277.2 母(毋)或承頪	 叔夷鐘 00278 毋替母(毋)已	 叔夷鐘 00280 母(毋)…	 叔夷鎛 00285.4 汝夷母(毋)曰 …	 叔夷鎛 00285.8 毋替母(毋)已
 叔夷鐘 00274.1 汝夷母(毋)曰 …	 叔夷鐘 00278 母(毋)替毋已	 叔夷鐘 00279 左右母(毋)諱	 叔夷鎛 00285.2 左右母(毋)諱	 叔夷鎛 00285.8 母(毋)替毋已	 叔夷鎛 00285.8 母(毋)或承頪

齊

	 㠱侯簋 xs1462 邢姜妢母	 干氏叔子盤 10131 仲姬客母	 上曾太子鼎 02750 父母	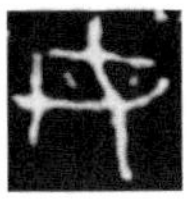 曾伯霥壺 ms1069 父母	 孟爾克母簠g ms0583 孟芈克母  孟爾克母簠q ms0583 孟芈克母
 姬窫母豆 04693 姬窫母				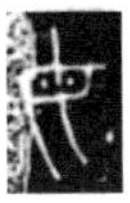 嬭加編鐘 kg2020.7 大命母(毋)改  嬭加鎛丁 ms1285 萬年母(毋)改	
		 拍敦 04644 繼母(毋)涅用祀  拍敦 04644 永世母(毋)出	 禾簋 03939 皇母		
齊	㠱	D		曾	

		 江小仲母生鼎 02391 江小仲母生	 楚太師登鐘 mt15512a 萬年母(毋)改  楚太師登鐘 mt15514b 萬年母(毋)改	 楚太師登鐘 mt15516b 萬年母(毋)改  楚太師登鐘 mt15518b 萬年母(毋)改	 楚太師鄧子辥慎鎛　mx1045 萬年母(毋)改
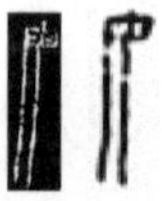 蔡侯龖尊 06010 文王母  蔡侯龖尊 06010 祐受母(毋)已	 蔡侯龖盤 10171 文王母  蔡侯龖盤 10171 祐受母(毋)已				
蔡		CE	楚		

姑

	 華母壺 09638 華母  雍鼎 02521 母乙	 晉姜鼎 02826 先姑	 杞伯雙聯鬲 mx0262 用享孝于其姑公	 纍姬鬲 xs1070 孟妊姑玆	
	 侃孫奎母盤 10153 □孫奎母  文公之母弟鐘 xs1479 文公之母弟				
 三兒簋 04245 塱□皇母  三兒簋 04245 母(毋)乞余	 □侯戈 11407.1 …母(毋)作其速				 姑發䦂反劍 11718 太子姑發䦂反  姑發諸樊之弟劍 xs988 工䱷王姑發䦂反
徐		晉	杞	鑄	吳

威

 攻吳王姑發邚之子劍 xs1241 攻𧇣王姑發邚  諸樊之子通劍 xs1111 攻敔王姑發者反	 工𧇣王姑發者坂戈　wy03 工𧇣王姑發諸坂  工𧇣王姑發者坂劍　ms1617 姑發者坂	 吳王餘眛劍 mx1352 攻𧇣王姑讎亓雒   吳王壽夢之子劍　xs1407 攻敔王姑發雒壽夢	 姑馮昏同之子句鑃　00424.1 姑馮昏同之子	 行氏伯爲盆 mx0539 安夫姬子姑	 鼄公牼鐘 00149 畢龏威(畏)忌  鼄公牼鐘 00151 畢龏威(畏)忌
吳			越		邾

		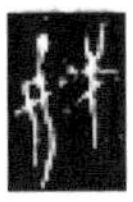 王孫誥鐘 xs418 淑于妋(威)儀  王孫誥鐘 xs419 淑于妋(威)儀	 王孫誥鐘 xs420 淑于妋(威)儀  王孫誥鐘 xs421 淑于妋(威)儀	 王孫誥鐘 xs422 淑于妋(威)儀  王孫誥鐘 xs423 淑于妋(威)儀	 王孫誥鐘 xs424 淑于妋(威)儀  王孫誥鐘 xs425 淑于妋(威)儀
 鼄公華鐘 00245 畢龏威(畏)忌	 蔡侯龖尊 06010 致(威)儀遊遊  蔡侯龖盤 10171 致(威)儀遊遊				
邾	蔡	楚			

 王孫誥鐘 xs426 淑于妓(威)儀	 王孫誥鐘 xs428 淑于妓(威)儀	 王孫誥鐘 xs430 淑于妓(威)儀	 王孫誥鐘 xs432 淑于妓(威)儀	 王孫誥鐘 xs440 淑于妓(威)儀	 王子午鼎 02811.2 淑于威(威)儀
 王孫誥鐘 xs427 淑于妓(威)儀	 王孫誥鐘 xs429 淑于妓(威)儀	 王孫誥鐘 xs434 淑于妓(威)儀	 王孫誥鐘 xs433 淑于妓(威)儀	 王孫遺者鐘 00261.2 淑于威(威)儀	 王子午鼎q xs444 淑于威(威)儀

楚

妹					妣
 王子午鼎 xs445 淑于威(威)儀  王子午鼎 xs446 淑于威(威)儀	 王子午鼎 xs447 淑于威(威)儀  王子午鼎 xs449 淑于威(威)儀		 鄴伯受簠 04599.1 元妹  鄴伯受簠 04599.2 元妹	 宜桐盂 10320 以寰妹孫子永壽用之	 齊侯鎛 00271 皇祉(妣)  齊侯鎛 00271 皇祉(妣)
		 宋公䜌簠 04589 其妹句吴夫人  宋公䜌簠 04590 其妹句吴夫人			
楚		宋	CE	徐	齊

姪

			 虢嬗□盤 10088 虢嬗(姪)		 齊縈姬盤 10147 齊縈姬之嬗(姪)
 叔夷鐘 00277.1 皇妣(妣)  叔夷鐘 00284 皇妣(妣)	 叔夷鎛 00285.7 皇妣(妣)				
		 鄘侯少子簋 04152 皇妣		 晉公盆 10342 秉德嬗嬗(秩秩)	
齊		莒	虢	晉	齊

	奴	妋	婤	改	
	 弗奴父鼎 02589 費奴父	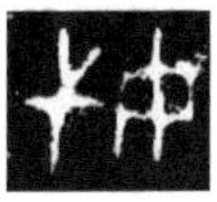 妦仲簠 04534 妦仲作甫妋媵 齍		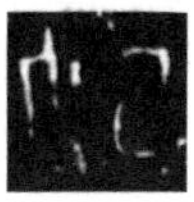 晉刑氏鼎 ms0247 晉刑氏改	 鮇冶妊鼎 02526 虢改魚母  鮇冶妊盤 10118 虢改魚母
 嬻妊車軎 12030 嬻(姪)妊			 𨻰伯元匜 10267 西孟嬀婤母		
	費		陳	晉	蘇

 蘇公匜 xs1465 仲改	 夆叔盤 10163 季改  夆叔匜 10282 季改	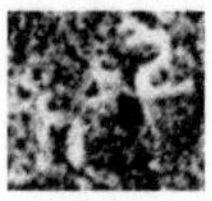 哀鼎g mt02311 爲改譱會鼎  哀鼎q mt02311 爲改譱會鼎			
			 上鄀公簠g xs401 叔嬶(芈)番改  上鄀公簠q xs401 叔嬶(芈)番改	 仲改衛簠 xs399 仲改  仲改衛簠 xs400 仲改	 匽君壺 09680 孟改
蘇	逢	㠱	CE	楚	

始　　好

	 伯氏始氏鼎 02643 始（姒）氏	 太師盤 xs1464 孔碩且好			
 鼄子鼎 mt02404A 仲匋始（姒）  鼄子鼎 mt02404A 仲匋始（姒）				 齊鼄氏鐘 00142.2 卑鳴攸好	 嬭加鎛乙 ms1283 好賓嘉客
			 杕氏壺 09715 自頌既好		
齊	鄧	晉	燕	齊	曾

	 郐大子鼎 02652 好妻				
					 文公之母弟鐘 xs1479 好朋友
 蔡侯𩕢尊 06010 康諧穆好  蔡侯𩕢盤 10171 康諧穆好		 遷邟鐘 m15520 中鳴媞好  遷邟鐘 mt15521 中鳴媞好	 遷邟鎛 eb46 中鳴媞好  遷邟鎛 mt15796 中鳴媞好	 遷邟鎛 mt15794 中鳴媞好  遷邟鐘 mx1027 中鳴媞好	
蔡	徐	舒			

𪗋	晏	嬰		妄	嫚
	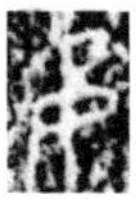 哀鼎g mt02311 𬎼晏甥  哀鼎q mt02311 𬎼晏甥			 晋姜鼎 02826 不暇妄(荒)寧	 鄧公簋 03775 應嫚毗  鄧公簋 03776 應嫚毗
 嬭加鎛丙 ms1284 𪗋𪗋趩趩		 王子嬰次爐 10386 王子賏(嬰)次  王子嬰次鐘 00052 王子嬰次			
			 嬰同盆 ms0621 保𣪘公之妻嬰同		
曾	𬎼	楚	徐	晋	鄧

婁					媿
 伯氏始氏鼎 02643 鬻嫚臭	 曾亘嫚鼎 xs1201 曾亘嫚  曾亘嫚鼎 xs1202 曾亘嫚	 伯克父鼎 ms0285 伯克父甘婁  曾伯克父簋 ms0509 曾伯克父甘婁	 曾伯克父甗 ms0361 曾伯克父甘婁  曾伯克父盨 ms0539 曾伯克父甘婁		 内子仲□鼎 02517 叔媿  芮子仲殿鼎 mt02125 叔媿
				 要君盂 10319 婁君	
鄧	曾	曾			芮

				奺	妦
 圓君婦媿靁壺 mt12353 圓君婦媿靁  圓君婦媿靁鎣 09434 圓君婦媿靁	 圓君鼎 02502 圓君婦媿靁 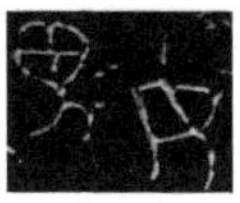 圓君婦媿靁壺 ms1055 圓君婦媿靁	 甪弃生鼎 02524 成媿		 曹伯狄殷 04019 夙奺公	 妦仲簠 04534 妦仲作甫妴媵 盨
		 媿戈 ms1383 媿之造戈	 復公仲簋蓋 04128 我子孟嬇(媿) 嫦		
邸		D	楚	曹	

妢	姒	妇	㚰		㚸
 曩侯簋 xs1462 邢姜妢母	 弗奴父鼎 02589 弗奴父作孟始 (姒)府媵鼎	 仲考父盤 jk2020.4 季妇  楷宰仲考父鼎 jk2020.4 季妇			
			 叔夷鐘 00276.1 其配襄公之㚰 (出)  叔夷鐘 00280 其配襄公之㚰 (出)	 叔夷鎛 00285.6 其配襄公之㚰 (出)	 取膚上子商盤 10126 用媵之麗㚸  取膚上子商匜 10253 用媵之麗㚸
曩	費	黎	齊		D

娗			始		妝
					 妝盎 ms0618 妝作旅盎
			 郘始鬲 00596 郘始逕母	 虘訇丘君盤 wm6.200 作叔始媵盤	
 遷邟鐘 mt15520 中鳴娗好  遷邟鐘 mt15521 中鳴娗好	 遷邟鎛 eb46 中鳴娗好  遷邟鎛 mt15796 中鳴娗好	 遷邟鎛 mt15794 中鳴娗好  遷邟鐘 mx1027 中鳴娗好			
舒			郘	郙	

妝	痎	嬉	媵		
		 魯伯大父作季姬婧簋　03974 季姬嬉	 陳侯鼎 02650 塍(媵)鼎  原氏仲簠 xs395 塍(媵)盨	 原氏仲簠 xs396 塍(媵)盨  原氏仲簠 xs397 塍(媵)盨	 陳侯壺 09633.1 朕(媵)壺  陳侯壺 09633.2 朕(媵)壺
	 鄝子妝戈 xs409 鄝子痎  鄝子妝戈 mx1123 鄝子痎		 陳侯作孟姜𡢁簠　04606 塍(媵)盨  陳侯作孟姜𡢁簠　04607 塍(媵)盨	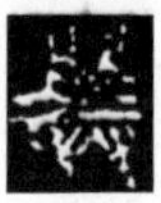 陳侯作王仲嬀𡢁簠　04603.1 塍(媵)盨  陳侯作王仲嬀𡢁簠　04603.2 塍(媵)盨	 陳侯作王仲嬀𡢁簠　04604.1 塍(媵)盨  陳侯作王仲嬀𡢁簠　04604.2 塍(媵)盨
 鄦子妝簠 04616 許子妝					
許	CE	魯	陳		

 陳医壺 09634.1 媵（媵）壺 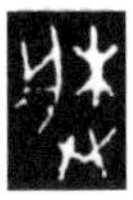 陳医壺 09634.2 媵（媵）壺	 陳医鬲 00705 媵鬲  陳医鬲 00706 媵鬲			 鼄伯鬲 00669 塍（媵）鬲	 曩侯簋 xs1462 媵（媵）尊簋
 陳医盤 10157 媵（媵）盤  陳伯元匜 10267 塍（媵）匜	 陳子匜 10279 塍（媵）匜				
		 宋公欒簠 04589 媵簠  宋公欒簠 04590 媵簠	 曹公簠 04593 塍（媵）孟姬念母筐簠  曹公盤 10144 塍（媵）孟姬念母盤		
陳		宋	曹	邾	曩

 干氏叔子盤 10131 塍(媵)盤	 夨叔匜 ms1257 塍(媵)孟姬元女匜盤			 寶侯簠 04561 塍(媵)藍  寶侯簠 04562 塍(媵)藍	
					 匛君壺 09680 塍盥壺
		 蔡侯龖尊 05939 嬪(媵)尊  蔡侯龖尊 06010 嬪(媵)彝缶	 蔡侯龖缶 10004 嬪(媵)盥缶  蔡侯龖盤 10171 嬪(媵)彝盤		
D	曾	蔡			

嫛　　嫛

宗婦鄁嫛鼎
02683
宗婦部嫛

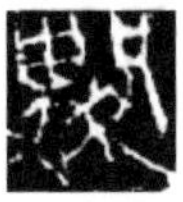
宗婦鄁嫛鼎
02685
宗婦部嫛

宗婦鄁嫛鼎
02687
宗婦部嫛

宗婦鄁嫛鼎
02689
宗婦部嫛

宗婦鄁嫛𣪘
04078
宗婦部嫛

宗婦鄁嫛鼎
02684
宗婦部嫛

宗婦鄁嫛鼎
02686
宗婦部嫛

宗婦鄁嫛鼎
02688
宗婦部嫛

宗婦鄁嫛𣪘
04077
宗婦部嫛

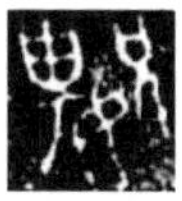
宗婦鄁嫛𣪘
04079
宗婦部嫛

魯少司寇封孫宅盤　10154
其子孟姬嫛

魯	BC

 宗婦鄁嬰段 04081 宗婦鄁嬰  宗婦鄁嬰段 04083 宗婦鄁嬰	 宗婦鄁嬰段 04084 宗婦鄁嬰  宗婦鄁嬰段 04085 宗婦鄁嬰	 宗婦鄁嬰段 04086.1 宗婦鄁嬰  宗婦鄁嬰段 04086.2 宗婦鄁嬰	 宗婦鄁嬰段 04087 宗婦鄁嬰  宗婦鄁嬰壺 09698.2 宗婦鄁嬰	 宗婦鄁嬰盤 10152 宗婦鄁嬰	
					 鄘侯少子簋 04152 作皇妣𠭯君中妃祭器
BC					莒

嫊

 杞伯每亡鼎 02494.1 邾嫊(曹)	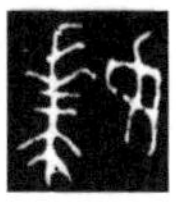 杞伯每亡鼎 02495 邾嫊(曹)	 杞伯每亡毁 03897 邾嫊(曹)	 杞伯每亡毁 03898.2 邾嫊(曹)	 杞伯每亡毁 03899.2 邾嫊(曹)	 杞伯每亡毁 03900 邾嫊(曹)
 杞伯每亡鼎 02494.2 邾嫊(曹)	 杞伯每亡鼎 02642 邾嫊(曹)	 杞伯每亡毁 03898.1 邾嫊(曹)	 杞伯每亡毁 03899.1 邾嫊(曹)	 杞伯每亡毁 03901 邾嫊(曹)	 杞伯每亡毁 03902.2 邾嫊(曹)
杞					

 杞伯每亡壺蓋 09687 郳�(曹)	 杞伯每亡盆 10334 郳嫖(曹)	 郳友父鬲 mt02939 其子胙嫖(曹)	 鼄友父鬲 00717 其子胙嫖(曹)	 郳友父鬲 mt02941 其子胙嫖(曹)	 伯氏鼎 02443 嫖(曹)氏
 杞伯每亡壺 09688 郳嫖(曹)	 杞伯每刃簋 mt04860 郳嫖(曹)	 郳友父鬲 mt02942 其子胙嫖(曹)	 郳友父鬲 xs1094 其子胙嫖(曹)	 鼄口匜 10236 其子胙嫖(曹)	 伯氏鼎 02444 嫖(曹)氏
杞		郳			

嫞　　嬭

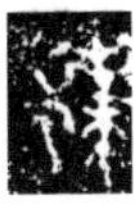 伯氏鼎 02446 媡(曹)氏  伯氏鼎 02447 媡(曹)氏	 魯伯者父盤 10087 孟姬嫜(嫞)			 曾侯簠 04598 邛嬭(芈) 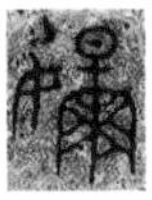 曾侯鼎 ms0224 季湯嬭(芈)	
		 長子沫臣簠 04625.1 孟嬭(芈)		 曾孟嬭諫盆 10332.1 孟嬭(芈)  曾孟嬭諫盆 10332.2 孟嬭(芈)	 嬭加編鐘 kg2020.7 乃子加嬭(芈)  加嬭簋 mx0375 加嬭(芈)
			 鄬侯少子簋 04152 妳作皇妣剌君中妃祭器八簋	 孟芈玄簠 mx0481 孟嬭(芈)	
	魯	晉	莒	曾	

	 都公簠蓋 04569 仲嬭(芈)		 楚季𦫨盤 10125 作嬭(芈)尊媵 盥盤	 楚王鐘 00072 仲嬭(芈)	
 加嬭簋g ms0556 加嬭(芈)  加嬭簋q ms0556 加嬭(芈)	 上都公簠g xs401 叔嬭(芈)  上都公簠q xs401 叔嬭(芈)		 楚屈子赤目簠 04612 仲嬭(芈)  楚屈子赤目簠 xs1230 仲嬭(芈)	 楚王鼎g mt02318 仲嬭(芈)  楚王鼎q mt02318 仲嬭(芈)	 楚王鼎 mx0210 仲嬭(芈)  楚王鼎 mx0188 □嬭(芈)
		 襄王孫盞 xs1771 襄王孫□嬭	 鄬子孟嬭青簠g xs522 孟嬭(芈)  鄬子孟嬭青簠q xs522 孟青嬭(芈)	 鄬子孟升嬭鼎g xs523 孟升嬭(芈)  鄬子孟升嬭鼎q xs523 孟升嬭(芈)	
曾	CE	CE	楚		

		𡣍	嬉	嬻	毋
 楚王媵嬭加缶 kg2020.7 隨仲嬭(羋)加  王子申盞 04643 嘉嬭(羋)					
	 揚鼎 mt02319 陽𡣛(羋)	 𡣍盤 mx0948 𡣍擇其吉金  𡣍簠 mx0478 𡣍之行匿	 曾太保嬉簋 mx0425 曾太保嬉	 㠯夫人嬻鼎 mt02425 鄬夫人嬻	 中央勇矛 11566.1 毋[又]中央  中央勇矛 11566.2 毋[又]中央
楚		曾	曾	楚	

民

	 晋姜鼎 02826 萬民				
 秦公簋 04315.1 萬民  盄和鐘 00270.1 萬民				 齊侯鎛 00271 民人  叔夷鐘 00272.2 庶民	 叔夷鐘 00279 庶民  叔夷鎛 00285.2 庶民
		 與兵壺q eb878 後民	 宋君夫人鼎q eb304 爲民父母  宋君夫人鼎g eb304 爲民父母	 洹子孟姜壺 09729 人民  洹子孟姜壺 09729 人民	 洹子孟姜壺 09730 人民
秦	晋	鄭	宋	齊	

 曾伯陭鉞 xs1203 用爲民賀  曾伯陭鉞 xs1203 用爲民政	 曾子斿鼎 02757 百民是奠  曾子斿鼎 02757 民俱俾饗	 曾伯霥壺 ms1069 爲民父母  曾伯霥壺 ms1069 先民			
 婳加鎛乙 ms1283 民之氐巨			 王孫遺者鐘 00261.2 民人	 王子午鼎 02811.2 緐民之所亟  王子午鼎q xs444 緐民之所亟	 王子午鼎 xs445 緐民之所亟  王子午鼎 xs446 緐民之所亟
 曾侯與鐘 mx1039 萬民			 郳夫人嬺鼎 mt02425 後民		
曾			楚		

弗

		 戎生鐘 xs1615 今余弗叚灋其顯光		 弗奴父鼎 02589 弗(費)奴父	
 王子午鼎 xs449 繄民之所亟					 叔夷鐘 00272.2 夷不敢弗憼戒  叔夷鐘 00273.2 弗敢不對揚…之賜休命
	 余贎逐兒鐘 00183.1 後民  余贎逐兒鐘 00184.1 後民		 哀成叔鼎 02782 亦弗其遙獲		
楚	徐	晉	鄭	費	齊

也

 叔夷鐘 00275.2 余弗敢廢乃命  叔夷鎛 00285.2 夷不敢弗憼戒	 叔夷鎛 00285.3 弗敢不對揚… 之賜休命  叔夷鎛 00285.5 余弗敢廢乃命			 庚壺 09733.2 創不乜(也)  庚壺 09733.2 不可多乜(也)	
		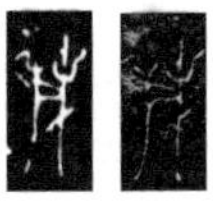 曾侯鐘 mx1025 弗戠(討)是無 (許)	 吴王餘眛劍 mx1352 唯弗克		 欒書缶 10008.2 余畜孫書乜(也)  競孫旟也鬲 mt03036 競孫旟乜(也)
齊		曾	吴	齊	楚

氏

 内公鼎 00743 京仲氏	 虢季鐘 xs2 季氏	 虢季鼎 xs9 季氏	 虢季鼎 xs11 季氏	 虢季鼎 xs13 季氏	 虢季鼎 xs15 季氏
	 虢季鐘 xs3 季氏	 虢季鼎 xs10 季氏	 虢季鼎 xs12 季氏	 虢季鼎 xs14 季氏	 虢季氏子組鬲 00662 虢季氏
芮	虢				

 虢季氏子組鬲 mt02888 虢季氏 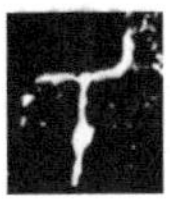 虢季氏子組簋 03971 虢季氏	 虢季氏子組簋 03972 虢季氏  虢季氏子組簋 03973 虢季氏	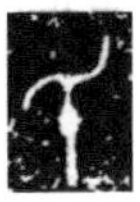 虢季氏子組盤 ms1214 虢季氏  虢虎父鼎 ms0238 虢季氏	 宫氏白子戈 11118 宫氏伯子  宫氏白子戈 11119 宫氏伯子	 吴王御士簠 04527 吴王御士尹氏	 晋侯簋g mt04712 師氏姞  晋侯簋q mt04712 師氏姞
					 趙焦犲戈 mx1218 趙氏孫
虢				虞	晋

 晉侯簋q mt04713 師氏姞  晉侯簋 ms0467 師氏	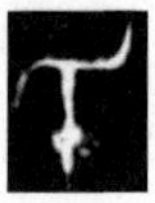 晉刑氏鼎 ms0247 晉刑氏		 毛叔盤 10145 彪氏	 伯高父甗 00938 鄭氏  鄭伯氏士叔皇父鼎 02667 鄭伯氏	 原氏仲簠 xs395 邍氏仲  原氏仲簠 xs396 邍氏仲
		 杕氏壺 09715 杕氏			
晉		燕	毛	鄭	陳

 原氏仲簠 xs397 邍氏仲					
	 魯大司徒厚氏元箫　04689 大司徒厚氏  魯大司徒厚氏元箫　04690.1 大司徒厚氏	 魯大司徒厚氏元箫　04690.2 大司徒厚氏  魯大司徒厚氏元箫　04691.1 大司徒厚氏	 齊侯鎛 00271 侯氏  齊侯鎛 00271 侯氏	 齊侯鎛 00271 侯氏  齊鞷氏鐘 00142.1 齊鮑氏	 國差𦉜 10361 侯氏 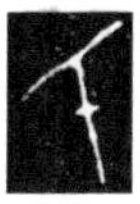 國差𦉜 10361 侯氏
陳	魯		齊		

	 鑄叔作嬴氏簠 04560.1 嬴氏  鑄叔作嬴氏簠 04560.2 嬴氏	 干氏叔子盤 10131 干氏叔子	 伯氏始氏鼎 02643 伯氏  伯氏始氏鼎 02643 姒氏		
 齊侯作孟姬盤 10123 皇氏		 華孟子鼎 mx0207 仲叚氏婦			 伯遊父罍 mt14009 黃季氏
				 樊季氏孫仲鼒鼎　02624.1 樊季氏  樊季氏孫仲鼒鼎　02624.2 樊季氏	
齊	鑄	D	鄧	樊	黃

 矩甗 xs970 申五氏	 叔牙父鬲 00674 姞氏	 伯氏鼎 02443 伯氏  伯氏鼎 02443 嫭(曹)氏	 伯氏鼎 02444 伯氏 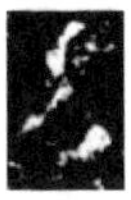 伯氏鼎 02446 伯氏	 伯氏鼎 02447 伯氏  伯氏鼎 02447 嫭(曹)氏	 秦子鎛 mt15771 氒(厥)音肅肅雍雍  秦公鐘 00263 作氒(厥)龢鐘
	 矾子氏壺 ms1043 矾子氏	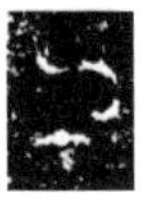 伯彊簠 04526 皇氏  文公之母弟鐘 xs1479 氏夷僕			 秦公簋 04315.1 保業氒(厥)秦
	 中央勇矛 11566.2 氏(是)曰		 行氏伯爲盆 mx0539 行氏伯		
CE					秦

 秦公鐘 00266 作乎(厥)龢鐘  秦公鎛 00267.2 作乎(厥)龢鐘	 秦公鎛 00268.2 作乎(厥)龢鐘  秦公鎛 00269.2 作乎(厥)龢鐘	 戎生鐘 xs1613 啓乎(厥)明心  戎生鐘 xs1616 取乎(厥)吉金	 戎生鐘 xs1616 乎(厥)音雍雍  晉姜鼎 02826 敏揚乎(厥)光烈	 晉姜鼎 02826 取乎(厥)吉金	
 盄和鐘 00270.1 保業乎(厥)秦  盄和鐘 00270.2 乎(厥)名曰㫚邦		 子犯鐘 xs1010 喪乎(厥)師  子犯鐘 xs1010 滅乎(厥)	 子犯鐘 xs1022 喪乎(厥)師  子犯鐘 xs1022 滅乎(厥)		
					 鄦公買簠 04617.2 擇乎(厥)吉金
秦		晉			許

許	郙			滕	齊
	 竈叔之伯鐘 00087 擇大〈乎〉吉金			 賸侯穌盨 04428 乎(厥)文考  滕侯蘇盨 mt05620 乎(厥)文考	
	 郙公釚鐘 00102 作乎(厥)龢鐘				 叔夷鐘 00273.1 雩乎(厥)行師  叔夷鐘 00273.1 慎中乎(厥)罰
 鄦公買簠g eb475 擇乎(厥)吉金  鄦公買簠q eb475 擇乎(厥)吉金	 竈公牼鐘 00150 擇乎(厥)吉金  竈公牼鐘 00151 擇乎(厥)吉金	 竈公華鐘 00245 擇乎(厥)吉金  竈公華鐘 00245 鑄乎(厥)龢鐘	 竈公華鐘 00245 淑穆不惰于乎(厥)身		

		 曾伯文鐳 09961 自作氒(厥)飲鐳			
 叔夷鐘 00276.1 敱氒(厥)靈師  叔夷鎛 00285.2 雩氒(厥)行師	 叔夷鎛 00285.6 敱氒(厥)靈師  叔夷鎛 00285.2 慎中氒厥)罰	 曾公求鎛鐘 jk2020.1 乎氒(厥)命  曾公求甬鐘 A jk2020.1 乎氒(厥)命	 曾公求甬鐘 B jk2020.1 乎命尹氒(厥)命  嬭加鎛乙 ms1283 余典册氒(厥)德		
		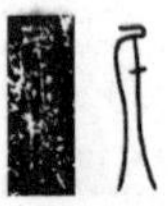 曾侯與鐘 mx1029 業業氒(厥)聲		 蔡侯紐鐘 00210.2 誕中呼(厥)德  蔡侯紐鐘 00211.2 誕中呼(厥)德	 蔡侯紐鐘 00217.2 誕中呼(厥)德  蔡侯鎛 00221.2 誕中呼(厥)德
齊		曾		蔡	

 上鄀公敄人簋蓋 04183 用享孝于氒(厥)皇祖  上鄀公敄人簋蓋 04183 氒(厥)皇考	 鄀公平侯鼎 02771 用追孝于氒(厥)皇祖  鄀公平侯鼎 02771 氒(厥)皇考屖盂公	 鄀公平侯鼎 02772 用追孝于氒(厥)皇祖			
				 遙叔壺 09625 擇氒(厥)吉日丁  遙叔壺 09626 擇氒(厥)吉日丁	 王孫誥鐘 xs418 恭氒(厥)盟祀  王孫誥鐘 xs419 恭氒(厥)盟祀
			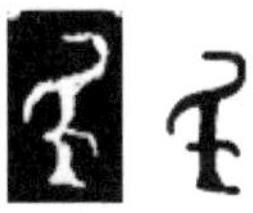 羅兒匜 xs1266 擇氒(厥)吉金		 子辛戈 xs526 擇氒(厥)吉金
CE					楚

 王孫誥鐘 xs420 恭𠂤(厥)盟祀  王孫誥鐘 xs421 恭𠂤(厥)盟祀	 王孫誥鐘 xs422 恭𠂤(厥)盟祀  王孫誥鐘 xs423 恭𠂤(厥)盟祀	 王孫誥鐘 xs425 恭𠂤(厥)盟祀  王孫誥鐘 xs426 恭𠂤(厥)盟祀	 王孫誥鐘 xs427 恭𠂤(厥)盟祀  王孫誥鐘 xs428 恭𠂤(厥)盟祀	 王孫誥鐘 xs429 恭𠂤(厥)盟祀  王孫誥鐘 xs430 恭𠂤(厥)盟祀	 王孫誥鐘 xs436 恭𠂤(厥)盟祀  王孫誥鐘 xs432 恭𠂤(厥)盟祀

楚

 王孫誥鐘 xs439 恭乕(厥)[盟]祀  王孫誥鐘 xs440 恭乕(厥)盟祀	 鄬子受鐘 xs505 永配乕(厥)休  鄬子受鐘 xs508 永配乕(厥)休	 鄬子受鐘 xs512 永配乕(厥)休  鄬子受鎛 xs513 永配乕(厥)休	 鄬子受鎛 xs515 永配乕(厥)休  鄬子受鎛 xs516 永配乕(厥)休	 鄬子受鎛 xs518 永配乕(厥)休  鄬子受鎛 xs520 永配乕(厥)休	 王子午鼎 02811.2 敬乕(厥)盟祀  王子午鼎q xs444 敬乕(厥)盟祀
		楚			

<table>
<tr><td></td><td></td><td></td><td></td><td></td><td></td></tr>
<tr>
<td>
王子午鼎
xs446
敬乖(厥)盟祀

王子午鼎q
xs447
敬乖(厥)盟祀</td>
<td>
王子午鼎
xs449
敬乖(厥)盟祀</td>
<td>
季子康鎛
mt15787a
余茂乖(厥)于之孫

季子康鎛
15786a
余茂乖(厥)于之孫</td>
<td>
季子康鎛
mt15789a
余茂乖(厥)于之孫

季子康鎛
mt15790a
茂乖(厥)于之孫</td>
<td>
季子康鎛
mt15791a
余茂乖(厥)于之孫</td>
<td></td>
</tr>
<tr>
<td></td><td></td><td></td><td></td><td></td>
<td>
之乘辰鐘
xs1409
擇乖(厥)吉金

三兒簋
04245
□乖(厥)吉金</td>
</tr>
<tr><td colspan="2">楚</td><td colspan="3">鍾離</td><td>徐</td></tr>
</table>

 夫欧申鼎 xs1250 擇卒(厥)吉金  遷沵鐘 mt15520 擇卒(厥)吉金	 遷沵鐘 mt15521 擇卒(厥)吉金  遷沵鎛 eb46 擇卒(厥)吉金	 遷沵鎛 mt15796 擇卒(厥)吉金  遷沵鎛 mt15794 擇卒(厥)吉金	 遷沵鐘 mx1027 擇卒(厥)吉金	 姑發諸樊之弟劍　xs988 擇卒(厥)可<吉>金  吴王餘昧劍 mx1352 擇卒(厥)吉金	 配兒鉤鑃 00427.2 擇卒(厥)吉金  臧孫鐘 00093 擇卒(厥)吉金
舒				吴	

 臧孫鐘 00094 擇𠂤(厥)吉金  臧孫鐘 00095 擇𠂤(厥)吉金	 臧孫鐘 00096 擇𠂤(厥)吉金  臧孫鐘 00097 擇𠂤(厥)吉金	 臧孫鐘 00098 擇𠂤(厥)吉金  臧孫鐘 00099 擇𠂤(厥)吉金	 臧孫鐘 00100 擇𠂤(厥)吉金  臧孫鐘 00101 擇𠂤(厥)吉金	 吴王夫差鑑 10294 擇𠂤(厥)吉金  吴王夫差鑑 10295 擇𠂤(厥)吉金	 吴王夫差鑑 10296 擇𠂤(厥)吉金  攻吴王夫差鑑 xs1477 擇𠂤(厥)吉金
吴					

氐　　戈

			 賙金氏孫盤 10098 賙金氏（氐）	 口元用戈 11013 元用戈 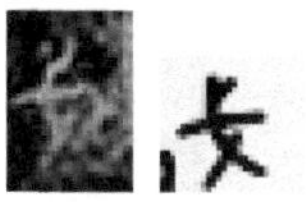 秦政伯喪戈 eb1248 元戈	 秦政伯喪戈 eb1249 左辟元戈
 攻吳王夫差鑑 mx1000 擇氒（厥）吉金  戲巢鎛 xs1277 擇氒（厥）吉金	 姑馮昏同之子句鑃　00424.1 擇氒（厥）吉金  越王者旨於賜鐘　00144 擇氒（厥）吉金	 忼不余席鎮 mx1385 擇氒（厥）吉金  忼不余席鎮 mx1385 氒（厥）大故小連			
吳	越		虢	秦	

	 虢大子元徒戈 11116 元徒戈  虢大子元徒戈 11117 元徒戈	 宫氏白子戈 11118 元戈  宫氏白子戈 11119 元戈	 戈戈 10734 戈	 吴叔徒戈 xs978 徒戈	 晋公戈 xs1866 車戈
 入公戈 10973 芮公戈					 趙[illegible]戈 xs972 御戈  趙焦犲戈 mx1218 作造戈
芮	虢		虢	虞	晋

  衛公孫吕戈 11200 衛公孫吕之造戈	 用戈 xs990 用戈				
		 許公戈 xs585 車戈  許公戈 eb1121 車戈	 許公戈 eb1144 徒戈  許公寍戈 eb1145 用戈	 無伯彪戈 11134 用戈   許公戈 xs531 許公之戈	 宋公差戈 11204 造戈  宋公差戈 11289 所造不昜族戈
衛	BC	許			宋

	 曹公子沱戈 11120 沱之造戈				
	 曹右庭戈 11070 造戈			 邾太師戈 sh809 邾大師□□之造戈	
 宋公䜌戈 11133 造戈  宋公得戈 11132 造戈		 羊子戈 11089 羊子之造戈  羊子戈 11090 羊子之造戈	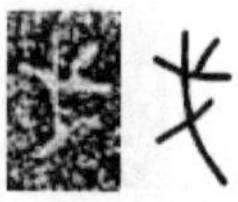 簉府戈 mt16656 簉府宅戈  羊子戈 sh1991.5.47 羊子之造戈	 邾大司馬戈 11206 造戈	 王子安戈 11122 寢戈  者兒戈 mx1255 爲其酋戈
宋	曹	魯		邾	滕

 子備嶂戈 11021 子備嶂戈  子備璋戈 xs1540 子備璋戈					
 高子戈 10961 高子戈	 高密戈 10972 高密戈  高密戈 11023 高密造戈	 左徒戈 10971 左徒戈			
 武城戈 10966 武城戈  武城戈 11024 徒戈	 武城戈 11025 建鈛(戈)  成陽左戈 ms1372 左戈	 平阿左戈 xs1496 平阿左鈛(戈)  侯散戈 xs1168 侯散戈	 陳□戈 10964 陳冢戈  陳爾戈 xs1499 陳尔徒戈	 陳□造戈 11034 陳卯造鈛(戈)  平陽高馬里戈 11156 平陽高馬里鈛(戈)	 淳于公戈 xs1109 御戈
齊					淳于

 司馬望戈 11131 司馬望之造銭(戈)  後生戈 mt16535 後生戈	 莒戈 sh812 □莒造銭(戈)  交車戈 10956 交車戈	 郗郭公子戈 xs1129 罾(酋)𡴭戈  薛比戈 xs1128 □戈	 右庀之戈 lw07.5 右庫之戈  㝅戈 xs1156 㝅之親用戈	 □之辛造戈山 sh799 □之辛造戈  簷𨻰戈 sh869 簷𨻰戈	 媿戈 ms1383 媿之造戈
 成陽辛城里戈 11154 成陽辛城里銭(戈)  成陽辛城里戈 11155 成陽辛城里銭(戈)	 成陽左戈 ms1372 左戈  保晋戈 xs1029 保晋戈	 保晋戈 10979 保晋戈  保晋戈 mt16525 保晋戈	 事孫□丘戈 11069 事孫□丘戈  高平戈 11020 高坪作銭(戈)	 鄘左庫戈 11022 鄘左庫戈  鄘戈 10897 鄘戈	 鄘戈 xs1025 鄘戈  鄘戈 10896 鄘戈
D					

			 鄧子仲無忌戈 xs1232 用戈  鄧子仲無忌戈 xs1233 用戈	 鄧子伯戈 jk2022.3 陵戈	 黃季佗父戈 xs88 黃季佗父之戈
					 黃君孟戈 11199 元□戈
 鄘戈 sh797 鄘戈  □子戈 11080 𨛭子之造戈	 車戈 mx1074 車戈  車戈 mx1076 車戈	 公戈 mx1077 公戈 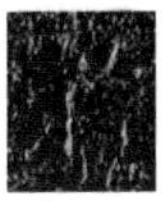 王武戈 mx1125 車戈			
D			鄧		黃

	 伯克父鼎 ms0285 干戈	 曾侯戈 11121 秉戈  曾侯絴伯戈 ms1400 秉戈			
	 湛之戈甲 kx2021.1 湛之戈  湛之戈乙 kx2021.1 湛之戈	 曾子南戈甲 jk2015.1 用戈  曾子南戈乙 ms1420 用戈	 曾子南戈丙 ms1421 用戈		
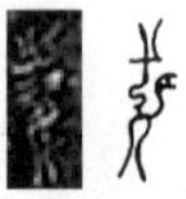 番仲戈 11261 散(造)戈	 曾仲之孫戈 11254 用戈  曾侯郕戈 11174 用戈	 車戈 eb1079 車戈  曾子虡戈 mx1157 用戈	 隨大司馬戈 mx1215 行戈	 蔡侯龖戈 11141 用戈  蔡侯龖戈 11140 行戈	 蔡侯産戈 xs1311 用戈  蔡侯班戈 mx1163 用戈
番	曾			蔡	

 蔡加子戈 11149 用戈  蔡侯産戈 mx1167 用戈	 蔡侯産戈 mx1166 用戈  蔡侯産戈 11143 用戈	 蔡公孫鱄戈 mx1200 用戈 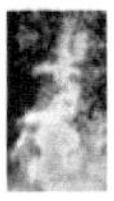  蔡侯䨻戈 11142 用戈	 蔡公子加戈 mt16903 用戈  蔡侯䨻戈 mt16833 用戈	 蔡襄尹啓戈 ms1444 蔡襄尹啓之戈   蔡侯産戈 xs1677 用戈	 之用戈 mt16508 用戈   自作用戈 11028 用戈
蔡					

		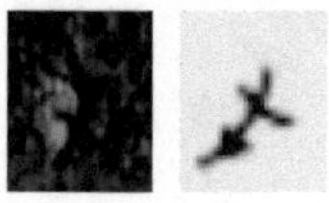 申伯戈 zy2020.5 用戈	 □□戈 xs1204 用戈		 郘侯戈 11202 郘侯之造戈
			 章子鄭戈 11295A 爲其戣戈	 盜叔戈 11067 行戈  周王孫季紖戈 11309.2 元用戈	
 蔡侯産戈 ms1448 用戈  蔡侯産戈 11144 用戈	 蔡公子宴戈 mx1172 蔡公子宴之戈	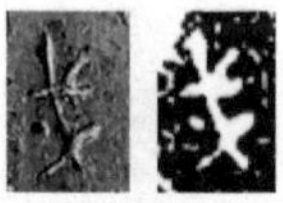 彭啓戈 ww2020.10 彭啓之戈	 君臣戈 mx1132 用戈	 鄴戈 11027 寶戈	 南君旟鄒戈 xs1180 車戈  南君旟鄒戈 mt17052 車戈
蔡		CE			楚

		 徐子伯⿰厶彐此戈 mx1248 元戈  徐王容巨戟 mx1230 自作元其口戈			
 子辛戈 xs526 用戈  王孫家戈 mt16849 用戈	 邵之瘠夫戈 mt17057 行戈  競孫戈 ms1436 用戈	 徐王之子戈 11282 元用戈	 攻敔王夫差戈 11288 用戈  陕伯戈 xs1906 徒戈	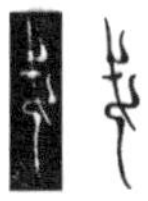 吴王光戈 11255.2 用戈 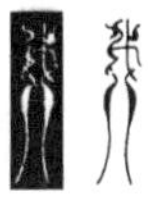 玄鏐戈 xs1289 用戈	 王子孜戈 11207.1 用戈  王子孜戈 11208 用戈
楚		徐	吴		

	 盨溴侯戈 11065 器滭侯散戈  𢍰作之元戈 11066 元戈	 □鏞用戈 11334 鑄其載戈  伯剌戈 11400 元戈	 悳公戈 11280 元戈	 叔元果戈 xs1694 叔元果兼之戈	 武墜之王戈 xs1893 武墜之王戈  公鏞戈 xs1968 □□公鏞戈
	 監戈 10893 監戈  監戈 10894 監戈	 鄝戈 10907 鄝戈  鄴子諫臣戈 11253 元允戈	 王羨戈 11015 王羨之戈  雍之田戈 11019 雍之田戈	 □用十□戈 11071 □用十□戈  㝅戈 xs1156 㝅之親用戈	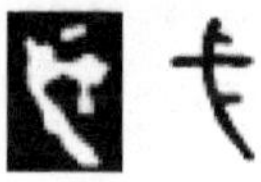 公戈 xs1537 公戈  楚固戈 xs1970 行戈
 玄翏戈 xs741 用戈 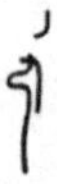 玄翏戈 xs1878 玄翏之戈	 邦戈 10902 邦戈  石買戈 11075 用戈	 徹子戈 11076 𢓊(徹)子之造戈 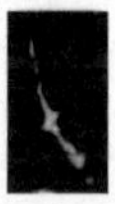 亳庭戈 11085 亳庭八族戈	 𨚕公鲵曹戈 11209 𨚕公鲵造戈  索魚王戈 xs1300 索魚王□□戈	 郯竝果戈 xs1485 郯竝果之造戈  壬午吉日戈 mt17119 元用玄鏐戈	 壬午吉日戈 mt17120 元用玄鏐戈  王子戈 mt16814 用戟(戈)
吴					

肇

	 芮子仲㱿鼎 02517 肇作叔媿尊鼎  芮子仲㱿鼎 mt02125 肇作叔媿尊鼎	 魯仲齊鼎 02639 肇作皇考䵼鼎  魯司徒仲齊盨 04440.1 肇作…盨簋	 魯司徒仲齊盨 04441.1 肇作…盨簋  魯司徒仲齊盨 04441.2 肇作…盨簋	 魯司徒仲齊盤 10116 肇作…盨簋  魯司徒仲齊匜 10275 肇作…盨簋	 魯伯悆盨 04458.1 肇作…旅盨簋  魯伯悆盨 04458.2 肇作…旅盨簋
 之用戈 11030 用戈					
 公孫疕戈 mx1233 用戈  □君戈 11157 □君□受作戈					
	芮	魯			

 魯酉子安母簠q mt05902 肇作𥂴  魯酉子安母簠q mt05903 肇作𥂴	 鑄子叔黑臣鼎 02587 肇作寶鼎  鑄子叔黑臣盨 04423 肇作寶盨	 鑄子叔黑臣盨 mt05608 肇作寶盨  鑄子叔黑臣簠 04570.1 肇作寶𥂴	 鑄子叔黑臣簠 04570.2 肇作寶𥂴  鑄子叔黑臣簠 04571.1 肇作寶𥂴	 鑄子叔黑臣簠 04571.2 肇作寶𥂴  鑄子叔黑臣簋 03944 肇作寶簋	 鑄子叔黑臣鬲 00735 肇作寶鬲
	 祝司寇獸鼎 02474 肇作寶鼎  鑄司寇鼎 xs1917 肇作鬻鼎				
魯	鑄				

戎

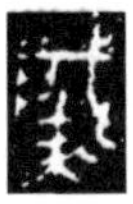 邿伯鼎 02601 肇作孟妊膳鼎		 鄩甘辜鼎 xs1091 肇作尊鼎		 戎生鐘 xs1613 戎生  戎生鐘 xs1618 戎生	 戎生鐘 xs1614 僪司蠻戎
	 叔夷鎛 00285.3 肇敏于戎功  叔夷鐘 00273.1 肇敏于戎功				
		 禾簋 03939 禾肇作…餗彝	 蔡侯𨰻尊 06010 肇佐天子  蔡侯𨰻盤 10171 肇佐天子		
邿	齊	D	蔡	晉	

 侯母壺 09657.1 侯父戎  侯母壺 09657.2 侯父戎	 郳伯御戎鼎 02525 郳伯御戎				
		 叔夷鐘 00273.1 肈敏于戎攻(功)  叔夷鐘 00275.1 馬車戎兵	 叔夷鐘 00275.1 以戒戎钕(迮)  叔夷鐘 00281 敏于戎攻(功)	 叔夷鎛 00285.3 肈敏于戎攻(功)  叔夷鎛 00285.5 馬車戎兵	 叔夷鎛 00285.5 以戒戎钕(迮)
魯	郳	齊			

 楚太師登鐘 mt15511a 武于戎工(功)	 楚太師登鐘 mt15513a 武于戎工(功)	 楚太師登鐘 mt15516a 武于戎工(功)	 楚太師登鐘 mt15518a 武于戎工(功)	 楚太師鄧子辥慎鎛 mx1045 武于戎工(功)	
 楚太師登鐘 mt15512a 武于戎工(功)	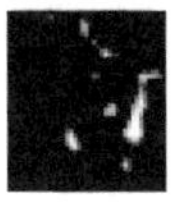 楚太師登鐘 mt15514a 武于戎工(功)	 楚太師登鐘 mt15517 武于戎工(功)	 楚太師登鐘 mt15519a 武于戎工(功)		
 王孫誥鐘 xs418 武于戎攻(功)	 王孫誥鐘 xs420 武于戎攻(功)	 王孫誥鐘 xs422 武于戎攻(功)	 王孫誥鐘 xs425 武于戎攻(功)	 王孫誥鐘 xs427 武于戎攻(功)	 王孫誥鐘 xs429 武于戎攻(功)
 王孫誥鐘 xs419 武于戎攻(功)	 王孫誥鐘 xs421 武于戎攻(功)	 王孫誥鐘 xs424 武于戎攻(功)	 王孫誥鐘 xs426 武于戎攻(功)	 王孫誥鐘 xs428 武于戎攻(功)	 王孫誥鐘 xs430 武于戎攻(功)
 秦王鐘 00037 秦戎	 競之定鬲 mt03015 秦戎	 競之定鬲 mt03017 秦戎	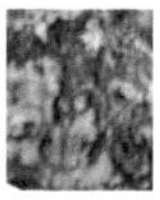 競之定鬲 mt03019 秦戎	 競之定鬲 mt03021 秦戎	 競之定簋 mt04978 秦戎
 𨟭篙鐘 00038.2 晋人救戎於楚境	 競之定鬲 mt03016 秦戎	 競之定鬲 mt03018 秦戎	  競之定鬲 mt03020 秦戎	 競之定鬲 mt03022 秦戎	 競之定簋 mt04979 秦戎

楚

 王孫誥鐘 xs439 武于戎攻(功)  王孫誥鐘 xs441 武于戎攻(功)					
 競之定豆 mt06150 秦戎  競之定豆 mt06151 秦戎	 競之定鬲 mt03015 洛之戎 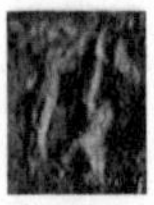 競之定鬲 mt03016 洛之戎	 競之定鬲 mt03017 洛之戎  競之定鬲 mt03018 洛之戎	 競之定鬲 mt03019 洛之戎   競之定鬲 mt03020 王命競之戎<定>	 競之定鬲 mt03021 王命競之戎<定>  競之定鬲 mt03022 王命競之戎<定>	 競之定簋 mt04978 洛之戎  競之定簋 mt04979 洛之戎
楚					

戟

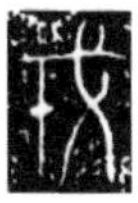 競之定豆 mt06150 洛之戎  競之定豆 mt06151 洛之戎	 配兒鉤鑃 00427.1 埶[戕]于戎攻(功)且武	 嘉賓鐘 00051 武于戎攻(功)	 甓城戟 xs971 甓城之戟	 縢侯昊戈 11123 造戠(戟)	 武城戟 10967 武城戠(戟)
楚	吴		晉	滕	齊

 陳子戈 11084 陳子山徒戟(戟)	 簷戟 mt16604 □簷(莒)□戟(戟)	 曾侯邸戟 11098a 曾侯邸之戟(戟)	 曾侯邸戟 11176a 行戟(戟)	 曾侯邸戟 11177a 行戟(戟)	 曾侯邸戟 11175 行戢(戟)
  平阿右戟 xs1542 平阿右造戟(戟)	 裔窅敦年戟 mx1131 裔窅敦年戟(戟)	 曾侯邸戟 11098b 曾侯邸之戟(戟)	 曾侯邸戟 11176b 行戟(戟)	 曾侯邸戟 11177b 行戟(戟)	 曾子旂戟 mx1158 用𨔵(戟)
齊	D	曾			

			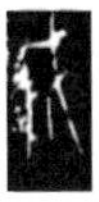 鄬子受戟 xs524 用戜(戟)  鄬子受戟 xs525 用戜(戟)	 以鄧戟 xs407 用㦸(戟)  以鄧戟 xs408 以鄧之㦸(戟)	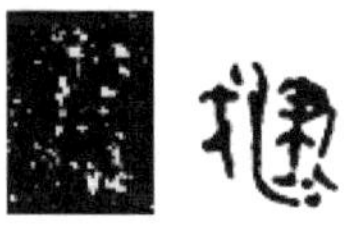 王子午戟 xs468 行㦸(戟)  王子午戟 xs467 行㦸(戟)
 蔡侯朔戟 mx1161 用戠(戟)  蔡□□戟 11150 用戠(戈)	 蔡侯産戟 mx1169 用戠(戟)  蔡侯産戟 mt16840 用戠(戟)	 彭啓戟 ww2020.10 彭啓之行戜(戟)	 玄鏐戟 xs535 玄鏐之用戜(戟)  玄鏐戟 xs536 玄鏐之用戜(戟)	 玄鏐戟 xs537 玄鏐之用戜(戟)	 王孫名戟 mt16848 用𢧁(戟)
蔡		CE	楚		

			 伯口邛戈 xs1973 用鍵(戟)		
 王孫誥戟 xs465 行鍵(戟)  王孫誥戟 xs466 行鍵(戟)	 童麗公柏戟 mx1145 用鍵(戟)  童麗公柏戟 mt17055 用鍵(戟)				
		 攻敔戟 11258.2 用戜(戟)	 黃戈 10901 黃戜(戟)  君子翮戟 11088 造戜(戟)	 舉子傀戈 mt16884 用之戟(戟)  塞之王戟 xs1867 鄴之王戜(戟)	 玄鏐鏽鋁戟 ms1460 用戜(戟)
楚	鍾離	吳			

賊	戲		或		
		 右戲仲夏父鬲 00668 右戲仲夏父	 秦公鐘 00262 賞宅受或(國)  秦公鐘 00262 康奠協朕或(國)	 秦公鐘 00264 賞宅受或(國)  秦公鐘 00265 康奠協朕或(國)	 秦公鎛 00267.1 賞宅受或(國)  秦公鎛 00267.2 康奠協朕或(國)
 司馬楙鎛 eb49 亦帥刑灋賊(則)先公正德	 隨大司馬戈 mx1215 隨大司馬戲有				
滕	曾		秦		

 秦公鎛 00268.2 康奠協朕或(國)  秦公鎛 00269.1 賞宅受或(國)	 秦公鎛 00269.2 康奠協朕或(國)	 國子碩父鬲 xs48 虢仲之嗣或(國)子碩父  國子碩父鬲 xs49 虢仲之嗣或(國)子碩父			
				 齊侯鎛 00271 勿或(有)渝改  鼄子鼎 mt02404A 勿或柬已	 叔夷鐘 00275.1 夷用或敢再拜䭫首  叔夷鎛 00285.5 夷用或敢再拜䭫首
			 哀成叔鼎 02782 勿或能佁		
秦		虢	鄭	齊	

		羖	戕		戮
	 邛季之孫戈 11252b □方或之元  郘君𪊨鼎 mx0198 其或隹□				 秦政伯喪戈 eb1248 戮政西旁(方)  秦政伯喪戈 eb1249 戮政西旁(方)
 叔夷鎛 00285.8 毋或(有)承頪  叔夷鐘 00277.2 毋或(有)承頪		 秦公戈 mx1238 嚴羖武靈			 秦公戈 mx1238 戮畏不廷
			 臧孫鐘 00097 坪之子戕(臧)孫  臧孫鐘 00098 坪之子戕(臧)孫	 臧孫鐘 00099 坪之子戕(臧)孫  配兒句鑃 00426 余孰戕(臧)于戎功且武	
齊	CE	秦	吳		秦

𢦏			武		
 𢦏叔朕鼎 02690 𢦏(戴)叔  𢦏叔朕鼎 02691 𢦏(戴)叔	 𢦏叔朕鼎 02692 𢦏(戴)叔  𢦏叔慶父鬲 00608 𢦏(戴)叔	 𢦏伯匜 10246 𢦏(戴)伯			
			 秦公簋 04315.2 䁓䁓文武  盄和鐘 00270.2 䁓䁓文武	 秦公戈 mx1238 用厭𢧁武靈	 晉公盆 10342 武王  晉公盤 mx0952 武王
					 郘𪒠鐘 00226 余畧(狩)丮武  郘𪒠鐘 00228 余畧(狩)丮武
戴			秦		晉

 晉公盤 mx0952 彊武魯宿				 庚壺 09733.1B 武叔曰庚	 叔夷鐘 00276.2 桓武靈公  叔夷鐘 00276.2 桓武靈公
 郘黛鐘 00230 余畧(狩)丮武  郘黛鐘 00231 余畧(狩)丮武	 郘黛鐘 00232 余畧(狩)丮武  郘黛鐘 00233 余畧(狩)丮武	 郘黛鐘 00234 余畧(狩)丮武	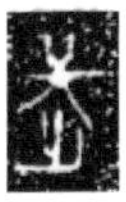 封子楚簠g mx0517 鄭武公	 武城戈 10900 武城  武城戈 10966 武城	 武城戟 10967 武城  武城戈 11024 武城
晉			鄭	齊	

		 曾伯霥簠 04631 慎聖元武  曾伯霥簠 04632 慎聖元武	 曾伯霥壺 ms1069 慎聖孔武		
 叔夷鐘 00278 武靈成  叔夷鎛 00285.8 武靈成		 曾公畯鎛鐘 jk2020.1 周之文武  曾公畯鎛鐘 jk2020.1 文武之福	 曾公畯甬鐘A jk2020.1 周之文戈<武>  曾公畯甬鐘A jk2020.1 文武之福	 曾公畯甬鐘B jk2020.1 周之文戈<武>  曾公畯甬鐘B jk2020.1 文武之福	
 武城戈 11025 武城	 王武戈 mx1125 王武之車戈  王武戈 mx1126 王武之車戈	 曾侯與鐘 mx1029 文武  曾侯與鐘 mx1029 親敷武攻(功)	 曾侯與鐘 mx1029 壯武畏忌  曾侯與鐘 mx1029 伐武之堵(土)	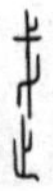 曾侯殘鐘 mx1031 壯武畏忌  曾侯殘鐘 mx1031 伐武之堵(土)	 曾侯鐘 mx1025 徇驕壯武
齊	D	曾			

	 楚太師登鐘 mt15511a 武于戎工(功)  楚太師登鐘 mt15512a 武于戎工(功)	 楚太師登鐘 mt15513a 武于戎工(功)  楚太師登鐘 mt15514a 武于戎工(功)	 楚太師登鐘 mt15516a 武于戎工(功) 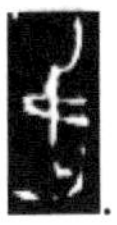 楚太師登鐘 mt15517 武于戎工(功)	 楚太師登鐘 mt15518a 武于戎工(功)  楚太師登鐘 mt15519a 武于戎工(功)	 楚太師鄧子辥慎鎛 mx1045 武于戎工(功)
 周王孫季怠戈 11309.2 孔臧元武	 王孫誥鐘 xs418 武于戎攻(功)  王孫誥鐘 xs419 武于戎攻(功)	 王孫誥鐘 xs420 武于戎攻(功)  王孫誥鐘 xs421 武于戎攻(功)	 王孫誥鐘 xs422 武于戎攻(功)  王孫誥鐘 xs423 武于戎攻(功)	 王孫誥鐘 xs424 武于戎攻(功)  王孫誥鐘 xs425 武于戎攻(功)	 王孫誥鐘 xs426 武于戎攻(功)  王孫誥鐘 xs427 武于戎攻(功)
CE	楚				

					 武墬之王戈 xs1893 武墬之王戈  伯囗邛戈 xs1973 武王
 王孫誥鐘 xs428 武于戎攻(功)  王孫誥鐘 xs429 武于戎攻(功)	 王孫誥鐘 xs430 武于戎攻(功)  王孫誥鐘 xs436 武于戎攻(功)	 王孫誥鐘 xs432 武于戎攻(功)  王孫誥鐘 xs439 武于戎攻(功)	 王孫誥鐘 xs441 武于戎攻(功)  王孫遺者鐘 00261.2 肅慎聖武		
				 配兒鉤鑃 00427.1 埶[戕]于戎攻(功)且武	 嘉賓鐘 00051 武于戎攻(功)
楚				吴	

戠　戔

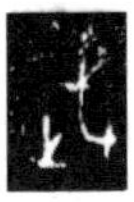 武戈 10814 武  武戈 10815 武	 武生毁鼎 02522 武生毁(捏) 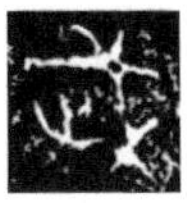 武生毁鼎 02523 武生毁(捏)		 伯戔盆g 10341 邛仲之孫伯戔 (戔)  伯戔盆q 10341 邛仲之孫伯戔 (戔)	 伯戔盤 10160 邛仲之孫伯戔 (戔)	
 陰明武劍 ms1579 陰口武用		 鄦鎛 xs489b 音羸少戠旚  鄦鎛 xs490b 音羸少戠旚			  越王勾踐之子劍　11594.2 越王之子欿(勾)晵(踐)   戉王句戔之子劍　11595A2 越王之子欿(勾)晵(踐)
		楚	CE		越

皒　　　　　　䂵　　　或

				 伯國父鼎 mx0194 許大或伯國父	
			  工盧大叔戈 t17138 工盧大叔䂵女婴		 叔夷鐘 00273.2 匋(陶)或(鐵)徒四千  叔夷鎛 00285.3 匋(陶)或(鐵)徒四千
 攻吴王䱷皒此郐劍　xs1188 攻盧王䱷皒此鄐(郐)  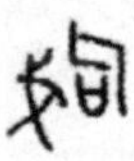 吴王壽夢之子劍　xs1407 䱷皒郐之義□	 吴王餘眜劍 mx1352 余䱷皒郐之嗣弟  吴王餘眜劍 mx1352 䱷皒此郐	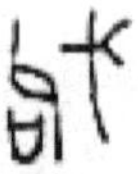 吴王餘眜劍 mx1352 䱷皒郐命我爲王  攻敔王虘收此郐劍　mt17947 攻敔王虘收此郐			
吴			吴	許	齊

⿰交戈	⿰圭戈	⿰合戈	⿰且戈	⿰鹵戈	⿰豙戈
 章子鄭戈 11295A 爲其⿰交戈戈				 庚壺 09733.2B ⿰甾戈(莊)公	
	 越王者旨於賜戈　11310 ⿰圭戈(癸)亥	 攻敔王光劍 11654 以⿰合戈(擋)勇人  吴王光劍 mt17919 以⿰合戈(擋)勇人	 越王者旨於賜鐘　00144 以樂考嫡⿰且戈(祖)大夫		 司馬楙鎛 eb49 非敢⿰豙戈禋
CE	越	吴	越	齊	滕

戠　　⿰吾戈

	 王孫誥鐘 xs418 肅哲臧⿰吾戈  王孫誥鐘 xs419 肅哲臧⿰吾戈	 王孫誥鐘 xs420 肅哲臧⿰吾戈  王孫誥鐘 xs421 [肅]哲臧⿰吾戈	 王孫誥鐘 xs422 肅哲臧⿰吾戈  王孫誥鐘 xs423 肅哲臧⿰吾戈	 王孫誥鐘 xs425 肅哲臧⿰吾戈  王孫誥鐘 xs427 肅哲臧⿰吾戈	 王孫誥鐘 xs428 肅哲臧⿰吾戈  王孫誥鐘 xs429 肅哲臧⿰吾戈
 曾侯鐘 mx1025 弗戠(討)是無(許)					
曾	楚				

			戢	戠	戉
					 曾伯陭鉞 xs1203 戚戉(鉞)
 王孫誥鐘 xs430 肅哲臧戢  王孫誥鐘 xs434 肅哲臧戢	 王孫誥鐘 xs432 肅哲臧戢  王孫誥鐘 xs439 肅哲臧戢	 王孫誥鐘 xs440 肅哲臧戢			 曾公畩鎛鐘 jk2020.1 用戉(鉞)  曾公畩甬鐘 A jk2020.1 用戉(鉞)
			 攻敔王光劍 11666 克戠(戢)多攻	 戠之王戈 mx1110 戠之王造	
楚			吴	CE	曾

 曾公㽙甬鐘 A jk2020.1 用戉(鉞)  曾公㽙甬鐘 B jk2020.1 用戉(鉞)					
	 吴王光逗劍 wy029 以狩戉(越)人  攻吾王光劍 wy030 以狩戉(越)人	 戉王劍 11571.1 戉(越)王  戉王劍 11571.2 戉(越)王	 戉王矛 11451A 戉戉(越越)王  戉王矛 11451A 戉戉(越越)王	 戉王矛 11451B 戉戉(越越)王  戉王矛 11451B 戉戉(越越)王	 越王諸稽於睗劍　xs1880 戉(越)王  越王諸稽於睗劍　xs1880 戉(越)王
曾	吴	越			

 越王諸稽於睗劍　xs1899 戉(越)王  越王諸稽於睗劍　xs1899 戉(越)王	 戉王句戔之子劍　11594.1 戉(越)王  戉王句戔之子劍　11594.1 戉(越)王	 戉王句戔之子劍　11595A1 戉(越)王  戉王句戔之子劍　11595A1 戉(越)王	 越王諸稽於睗劍　mt17888 戉(越)王  越王諸稽於睗劍　mt17888 戉(越)王	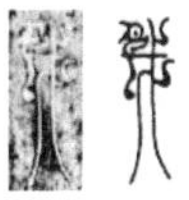 戉王者旨於睗矛　11511 戉(越)王 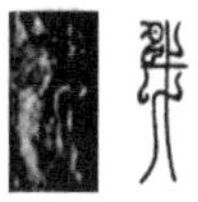 越王諸稽於睗矛　xs388 戉(越)王	 越王諸稽矛 xs1735 戉(越)王  越王者旨於睗鐘　00144 戉(越)王

越

 越王諸稽於睗戈　xs1803 戉(越)王  戉王矛 11512 戉(越)王	 能原鎛 00156.2 大囗之宝(主)戉(越)  越王者旨劍 wy070 戉(越)王	 越王者旨劍 wy070 戉(越)王  越王者旨劍 wy070 戉(越)王	 戉王劍 11570.1 戉(越)王  戉王劍 11570.1 戉(越)王	 戉王劍 11570.2 戉(越)王  戉王劍 11570.2 戉(越)王	 戉王者旨於睗劍　11596.1 戉(越)王  戉王者旨於睗劍　11596.1 戉(越)王
越					

 戉王者旨於睗劍　11597.1 戉(越)王  戉王者旨於睗劍　11597.1 戉(越)王	 戉王者旨於睗劍　11598A1 戉(越)王  戉王者旨於睗劍　11598A1 戉(越)王	 戉王者旨於睗劍　11599.1 戉(越)王  戉王者旨於睗劍　11599.1 戉(越)王	 越王諸稽於睗劍　xs1184 戉(越)王  越王諸稽於睗劍　xs1184 戉(越)王	 越王諸稽於睗劍　xs1480 戉(越)王  越王諸稽於睗劍　xs1480 戉(越)王	 越王諸稽於睗劍　xs1738 戉(越)王  越王諸稽於睗劍　xs1738 戉(越)王
越					

 越王諸稽於睗劍 xs1898 戉(越)王	 越王諸稽於睗劍 mt17882 戉(越)王	 越王劍 mt17868 戉(越)王	 越王丌北古劍 11703 戉(越)王	 越王丌北古劍 11703 戉(越)王	 越王丌北古劍 xs1317 戉(越)王
 越王諸稽於睗劍 xs1898 戉(越)王	 越王諸稽於睗劍 mt17882 戉(越)王	 忾不余席鎮 mx1385 戉(越)王	 越王丌北古劍 11703 戉(越)王	 越王丌北古劍 xss1317 戉(越)	 越王丌北古劍 xs1317 戉(越)

越

戚

		 曾伯陭鉞 xs1203 戚戉(鉞)			
			 叔夷鐘 00277.2 戚戚(肅肅)舉舉  叔夷鎛 00285.8 戚戚(肅肅)舉舉	 簷叔之仲子平鐘 00172 戚戚(肅肅)雍雍  簷叔之仲子平鐘 00174 戚戚(肅肅)雍雍	 簷叔之仲子平鐘 00175 戚戚(肅肅)雍雍  簷叔之仲子平鐘 00176 戚戚(肅肅)雍雍
 越王丌北古劍 xs1317 戉(越)王  越王丌北古劍 wy098 戉(越)王	 越王丌北古劍 wy098 戉(越)王  越王丌北古劍 wy098 戉(越)王				
越		曾	齊	莒	

我

		 秦公鐘 00262 我先祖  秦公鐘 00264 我先祖	 秦公鎛 00267.1 我先祖  秦公鎛 00268.1 我先祖	 秦公鎛 00269.1 我先祖	 晉姜鼎 02826 宣卬我猷  晉姜鼎 02826 辥我萬民
 篖叔之仲子平鐘　00178 戚戚(肅肅)雍雍  篖叔之仲子平鐘　00179 戚戚(肅肅)雍雍	 篖叔之仲子平鐘　00180 戚戚(肅肅)雍雍				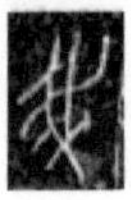 晉公盤 mx0952 我皇祖唐公 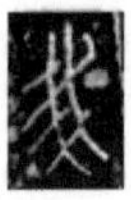 晉公盤 mx0952 我烈考憲公
					 郘黛鐘 00225 我先祖  郘黛鐘 00227 我先祖
莒		秦			晉

 晋姜鼎 02826 嘉遣我					
 邵黛鐘 00226 我以享孝  邵黛鐘 00226 我先祖	 邵黛鐘 00228 我以享孝  邵黛鐘 00228 我先祖	 邵黛鐘 00230 我以享孝  邵黛鐘 00230 我先祖	 邵黛鐘 00231 我以享孝  邵黛鐘 00232 我先祖	 邵黛鐘 00233 我以享孝  邵黛鐘 00233 我先祖	 邵黛鐘 00235 我以享孝  邵黛鐘 00235 我先祖

晋

		 鄭義伯𦉜 09973.1 我酒既清  鄭義伯𦉜 09973.1 我用以克□	 鄭義伯𦉜 09973.2 我酒既清  鄭義伯𦉜 09973.2 我用以克□	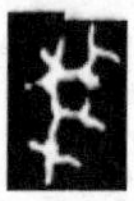 鄭義伯𦉜 09973.2 我以㬱獸(獸)	
 邵黛鐘 00237 我以享孝	 杕氏壺 09715 盱我室家  杕氏壺 09715 簞(饔)在我車	 與兵壺q eb878 我皇祖文考  與兵壺 ms1068 我皇祖	 封子楚簠q mx0517 我朋友  封子楚簠g mx0517 我朋友		 鄦子盟自鎛 00153 我朋友  鄦子盟自鎛 00154 我朋友
晉	燕	鄭			許

		 曾伯霥簠 04631 我皇祖文考  曾伯霥簠 04632 我皇文考	 伯克父鼎 ms0285 用伐我仇敵  曾伯克父簋 ms0509 我皇祖文考	 曾伯霥壺 ms1069 我皇祖  曾伯霥壺 ms1069 我文考	
 邾公釛鐘 00102 我嘉賓  邾公釛鐘 00102 我正卿	 齊鞷氏鐘 00142.2 我朋友	 曾公赇鎛鐘 jk2020.1 王客我于康宮  曾公赇鎛鐘 jk2020.1 咸成我事	 曾公赇鎛鐘 jk2020.1 復我土疆 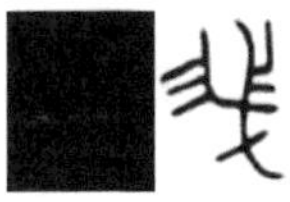 曾公赇甬鐘 A jk2020.1 王客我于康宮	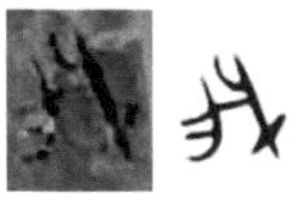 曾公赇甬鐘 A jk2020.1 咸成我事  曾公赇甬鐘 A jk2020.1 復我土疆	 曾公赇甬鐘 A jk2020.1 咸成我事  曾公赇甬鐘 B jk2020.1 王客我于康宮
邾	齊	曾			

 曾公畩甬鐘 B jk2020.1 咸成我事  曾公畩甬鐘 B jk2020.1 復我土疆	 嬭加編鐘 kg2020.7 密臧我猷  嬭加鎛乙 ms1283 我大夫	 嬭加鎛丙 ms1284 我大夫  嬭加鎛丁 ms1285 賜我霝終黄耇			
			 蔡侯紐鐘 00210.2 建我邦國  蔡侯紐鐘 00211.2 建我邦國	 蔡侯紐鐘 00217.2 建我邦國  蔡侯鎛 00221.2 建我邦國	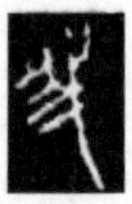 蔡侯鎛 00222.2 建我邦國
曾			蔡		

		 楚太師登鐘 mt15511a 我父兄  楚太師登鐘 mt15512a 我父兄	 楚太師登鐘 mt15514a 我父兄  楚太師登鐘 mt15516a 我父兄	 楚太師鄧子辥慎鎛　mx1045 我父兄	
		 王孫誥鐘 xs418 我父兄  王孫誥鐘 xs419 我父兄	 王孫誥鐘 xs420 我父兄  王孫誥鐘 xs421 我父兄	 王孫誥鐘 xs422 我父兄  王孫誥鐘 xs424 我父兄	 王孫誥鐘 xs425 我父兄  王孫誥鐘 xs426 我父兄
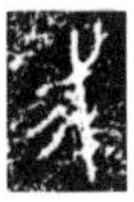 彭啓簠甲 ww2020.10 我父兄 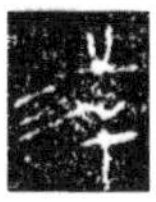 彭啓簠丙g ww2020.10 我父兄	 彭啓簠丙q ww2020.10 我父兄	 欒書缶 10008.2 我皇祖	 復公仲簋蓋 04128 復公仲若我曰  復公仲簋蓋 04128 我子孟媿寡		
CE		楚			

 王孫誥鐘 xs427 我父兄	 王孫誥鐘 xs429 我父兄	 王孫誥鐘 xs436 我父兄	 王孫誥鐘 xs438 我父兄	 王孫遺者鐘 00261.1 我皇祖	 王子午鼎 02811.2 我皇祖
 王孫誥鐘 xs428 我父兄	 王孫誥鐘 xs431 我父兄	 王孫誥鐘 xs437 我父兄	 王孫誥鐘 xs441 我父兄	 王孫遺者鐘 00261.2 我朋友	 王子午鼎q xs444 我皇祖

楚

 王子午鼎 xs446 我皇祖  王子午鼎q xs447 我皇祖	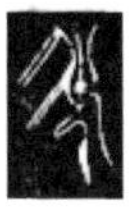 王子午鼎 xs449 我皇祖	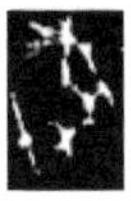 季子康鎛 15786b 以從我師行 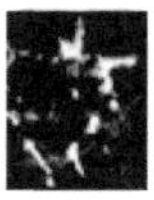 季子康鎛 15786b 我父兄	 季子康鎛 mt15789b 我父[兄]  季子康鎛 mt15790b 以從我師行	 季子康鎛 mt15790b 我父兄  季子康鎛 mt15791b 我[父兄]	
					 沇兒鎛 00203.2 我父兄  郤王義楚觶 06513 我文攷(考)
楚		鍾離			徐

 余贎逐兒鐘 00184.2 我父兄  余贎逐兒鐘 00186.1 我父兄	 遷邟鐘 mt15520 我先祖  遷邟鐘 mt15520 我以夏以南	 遷邟鐘 mt15520 我以樂我心  遷邟鐘 mt15520 我以樂我心	 遷邟鐘 mt15521 我先祖  遷邟鐘 mt15521 我以樂我心	 遷邟鐘 mt15521 我以樂我心  遷邟鎛 mt15796 我先祖	 遷邟鎛 mt15796 我以夏以南  遷邟鎛 mt15796 我以樂我心
徐	舒				

					 者𣴅鐘 00196 協于我[霝]  者𣴅鐘 00197.1 協于我霝
 遷邟鎛 mt15796 我以樂我心	 遷邟鎛 mt15794 我先祖  遷邟鎛 mt15794 我以夏以南	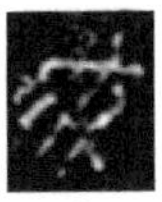 遷邟鎛 mt15794 我以樂我心 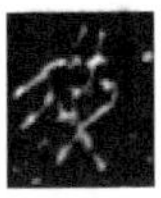 遷邟鎛 mt15794 我以樂我心	 遷邟鐘 mx1027 我先祖  遷邟鐘 mx1027 我以夏以南	 遷邟鐘 mx1027 我以樂我心 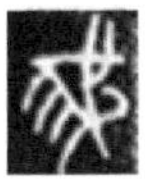 遷邟鐘 mx1027 我以樂我心	 配兒鉤鑃 00427.2 我諸父
舒					吳

義

		 秦公鐘 00262 盄盄允義  秦公鐘 00265 盄盄允義	 秦公鎛 00268.2 盄盄允義  秦公鎛 00269.2 盄盄允義	 秦子簋蓋 eb423 義(宜)其士女	 虢季鐘 xs1 用義其家  虢季鐘 xs2 用義其家
 者𣶃鐘 00198.1 協于我霝					
	 姑馮昏同之子 句鑃　00424.2 我父兄				
吴	越	秦			虢

 虢季鐘 xs3 用義其家	 鄭義伯鑐 09973.2 鄭義伯				
			 齊侯鎛 00271 肅肅義政  叔夷鐘 00278 肅肅義政	 叔夷鐘 00280 肅肅義政  叔夷鎛 00285.8 肅肅義政	
		 司馬楙鎛 eb49 還還[威]義			 曾子義行簠g xs1265 曾子義行  曾子義行簠q xs1265 曾子義行
虢	鄭	滕	齊		曾

		 鄀公簠蓋 04569 仲孄義男			
			 鄝叔義行戈 mx1146 鄝叔義行	 侯孫老簠 g ms0586 孟姬義家	 王孫誥鐘 xs418 淑于威義(儀)  王孫誥鐘 xs419 淑于威義(儀)
 蔡侯䌛尊 06010 威義(儀)遊遊  蔡侯䌛盤 10171 威義(儀)遊遊	 蔡公子義工簠 04500 蔡公子義工			 義子鼎 eb308 義子曰自作飤 𩰫	
蔡		CE			楚

 王孫誥鐘 xs420 淑于威義(儀)  王孫誥鐘 xs421 淑于威義(儀)	 王孫誥鐘 xs422 淑于威義(儀)  王孫誥鐘 xs423 淑于威義(儀)	 王孫誥鐘 xs424 淑于威義(儀)  王孫誥鐘 xs425 淑于威義(儀)	 王孫誥鐘 xs426 淑于威義(儀)  王孫誥鐘 xs427 淑于威義(儀)	 王孫誥鐘 xs428 淑于威義(儀)  王孫誥鐘 xs429 淑于威義(儀)	 王孫誥鐘 xs430 淑于威義(儀)  王孫誥鐘 xs434 淑于威義(儀)
楚					

 王孫誥鐘 xs432 淑于威義(儀)  王孫誥鐘 xs433 淑于威義(儀)	 王孫誥鐘 xs440 淑于威義(儀)  王孫遺者鐘 00261.2 淑于威義(儀)	 王子午鼎 02811.2 淑于威義(儀)  王子午鼎q xs444 淑于威義(儀)	 王子午鼎 xs445 淑于威義(儀)  王子午鼎 xs446 淑于威義(儀)	 王子午鼎 xs447 淑于威義(儀)  王子午鼎 xs449 淑于威義(儀)	
					 沇兒鎛 00203.2 淑于威義(儀)  義楚觶 06462 義楚
楚					徐

			 仲義君鼎 02279 仲義君  文公之母弟鐘 xs1479 …丕義又匿		
 郐王義楚觶 06513 徐王義楚  徐王義楚盤 10099 徐王義楚	  徐王義楚之元子劍　11668 徐王義楚	  吴王壽夢之子劍　xs1407 叡䄇郐之義□		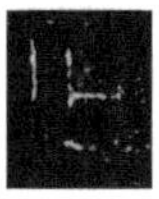 郳大司馬鈚 ms1177 眉壽亡(無)疆	 亡鹽戈 xs1538 亡(無)鹽右
徐		吴		郳	D

					 叔家父簠 04615 慎德不亡(忘)
 鄬子受鐘 xs504 亡昮昧爽  鄬子受鐘 xs506 亡昮昧爽	 鄬子受鐘 xs510 亡昮昧爽  鄬子受鎛 xs513 亡昮昧爽	 鄬子受鎛 xs515 亡昮昧爽  鄬子受鎛 xs516 亡昮昧爽	 鄬子受鎛 xs517 亡昮昧爽  鄬子受鎛 xs519 亡昮昧爽		
				 越王者旨於睗鐘　00144 萬世亡(無)疆	 亡□戈 mx1083 亡□
楚				越	

乍

 秦公鼎 xs1340 乍(作)寶用鼎	 秦公簋 xs1343 乍(作)寶簋	 秦公鼎 mt01557 乍(作)寶用	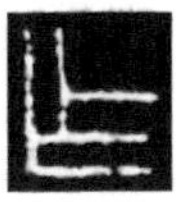 秦公鼎 mt01559 乍(作)寶用鼎	 秦公簋g mt04250 乍(作)寶簋	 秦公簋 mt04387 乍(作)鑄用簋
 秦公鼎 xs1341 乍(作)寶用鼎	 秦公簋 g 05249 乍(作)寶簋	 秦公鼎 mt01558 乍(作)寶用鼎	 秦公簋q mt04250 乍(作)寶簋	 秦公簋q mt04251 乍(作)寶簋	 秦公簋 mt04388 乍(作)鑄用簋
 秦公簋 04315.2 乍(作)嘼宗彝	 秦公戈 mx1238 乍(作)子車用				
 盄和鐘 00270.2 乍(作)淑龢[鎛]	 秦子鎛 mt15771 乍(作)寶龢鐘				

秦

 秦公簋 mt04389 乍(作)鑄用簋	 秦公壺 xs1347 乍(作)鑄尊壺	 秦公鼎 xs1337 乍(作)鑄用鼎	 秦公鼎 xs1339 乍(作)鑄用鼎	 秦公壺 mt12184 乍(作)鑄尊壺	 秦公鐘 00265 乍(作)厥龢鐘
 秦公簋 xs1342 乍(作)鑄用簋	 秦公壺 xs1348 乍(作)鑄尊壺	 秦公鼎 xs1338 乍(作)鑄用鼎	 秦公鼎 eb249 乍(作)鑄用鼎	 秦公鐘 00263 乍(作)厥龢鐘	 秦公鎛 00267.2 乍(作)厥龢鐘

秦

 秦公鎛 00268.2 乍(作)厥龢鐘	 秦子戈 11352a 乍(作)簉(造) 中辟元用	 秦子戈 xs1350 乍(作)簉(造) 左辟元用	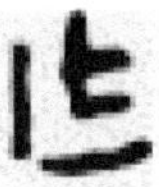 卜淦囗高戈 xs816 乍(作)鑄	 秦政伯喪戈 eb1249 乍(作)簉(造) 元戈喬黄	 秦公簋g mx0334 乍(作)寶簋
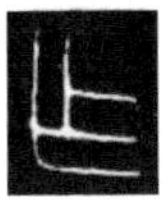 秦公鎛 00269.2 乍(作)厥龢鐘	 秦子戈 11353 乍(作)簉(造) 公族元用	 秦子戈 mt17209 乍(作)簉(造) 公族元用	 秦政伯喪戈 eb1248 乍(作)簉(造) 元戈喬黄	 秦公鼎 mx0107 乍(作)鑄用鼎	 秦公簋q mx0334 乍(作)寶簋

秦

 秦公簋g mx0335 乍(作)寶簋  秦公簋q mx0335 乍(作)寶簋	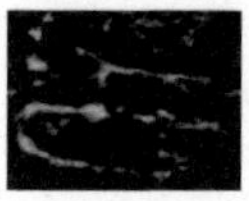 秦公壺 ms1041 乍(作)鑄尊壺  秦公鼎 ms0173 乍(作)鑄用鼎	 秦公簋 ms0427 乍(作)鑄用簋	 鄀仲甗鑪 mt14087 乍(作)…尊甗	 内公鐘 00031 乍(作)從鐘  内公鐘鈎 00032 乍(作)鑄從鐘之鈎	 内公鐘鈎 00033 乍(作)鑄從鐘之鈎  内公簋蓋 03707 乍(作)鑄從簋
秦			AB	芮	

 内公簋蓋 03708 乍(作)鑄從簋	 内大子白簠蓋 04538 乍(作)
簠	 内公壺 09598 乍(作)鑄從壺	 内大子白壺 09645.1 乍(作)鑄寶壺	 芮太子白鬲 mt2980 乍(作)爲萬寶鬲	 芮太子白鬲 mt2898 乍(作)爲寶鬲
 内大子白簠蓋 04537 乍(作)
簠	 内太子白鼎 02496 乍(作)鼎	 内大子白壺蓋 09644 乍(作)鑄寶壺	 内大子白壺 09645.2 乍(作)鑄寶壺	 芮太子白鬲 mt2981 乍(作)爲萬寶鬲	 芮太子白鬲 mt2899 乍(作)爲…寶鬲

芮

 芮公簋g mx0350 乍(作)爲旅簋	 芮公鬲 eb77 乍(作)鑄鬲	 芮太子鬲 eb78 乍(作)鑄鬲	 内公鼎 02475 乍(作)鑄飤鼎	 内太子鼎 02449 乍(作)鑄鼎	 芮子仲㱿鼎 mt02125 肇乍(作)…尊鼎
 芮公簋q mx0350 乍(作)爲旅簋	 芮公簋 eb391 乍(作)爲旅簋	 内公鼎 00743 乍(作)鑄…媵鬲	 内公鼎 02389 乍(作)鑄從鼎	 内子仲□鼎 02517 肇乍(作)…尊鼎	 芮子仲鼎 mt01910 乍(作)旅鼎
芮					

 内公簠 04531 乍(作)鑄寶簠	 芮公叔父壺 ms1046 乍(作)造寶尊	 芮公鼎 ms0255 乍(作)鑄𠣞宫 寶鼎	 芮公簋g ms0429 乍(作)爲旅簋	 芮公簋g ms0430 乍(作)爲旅簋	 芮公簋g ms0431 乍(作)爲旅簋
 太師小子白歡 父鼎　ms0261 乍(作)尊鼎	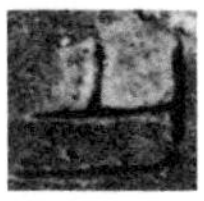 芮公鼎 ms0254 乍(作)鑄𠣞宫 寶鼎	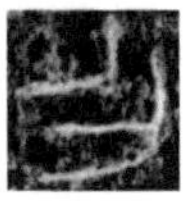 芮公簋 ms0428 乍(作)爲旅簋	 芮公簋q ms0429 乍(作)爲旅簋	 芮公簋q ms0430 乍(作)爲旅簋	 芮公簋q ms0431 乍(作)爲旅簋

芮

 仲姜壺 mt12248 乍(作)爲…尊壺	 仲姜鼎 ms0202 乍(作)爲…尊鼎	 仲姜鼎 mt01835 乍(作)爲…尊鼎	 仲姜鼎 mt01837 乍(作)爲…尊鼎	 仲姜甗 mt03300 乍(作)爲…尊甗	 仲姜簋g mt04532 乍(作)爲…尊簋
 仲姜簋g mt04534 乍(作)爲…尊簋	 仲姜壺 mt12247 乍(作)爲…尊壺	 仲姜鼎 mt01836 乍(作)爲…尊鼎	 仲姜鼎 mt01838 乍(作)爲…尊鼎	 仲姜簋q mt04534 乍(作)爲…尊簋	 仲姜簋q mt04532 乍(作)爲…尊簋

芮

 仲姜簋g mt04533 乍(作)爲…尊簋  仲姜簋q mt04533 乍(作)爲…尊簋	 仲姜簋g mt04535 乍(作)爲…尊簋  仲姜簋q mt04535 乍(作)爲…尊簋	 芮公鼓架銅套 ms1725 乍（作）樂鼓	 荀侯匜 10232 乍(作)寶盉	 梁姬罐 xs45 乍(作)𥁕匳  梁伯戈 11346.1 乍(作)宫行元用	 虞侯政壺 09696 乍(作)寶壺  吴王御士簠 04527 乍(作)旅筐
芮			荀	梁	虞

 虢季鐘 xs2 乍(作)爲協鐘	 虢季鐘 xs2 虢季乍(作)寶	 虢季鐘 xs5 虢季乍(作)寶	 虢季鐘 xs7 虢季乍(作)寶	 虢季鼎 xs9 乍(作)寶鼎	 虢季鼎 xs11 乍(作)寶鼎
 虢季鐘 xs3 乍(作)爲協鐘	 虢季鐘 xs3 虢季乍(作)寶	 虢季鐘 xs6 虢季乍(作)寶	 虢季鐘 xs8 虢季乍(作)寶	 虢季鼎 xs10 乍(作)寶鼎	 虢季鼎 xs12 乍(作)寶鼎

虢

 虢季鼎 xs13 乍(作)寶鼎	 虢季鼎 xs15 乍(作)寶鼎	 虢季𣪕g xs16 乍(作)寶簋	 虢季𣪕g xs18 乍(作)寶簋	 虢季𣪕g xs20 乍(作)旅簋	 虢季𣪕g xs21 乍(作)寶簋
 虢季鼎 xs14 乍(作)寶鼎	 虢季𣪕q xs17 乍(作)寶簋	 虢季𣪕q xs16 乍(作)寶簋	 虢季𣪕q xs18 乍(作)寶簋	 虢季𣪕q xs20 乍(作)旅簋	 虢季𣪕q xs21 乍(作)寶簋

虢

 虢季鬲 xs22 乍(作)寶鬲	 虢季鬲 xs24 乍(作)寶鬲	 虢季鬲 xs26 乍(作)寶鬲	 虢季盨q xs31 乍(作)旅盨	 虢季盨g xs32 乍(作)旅盨	 虢季盨g xs33 乍(作)旅盨
 虢季鬲 xs23 乍(作)寶鬲	 虢季鬲 xs25 乍(作)寶鬲	 虢季鬲 xs27 乍(作)寶鬲	 虢季盨g xs31 乍(作)旅盨	 虢季盨q xs32 乍(作)旅盨	 虢季盨q xs33 乍(作)旅盨

虢

 虢季盨g xs34 乍(作)旅盨  虢季盨q xs34 乍(作)旅盨	 虢季簠g xs35 乍(作)寶䀇  虢季簠q xs35 乍(作)寶䀇	 虢季鋪 xs36 乍(作)鋪  虢季鋪 xs37 乍(作)鋪	 虢季壺 xs38 乍(作)寶壺  虢季盤 xs40 乍(作)寶盤	 國子碩父鬲 xs48 乍(作)…羞鬲  國子碩父鬲 xs49 乍(作)…羞鬲	 虢宮父鬲 xs50 乍(作)鬲  虢宮父盤 xs51 乍(作)盤

虢

 虢碩父簠g xs52 乍(作)旅簠	 虢宮父鬲 mt02823 乍(作)行鬲	 虢姜鼎 mt01839 乍(作)旅鼎	 城父匜 mt14927 乍(作)媵匜	 虢季氏子組鬲 mt02888 乍(作)鬲	 虢季氏子組簋 03972 乍(作)簋
 虢碩父簠q xs52 乍(作)旅簠	 虢宮父匜 mt14895 乍(作)匜	 虢姜壺 mt12223 乍(作)旅壺	 虢季氏子組鬲 00662 乍(作)鬲	 虢季氏子組簋 03971 乍(作)簋	 虢季氏子組簋 03973 乍(作)簋

號

 虢季子組鬲 00661 乍(作)鬲	 賙金氏孫盤 10098 乍(作)寶盤	 尹小叔鼎 02214 乍(作)鑾鼎	 虢仲鋪 mx0527 乍(作)旅鋪	 虢姜甗 mt03301 乍(作)旅甗	 虢嫚□盤 10088 乍(作)寶盤
 虢季氏子組盤 ms1214 乍(作)盤	 賙金氏孫匜 10223 乍(作)寶匜	 叔作穌子鼎 01926 叔乍(作)穌子	 虢仲鋪 mx0527 乍(作)旅盤	 虢叔鬲 00603 乍(作)…尊鬲	 虢虎父鼎 ms0238 乍(作)鼎

虢

 虢仲壺 ms1037 乍(作)旅壺 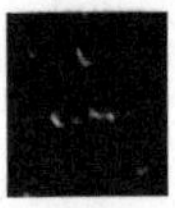 虢仲盨 ms1234 乍(作)旅盨	 虢仲盨 ms1235 乍(作)旅盨  虢仲簠 xs46 乍（作）…寶𥂴	 戎生鐘 xs1616 用乍(作)寶協鐘  太師盤 xs1464 乍(作)爲…沫盤	 晋侯簋g mt04712 乍(作)…簋  晋侯簋q mt04712 乍(作)…簋	 晋叔家父壺 xs908 乍(作)尊壺  晋叔家父壺 mt12357 乍(作)尊壺	 晋刑氏鼎 ms0247 乍(作)寶鼎  晋侯簋 ms0467 乍(作)…簋
		 晋公盆 10342 乍(作)馮(凴)左右  晋公盆 10342 乍(作)…媵盞	 晋公盤 mx0952 君百𠤎乍(作)邦  晋公盤 mx0952 乍(作)彣(蔽)左右	 晋公盤 mx0952 乍(作)…宗彝盤  趙焦犳戈 mx1218 乍(作)(造戈	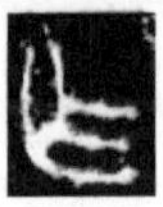 長子沫臣簠 04625.1 乍(作)…媵𥂴  長子沫臣簠 04625.2 乍(作)…媵𥂴
		 郘黛鐘 00226 乍(作)爲余鐘  郘黛鐘 00228 乍(作)爲余鐘	 郘黛鐘 00230 乍(作)爲余鐘  郘黛鐘 00231 乍(作)爲余鐘	 郘黛鐘 00232 乍(作)爲余鐘  郘黛鐘 00233 乍(作)爲余鐘	 郘黛鐘 00234 乍(作)爲余鐘  郘黛鐘 00237 乍(作)爲余鐘
虢		晋			

 晉侯簋g mt04713 乍(作)尊簋  晉侯簋q mt04713 乍(作)…簋	 晉姞盤 mt14461 乍(作)鑄旅盤匜  晉姞匜 mt14954 乍(作)鑄旅盤匜	 郳湯伯匜 10208 乍(作)匜  郳湯伯匜 10188 乍(作)匜	 晉公戈 xs1866 乍(作)…車戈  晉姜鼎 02826 用乍(作)寶尊鼎	 晉姜鼎 02826 乍(作)疐爲極	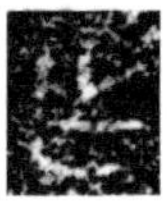 叔休盨 mt05617 乍(作)寶盨  叔休盨 mt05618 乍(作)寶盨
 少虡劍 11696.1 乍(作)爲元用  少虡劍 11697 乍(作)爲元用	 吉日壬午劍 mt18021 乍(作)爲元用  少虡劍 xs985 乍(作)爲元用				

晉

 叔休盨 mt05619 乍(作)寶盨  叔休盤 mt14482 乍(作)寶盤	 叔休盉 mt14778 乍(作)寶盉  叔休鼎 ms0260 乍(作)寶鼎	 叔休壺 ms1059 乍(作)寶壺  叔休壺 ms1060 乍(作)寶壺	 衛夫人鬲 00595 乍(作)其行鬲  衛夫人鬲 xs1700 乍(作)其行鬲	 衛夫人鬲 xs1701 乍(作)其行鬲  衛伯須鼎 xs1198 乍(作)寶鼎	 衛子叔□父簠 04499 乍(作)旅簠
			 衛侯之孫書鐘 ms1280 乍(作)鑄穌鐘		
晉			衛		

 燕仲盨g kw2021.3 乍(作)爲寶盨	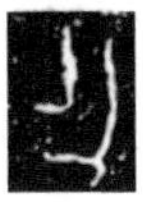 燕仲鼎 kw2021.3 乍(作)爲尊鼎	 燕仲匜 kw2021.3 乍(作)爲匜	 燕太子簋 kw2021.3 乍(作)爲行簋用	 仲考父匜 jk2020.4 乍(作)旅匜	 楷侯宰吹壺甲g jk2020.4 乍(作)寶壺
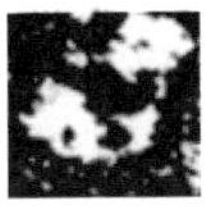 燕仲盨q kw2021.3 乍(作)爲寶盨	 燕仲盤 kw2021.3 乍(作)盤	 燕仲鬲 kw2021.3 乍(作)旅尊鬻	 琱射壺 kw2021.3 乍(作)尊壺	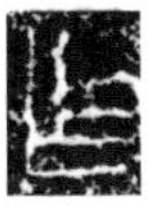 楷宰仲考父鼎 jk2020.4 乍(作)…寶鼎	 楷侯宰吹壺甲q jk2020.4 乍(作)寶壺
 匽公匜 10229 乍(作)爲…盤匜					
燕				黎	

 楷侯宰吹壺乙g jk2020.4 乍(作)寶壺  楷侯宰吹壺乙q jk2020.4 乍(作)寶壺	 王作贊母鬲 00611 乍(作)…寶鬻彝  王鼎 mt01326 乍(作)鬻彝	 王鬲 mt02695 乍(作)寶鬻彝	 毛叔虎父簋g mx0424 乍(作)…尊簋  毛叔虎父簋q mx0424 乍(作)…尊簋	 毛叔虎父簋g hx2021.5 乍(作)…尊簋  毛叔虎父簋q hx2021.5 乍(作)…尊簋	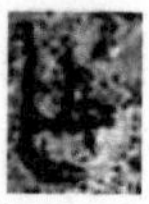 毛百父匜 mx0988 毛百父乍(作)寶  毛虎壺q hx2021.5 乍(作)…尊壺
黎	周		毛		

 毛虎壺g hx2021.5 乍(作)…尊壺	 單子白盨 04424 乍(作)…旅盨  單伯遵父鬲 00737 乍(作)…尊鬲		 京叔盨q xs1964 乍(作)寶盨  京叔盨g xs1964 乍(作)寶盨	 鄭井叔蒦父鬲 00580 乍(作)饙鬲  鄭井叔蒦父鬲 00581 乍(作)羞鬲	 鄭叔蒦父鬲 00579 乍(作)羞鬲  鄭師□父鬲 00731 乍(作)薦鬲
		 叔左鼎 mt02334 乍(作)鬻彝	 鄭子石鼎 02421 乍(作)鼎  鄭大内史叔上匜　10281 乍(作)…媵匜		
	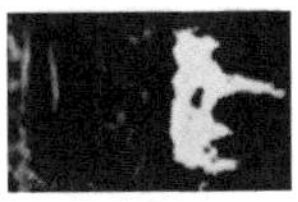 單子戈 ms1380 單子乍(作)造		 哀成叔鼎 02782 乍(作)鑄飤器黄鑊 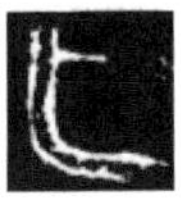 鄭莊公之孫盧鼎　mt02409 乍(作)鑄鬻彝	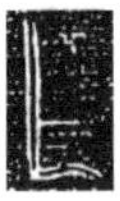 與兵壺q eb878 自乍(作)宗彝  與兵壺 ms1068 自乍(作)宗彝	 封子楚簠q mx0517 自乍(作)飤盬
毛	單	BC	鄭		

 伯高父甗 00938 乍(作)旅甗  鄭戕句父鼎 02520 自乍(作)飤鼒	 鄭伯氏士叔皇父鼎　02667 乍(作)旅鼎  鄭義伯鑐 09973.2 乍(作)…鑐	 召叔山父簠 04601 乍(作)旅藍  召叔山父簠 04602 乍(作)旅藍	 子耳鼎 mt02253 乍(作)盂鼎  寶登鼎 mt02122 乍(作)鼎	 穌貉箭 04659 蘇貉乍(作)小用  穌冶妊鼎 02526 乍(作)虢改魚母賸	 穌冶妊盤 10118 乍(作)…盤  穌公子段 04014 乍(作)尊簋
				 寬兒鼎 02722 自乍(作)飤繁  寬兒缶 mt14091 自乍(作)行缶	
鄭				蘇	

 穌公子段 04015 乍(作)尊簋  蘇公匜 xs1465 乍(作)…賸匜	 許成孝鼎 mx0190 乍(作)鼎  伯國父鼎 mx0194 乍(作)…緐鼎	 鄦奓魯生鼎 02605 乍(作)…賸鼎			
	 許公簠g mx0510 乍(作)…賸盬  許公簠q mx0510 乍(作)…賸盬	 許公簠q mx0511 乍(作)…賸盬  許公簠g mx0511 乍(作)…賸盬			
	 鄦公買簠 04617.2 自乍(作)飤盬 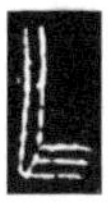 鄦公買簠g eb475 自乍(作)飤盬	 鄦公買簠q eb475 自乍(作)飤盬  喬君鉦鍼 00423 乍(作)…寶鉦鐸	 子璋鐘 00113 自乍(作)龢鐘 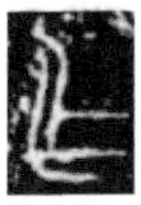 子璋鐘 00114 自乍(作)龢鐘	 子璋鐘 00115.1 自乍(作)龢鐘 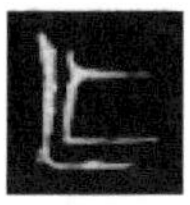 子璋鐘 00116.2 自乍(作)龢鐘	 子璋鐘 00117.2 自乍(作)龢鐘  子璋鐘 00118.1 自乍(作)龢鐘
蘇	許				

	 陳生寉鼎 02468 乍(作)飤鼎  陳侯作嘉姬段 03903 乍(作)…寶簋	 陳厌壺 09633.1 乍(作)…媵壺  陳厌壺 09633.2 乍(作)…媵壺	 陳厌壺 09634.1 乍(作)…媵壺  陳厌壺 09634.2 乍(作)…媵壺	 陳公子甗 00947 乍(作)旅甗  原氏仲簠 xs395 乍(作)…媵簠	 原氏仲簠 xs396 乍(作)…媵簠  原氏仲簠 xs397 乍(作)…媵簠
	 陳公子中慶簠 04597 自乍(作)筐簠  陳公孫𤔲父瓶 09979 乍(作)旅瓶	 陳厌作孟姜𡟰 簠　04606 乍(作)…媵簠  陳厌作孟姜𡟰 簠　04607 乍(作)…媵簠	 陳厌作王仲媯 𡟰簠　04603.1 乍(作)…媵簠  陳厌作王仲媯 𡟰簠　04603.2 乍(作)…媵簠	 陳厌作王仲媯 𡟰簠　04604.1 乍(作)…媵簠  陳厌作王仲媯 𡟰簠　04604.2 乍(作)…媵簠	 陳厌盤 10157 乍(作)…媵盤  陳侯匜 xs1833 乍(作)…匜
 鄦子盟自鎛 00153 自乍(作)鈴鐘  鄦子盟自鎛 00154 自乍(作)鈴鐘	 陳樂君甗 xs1073 乍(作)其旅甗	 宋兒鼎 mx0162 自乍(作)飤鼒			
許	陳				

 陳厌鬲 00705 乍(作)…賸鬲  陳厌鬲 00706 乍(作)…賸鬲	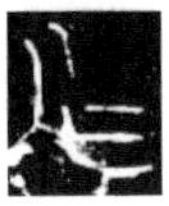 陳侯鼎 02650 乍(作)鑄…賸鼎		 戈叔朕鼎 02690 自乍(作)𩞁鼎  戈叔朕鼎 02691 自乍(作)𩞁鼎	 戈叔朕鼎 02692 自乍(作)𩞁鼎  叔朕簠 04621 自乍(作)薦𥁰	 戈叔慶父鬲 00608 乍(作)…尊鬲  戈伯匜 10246 自乍(作)寶匜
 敶伯元匜 10267 乍(作)…賸匜  敶子匜 10279 乍(作)…賸匜	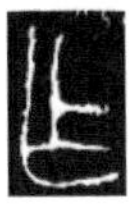 敶大喪史仲高鐘 00350 乍(作)鈴鐘  有兒簋 mt05166 自乍(作)爲其鬻簋	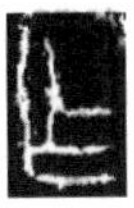 敶大喪史仲高鐘 00353.1 乍(作)鈴鐘  敶大喪史仲高鐘 00355.1 乍(作)鈴鐘			
陳			戴		

	 商丘叔簠 04557 乍(作)其旅䀇	 商丘叔簠 04559.1 乍(作)其旅䀇	 商丘叔簠 xs1071 乍(作)其旅䀇		 曹伯狄毀 04019 乍(作)…尊簋
	 商丘叔簠 04558 乍(作)其旅䀇	 商丘叔簠 04559.2 乍(作)其旅䀇			
	 趫亥鼎 02588 自乍(作)會鼎	 宋公䜌鋪 mt06157 乍(作)…餴鋪	 宋公䜌鼎g mx0209 乍(作)　…餴鼎		
		 宋公䜌鋪 mx0532 乍(作)…餴鋪	 宋公䜌鼎q mx0209 乍(作)　…餴鼎		
 鄎子蒕簠 04545 乍(作)飤䀇	 宋右師延敦g xs1713 天其乍(作)市	 宋右師延敦 CE33001 天其乍(作)市	 宋公䜌簠 04589 乍(作)…賸䀇	 宋君夫人鼎q eb304 自乍(作)餴鼎	
	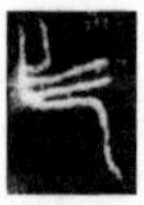 宋右師延敦 CE33001 乍(作)粢養器	 樂子簠 04618 自乍(作)飤䀇	 宋公䜌簠 04590 乍(作)…賸䀇	 宋君夫人鼎g eb304 自乍(作)餴鼎	
邊	宋				曹

 杞子每刃鼎 02428 乍(作)寶鼎	 杞伯每亡鼎 02495 乍(作)…寶鼎	 杞伯每亡段 03897 乍(作)…寶簋	 杞伯每亡段 03898.2 乍(作)…寶簋	 杞伯每亡段 03899.2 乍(作)…寶簋	 杞伯每亡段 03900 乍(作)…寶簋
 杞伯每亡鼎 02494.1 乍(作)…寶鼎	 杞伯每亡鼎 02642 乍(作)…寶鼎	 杞伯每亡段 03898.1 乍(作)…寶簋	 杞伯每亡段 03899.1 乍(作)…寶簋	 杞伯每亡段 03901 乍(作)…寶簋	 杞伯每亡段 03902.2 乍(作)…寶簋

杞

<table>
<tr>
<td>
杞伯每刃簋
mt04860
乍(作)…圅簋

杞伯每亡壺蓋
09687
乍(作)…寶壺</td>
<td>
杞伯每亡壺
09688
乍(作)…寶壺

杞伯每亡盆
10334
乍(作)…寶盁</td>
<td>
杞伯雙聯鬲
mx0262
乍(作)…賸鬲</td>
<td>
魯侯壺
eb848
乍(作)壺

魯侯壺
eb849
乍(作)壺</td>
<td>
魯侯鼎
xs1067
乍(作)…賸鼎

魯侯簠
xs1068
乍(作)…賸휸</td>
<td>
禽簋
hx2022.2
作…寶簋

魯内小臣床生鼎　02354
魯内小臣床生乍(作)鼐</td>
</tr>
<tr>
<td></td>
<td></td>
<td></td>
<td>
魯大司徒厚氏元簠　04689
乍(作)膳鋪

魯大司徒厚氏元簠　04690.1
乍(作)膳鋪</td>
<td>
魯大司徒厚氏元簠　04690.2
乍(作)膳鋪
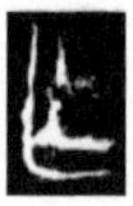
魯大司徒厚氏元簠　04691.1
乍(作)膳鋪</td>
<td>
魯大左嗣徒元鼎　02592
乍(作)膳鼎

魯大左嗣徒元鼎　02593
乍(作)膳鼎</td>
</tr>
<tr>
<td></td><td></td><td></td><td></td><td></td><td></td>
</tr>
<tr>
<td colspan="3">杞</td>
<td colspan="3">魯</td>
</tr>
</table>

 魯仲齊鼎 02639 肈乍(作)…蠶鼎	 魯司徒仲齊盨 04440.1 肈乍(作)…盨簋	 魯司徒仲齊盨 04441.1 肈乍(作)…盨簋	 魯司徒仲齊盤 10116 肈乍(作)…盨簋	 侯母壺 09657.1 乍(作)…戎壺	 魯伯者父盤 10087 乍(作)…媵盤
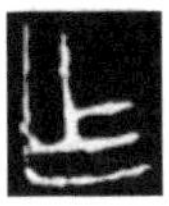 魯仲齊甗 00939 乍(作)旅甗	 魯司徒仲齊盨 04440.2 肈乍(作)…盨簋	 魯司徒仲齊盨 04441.2 肈乍(作)…盨簋	 魯司徒仲齊匜 10275 肈乍(作)…盨簋	 侯母壺 09657.2 乍(作)…戎壺	 魯伯厚父盤 10086 乍(作)…媵盤
 魯大司徒元盂 10316 乍(作)飲盂  魯少司寇封孫宅盤 10154 乍…媵盤					
魯					

 魯伯厚父盤 mt14413 乍(作)…賸盤	 魯伯俞父簠 04567 乍(作)…䀇	 魯伯愈父簠 ms0561 乍(作)…䀇	 魯伯愈父鬲 00691 乍(作)…賸羞鬲	 魯伯愈父鬲 00693 乍(作)…賸羞鬲	 魯伯愈父鬲 00695 乍(作)…賸羞鬲
 魯伯俞父簠 04566 乍(作)…䀇	 魯伯俞父簠 04568 乍(作)…䀇	 魯伯愈父鬲 00690 乍(作)…賸羞鬲	 魯伯愈父鬲 00692 乍(作)…賸羞鬲	 魯伯愈父鬲 00694 乍(作)…賸羞鬲	 魯伯愈父盤 10113 乍(作)…賸沫盤
魯					

 魯伯愈父盤 10114 乍(作)…賸沬盤	 魯伯愈父匜 10244 乍(作)…賸沬匜	 魯宰駟父鬲 00707 乍(作)…賸鬲	 魯大宰遽父簋 03987 乍(作)…賸簋	 魯伯大父作仲姬俞簋 03989 乍(作)…賸簋	 魯伯悆盨 04458.1 肇乍(作)…旅盨簋
 魯伯愈父盤 10115 乍(作)…賸沬盤	 魯姬鬲 00593 乍(作)尊鬲	 魯伯大父作季姬婧簋 03974 乍(作)…賸簋	 魯伯大父作孟姜簋 03988 乍(作)…賸簋	 魯伯匜 10222 乍(作)寶匜	 魯伯悆盨 04458.2 肇乍(作)…旅盨簋

魯

 魯士浮父簠 04517.1 乍(作)飤簠  魯士浮父簠 04517.2 乍(作)飤簠	 魯士浮父簠 04518 乍(作)飤簠  魯士浮父簠 04519 乍(作)飤簠	 魯士浮父簠 04520 乍(作)飤簠  魯正叔盤 10124 乍(作)鑄其御盤	 魯酉子安母簠g mt05902 乍(作)旅簠  魯酉子安母簠q mt05902 肇乍(作)簠	 魯酉子安母簠q mt05903 肇乍(作)簠  魯酉子安母簠g mt05903 乍(作)旅簠	 鼄伯鬲 00669 乍(作)媵鬲  鼄來隹鬲 00670 乍(作)鼎
					 邾公釛鐘 00102 乍(作)厥龢鐘  鼄君鐘 00050 自乍(作)其龢鐘
					 鼄大宰鐘 00086.1 自乍(作)其御鐘
魯					邾

 黿叔彪父簠 04592 乍(作)…餴藍  孟嬴匜 mt14877 乍(作)…匜	 邾口白鼎 02640 乍(作)…尊鼎  邾口白鼎 02641 乍(作)…尊鼎	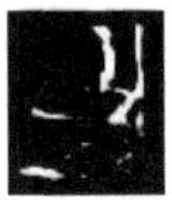 黿叔之伯鐘 00087 以乍(祚)其皇祖皇考  邾伯御戎鼎 02525 乍(作)…寶鼎	 邾叔彪父簠q ms0573 乍(作)…餴藍	 邾公子害簠g mt05907 自乍(作)藍  邾公子害簠q mt05907 自乍(作)藍	 邾公子害簠 mt05908 自乍(作)藍  子皇母簠 mt05853 乍(作)餴藍
 虖飼丘君盤 wm6.200 乍(作)…賸盤					
 黿公牼鐘 00149 自乍(作)龢鐘  黿公牼鐘 00150 自乍(作)龢鐘	 黿公華鐘 00245 以乍(祚)其皇祖皇考			 郳公韍父鎛 mt15815 乍(作)正朕寶	 郳公韍父鎛 mt15816 乍(作)正朕寶  郳公韍父鎛 mt15816 乍(作)…彝
邾				郳	

 兪父瓶g mt14036 乍(作)其金瓶	 兒慶鼎 xs1095 乍(作)…匜鼎	 兒慶鬲 mt02868 乍(作)…羞鬲	 兒慶盤 mt14414 乍(作)…盤	 郳慶簠 mt05878 乍(作)…𥁰	 郳慶匜 mt14955 乍(作)…𥁰
 兪父瓶q mt14036 乍(作)其金瓶	 兒慶鬲 mt02866 乍(作)…羞鬲		 郳慶鬲 mt02782 乍(作)…羞鬲	 郳慶簠 mt05879 乍(作)…𥁰	 郳君慶壺g mt12333 乍(作)…醴壺
 郳公韍父鎛 mt15817 乍(作)正朕寶	 郳公韍父鎛 mt15818 乍(作)正朕寶				
 郳公韍父鎛 mt15817 乍(作)…彝	 郳公韍父鎛 mt15818 乍(作)…彝				
郳					

 郳君慶壺q mt12333 乍(作)…醴壺	 圓君婦媿霝鎣 09434 乍(作)鎣	 郳君慶壺 mt12337 乍(作)…醴壺	 郳君慶壺q ms1056 乍(作)…醴壺	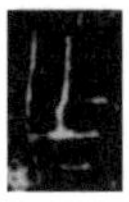 郳壽父鼎 jk2020.1 郳壽父乍(作)鼎	 郳季脂墓簠g ms0571 用乍(作)中娸用鑄寶簠
 圓君婦媿霝壺 mt12353 乍(作)旅壺	 圓君婦媿霝壺 ms1055 乍(作)旅壺	 郳君慶壺g ms1056 乍(作)…醴壺	 郳慶鬲 ms0312 乍(作)…羞鬲	 郳眉父鼎 jk2020.1 郳眉父乍(作)匜	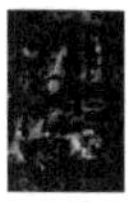 郳季脂墓簠q ms0571 用乍(作)中娸用鑄寶簠

郳

 郳季脂䈞簠g ms0572 用乍(作)中媅用鑄寶簠  郳華妊鬲 mt02762 乍(作)羞鬲	 郳華妊鬲 mt02763 乍(作)羞鬲  畢仲弁簠 mt05912 乍(作)爲其北膳簠	 䱷侯鮇盨 04428 乍(作)…旅簋  滕侯蘇盨 mt05620 乍(作)…旅簋	 薛侯盤 10133 乍(作)…賸盤  薛侯匜 10263 乍(作)…賸匜	 走馬薛仲赤簠 04556 自乍(作)其簠  薛子仲安簠 04547 乍(作)旅簠	 薛子仲安簠 04546.1 乍(作)旅簠  薛子仲安簠 04546.2 乍(作)旅簠
		 司馬楙鎛 eb49 俾乍(作)司馬于滕  司馬楙鎛 eb49 乍(作)宗彝			
郳		滕	薛		

 郜召簠q xs1042 乍(作)爲其旅筐  郜召簠g xs1042 乍(作)爲其旅筐	 郜伯祀鼎 02602 乍(作)膳鼎  郜伯鼎 02601 肇乍(作)…膳鼎	 郜造譴鼎 02422 乍(作)寶鼎 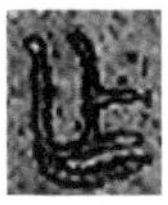 郜譴簋 mt05022 乍(作)寶簋	 郜譴簋 04040.1 乍(作)寶簋  郜譴簋 04040.2 乍(作)寶簋	 鑄子叔黑臣鼎 02587 肇乍(作)寶鼎  鑄子叔黑臣盨 04423 肇乍(作)寶盨	 鑄子叔黑臣盨 mt05608 肇乍(作)寶盨  鑄子叔黑臣簠 04570.1 肇乍(作)寶盍
				 祝司寇獸鼎 02474 肇乍(作)寶鼎  鑄司寇鼎 xs1917 肇乍(作)䵼鼎	 槷姬鬲 xs1070 乍(作)…羞鬲
郜				鑄	

 鑄子叔黑臣簠 04570.2 肈乍(作)寶藍	 叔黑臣匜 10217 乍(作)寶匜	 鑄子叔黑臣鬲 00735 肈乍(作)寶鬲	 鑄叔作嬴氏簠 04560.1 乍(作)…寶藍	 鑄子獛匜 10210 乍(作)匜	 鑄公簠蓋 04574 乍(作)…賸藍
 鑄子叔黑臣簠 04571.2 肈乍(作)寶藍	 鑄子叔黑臣簋 03944 肈乍(作)寶簋	 鑄叔作嬴氏鼎 02568 乍(作)…寶鼎	 鑄叔作嬴氏簠 04560.2 乍(作)…寶藍	 鑄侯求鐘 00047 乍(作)…賸鐘	 鑄叔盤 mt14456 乍(作)…賸盤

鑄

 齊侯子行匜 10233 乍(作)其寶匜	 齊縈姬盤 10147 乍(作)寶盤	 齊趫父鬲 00685 乍(作)…寶鬲	 齊侯匜 10242 乍(作)…寶匜	 齊伯里父匜 mt14966 乍(作)…媵匜	
 齊侯匜 10272 乍(作)…寶匜	 齊良壺 09659 乍(作)壺盂	 齊趫父鬲 00686 乍(作)…寶鬲	 齊侯盤 10117 乍(作)…寶盤	 齊不起鬲 mt02926 乍(作)…尊鬲	
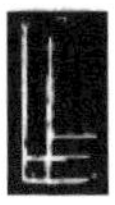 齊侯鎛 00271 乍(作)…寶鎛	 齐侯作孟姜敦 04645 乍(作)媵…膳敦	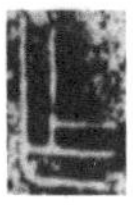 齊侯盤 10159 乍(作)媵…盥盤	 叔夷鐘 00277.2 其乍(祚)福元孫	 齊医敦 04638 乍(作)飤敦	 齊医敦 04639.2 乍(作)飤敦
 齊侯盂 10318 乍(作)媵…寶盂	 齊侯匜 10283 乍(作)媵…盥盤	 齊侯鼎 mt02363 乍(作)媵…膳鼎	 叔夷鎛 00285.7 其乍(祚)福元孫	 齊医敦 04639.1 乍(作)飤敦	 齊侯作孟姬盤 10123 乍(作)…寶盤
 公子土折壺 09709 乍(作)…之盤壺					

	 弗奴父鼎 02589 乍(作)…賸鼎				 己華父鼎 02418 乍(作)寶鼎  己侯壺 09632 乍(作)鑄壺
 姬寏母豆 04693 乍(作)…豆		 篖叔之仲子平鐘　00172 自乍(作)鑄其游鐘  篖叔之仲子平鐘　00174 自乍(作)鑄其游鐘	 篖叔之仲子平鐘　00175 自乍(作)鑄其游鐘  篖叔之仲子平鐘　00177 自乍(作)鑄其游鐘	 篖叔之仲子平鐘　00180 自乍(作)鑄其游鐘	
		 篖太史申鼎 02732 乍(作)其造(竈)鼎十  鄘侯少子簋 04152 乍(作)…祭器八簋	 鄘平壺 xs1088 乍(作)其盥□壺		
齊	費	莒			紀

 㠱侯弟叟鼎 02638 乍(作)寶鼎  㠱甫人匜 10261 乍(作)寶匜	 㠱侯簋 xs1462 乍(作)…媵尊簋  㠱伯子庭父盨 04442.2 乍(作)其征盨	 㠱伯子庭父盨 04443.1 乍(作)其征盨  㠱伯子庭父盨 04443.2 乍(作)其征盨	 㠱伯子庭父盨 04444.1 乍(作)其征盨  㠱伯子庭父盨 04444.2 乍(作)其征盨	 㠱伯子庭父盨 04445.1 乍(作)其征盨  㠱伯子庭父盨 04445.2 乍(作)其征盨	 夆叔盤 10163 乍(作)…盥盤  夆叔匜 10282 乍(作)…盥盤
 㠱公壺 09704 乍(作)爲…媵盥壺					
㠱					逄

 干氏叔子盤 10131 乍(作)…媵盤  鄀甘辜鼎 xs1091 肇乍(作)尊鼎	 上曾太子鼎 02750 自乍(作)䵼彝	 鄧公簋 03775 乍(作)…媵簋  鄧公簋 03776 乍(作)…媵簋	 鄧公簋 03858 乍(作)旅簋  鄧公簋蓋 04055 以乍(迮)鄧公	 鄧公匜 10228 自乍(作)盥匜  伯氏始氏鼎 02643 乍(作)…饙鼎	 鄧伯吉射盤 10121 自乍(作)盥盤  鄧公牧簋 03590.1 乍(作)餴簋
 華孟子鼎 mx0207 乍(作)…媵寶鼎  高平戈 11020 乍(作)戈	 此余王鼎 mx0220 乍(作)鑄其小鼎	 鄧公乘鼎 02573.1 自乍(作)飤䵼  鄧公乘鼎 02573.2 自乍(作)飤䵼			
 禾簋 03939 肇乍(作)…餴彝  拍敦 04644 乍(作)…祀彝	 鵬公劍 11651 自乍(作)元劍  𣪕巽鼎 hdkg 十二 自乍(作)鼎				
D		鄧			

 鄧公牧簋 03590.2 乍(作)𩜍簋  鄧公牧簋 03591 乍(作)𩜍簋	 鄧子伯鼎甲 jk2022.3 自乍(作)小陵鼎  鄧子伯鼎乙 jk2022.3 自乍(作)小陵鼎	 昜媢鼎 ms0225 乍(作)寶鼎	 樊君鬲 00626 乍(作)…賸器寶鬻 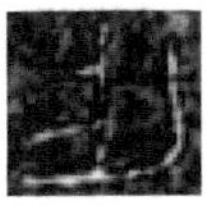 樊孫伯渚鼎 mx0197 自乍(作)寶鼎		
			 樊君匜 10256.1 自乍(作)盥匜  樊君匜 10256.2 自乍(作)盥匜	 樊君盆 10329.1 自乍(作)寶盆  樊君盆 10329.2 自乍(作)寶盆	 樊夫人龍嬴壺 09637 自乍(作)行壺  樊夫人龍嬴匜 10209 自乍(作)行匜
			 樊季氏孫仲𩰫鼎　02624.1 自乍(作)𥗱沱  樊季氏孫仲𩰫鼎　02624.2 自乍(作)𥗱沱		
鄧		唐	樊		

	 黃仲匜 10214 自乍(作)𨟽匜  黃季鼎 02565 乍(作)…寶鼎	 叔單鼎 02657 自乍(作)鼎  奚□單匜 10235 自乍(作)寶匜	 奚子宿車鼎 02603.1 乍(作)行鼎  奚子宿車鼎 02603.2 乍(作)行鼎	 奚子宿車鼎 02604.1 乍(作)行鼎  奚子宿車鼎 02604.2 乍(作)行鼎	 郟季寬車匜 10234 自乍(作)行匜  郟季寬車盤 10109 自乍(作)行盤
 樊夫人龍嬴鬲 00675 自乍(作)行鬲  樊夫人龍嬴鬲 00676 自乍(作)行鬲	 伯亞臣鐳 09974 自乍(作)鐳  黃子鬲 00624 乍(作)…器	 黃子鬲 00687 乍(作)…行器  黃子鼎 02566 乍(作)…行器	 黃子鼎 02567 乍(作)…器 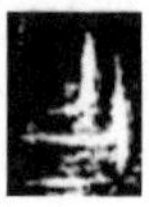 黃子豆 04687 乍(作)…行器	 黃子豆 xs93 乍(作)…行器  黃子盉 09445 乍(作)…行器	 黃子器座 10355 乍(作)…器  黃子壺 09663 乍(作)…行器
	 黃韋俞父盤 10146 自乍(作)飤器				
樊	黃				

 黄子季庚臣簠 ms0589 自乍(作)匡韲					
 黄子壺 09664 乍(作)…行器	 黄子盤 10122 乍(作)…行器	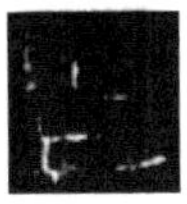 黄君孟豆 04686 自乍(作)行器	 黄君孟壺 xs91 自乍(作)行器	 黄君孟盤 10104 自乍(作)行器	 黄君孟壺 ms1054 自乍(作)行器
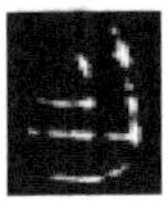 黄子鐳 xs94 乍(作)…行器	 黄君孟鼎 02497 自乍(作)行器	 黄君孟壺 09636 自乍(作)行器	 黄君孟鐳 09963 自乍(作)行器	 黄君孟匜 10230 自乍(作)行器	 黄君孟豆 ms0606 自乍(作)行器

黄

					 番口伯者君盤 10139 自乍(作)寶盤  番口伯者君盤 10140 自乍(作)旅盤
 黃君孟鐳 ms1176 自乍(作)行器  黃子豆 ms0608 自乍(作)行器	 黃太子白克盤 10162 乍(作)…賸盤  黃太子白克盆 10338 乍(作)其籐盆	 伯遊父壺 mt12412 乍(作)其旅壺  伯遊父壺 mt12413 乍(作)其旅壺	 伯遊父鐳 mt14009 乍(作)其尊鐳  伯遊父盤 mt14510 乍(作)其沫盤	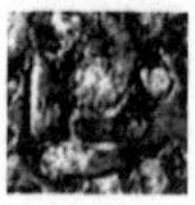 伯遊父卮 mt19239b 乍(作)其旅卮	 番子鼎 ww2012.4 自乍(作)飤鼎  番君召簠 ms0567 乍(作)籐匲
					 鄱子成周鐘 mt15256 自乍(作)龢鐘  鄱子成周鐘 mt15257 自乍(作)龢鐘
黃					番

 番□伯者君匜 10268 自乍(作)寶匜	 番君酛伯鬲 00732 自乍(作)寶鼎	 番君酛伯鬲 00734 自乍(作)寶鼎	 番昶伯者君鼎 02618 自乍(作)寶鼎	 番伯□孫鬲 00630 自乍(作)寶鬲	 番叔壺 xs297 自乍(作)寶壺
 番□伯者君匜 10269 自乍(作)寶匜	 番君酛伯鬲 00733 自乍(作)寶鼎	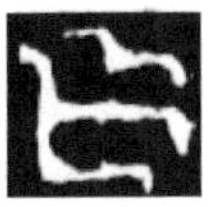 番昶伯者君鼎 02617 自乍(作)寶鼎	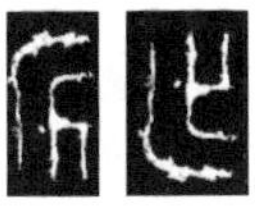 番伯畬匜 10259 自乍(作)匜	 番君匜 10271 乍(作)自寶匜	
 番君召簠 04582 乍(作)鐈ä¿	 番君召簠 04584 乍(作)鐈ä¿	 番君召簠 04586 乍(作)鐈ä¿			
 番君召簠 04583 乍(作)鐈ä¿	 番君召簠 04585 乍(作)鐈ä¿	 番君召簠 04587 乍(作)鐈ä¿			
 鄱子成周鐘 xs286 自乍(作)龢鐘					

番

 曾伯文簋 04051.1 自乍(作)寶簋	 曾伯文簋 04052.1 自乍(作)寶簋	 曾伯文簋 04053 自乍(作)寶簋	 曾伯文鑐 09961 自乍(作)厥飲鑐	 曾仲大父蝨段 04203 用自乍(作)寶簋	 曾仲大父蝨段 04204.2 用自乍(作)寶簋
 曾伯文簋 04051.2 自乍(作)寶簋	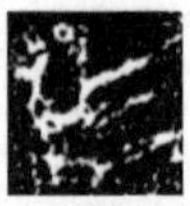 曾伯文簋 04052.2 自乍(作)寶簋	 曾伯文簋 t05237 自乍(作)寶簋	 炍右盤 10150 自乍(作)用其吉金寶盤	 曾仲大父蝨段 04204.1 用自乍(作)寶簋	 伯斀鬲 00592 自乍(作)尊鬲
 曾公畎鎛鐘 jk2020.1 自乍(作)龢鎛宗彝	 曾公畎甬鐘 B jk2020.1 自乍(作)龢鎛宗彝	 嬭加編鐘 kg2020.7 余非敢乍(作)聭(恥)	 嬭加鎛乙 ms1283 自乍(作)宗彝龢鐘	 曾子㞷簠 04528.1 自乍(作)行器	 曾子㞷簠 04529.2 自乍(作)行器
 曾公畎甬鐘 A jk2020.1 自乍(作)龢鎛宗彝		 嬭加鎛乙 ms1283 乍(作)辝邦家	 曾公得鋪 ms600 自乍(作)薦鋪	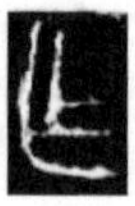 曾子㞷簠 04528.2 自乍(作)行器	
 曾孫無娸鼎 02606 自乍(作)飤繁	 曾子叔犾父簠蓋　04544 乍(作)行器	 曾口口簠 04614 自乍(作)饙䀇	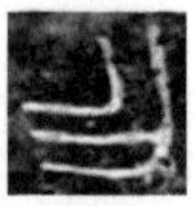 曾公叔考臣甗 ms0357 自乍(作)飤甗	 曾子義行簠g xs1265 自乍(作)飤䀇	 嫼盤 mx0948 自乍(作)盥盤
 曾孫史夷簠 04591 乍(作)飤簋	 曾子口簠 04588 自乍(作)飤䀇			 曾子義行簠q xs1265 自乍(作)飤䀇	

曾

曾侯仲子斿父鼎　02423
自乍(作)鷰彝

曾仲斿父簠
04673
自乍(作)寶簠

曾仲斿父方壺
09628.1
自乍(作)寶尊壺

曾仲斿父方壺
09629.2
自乍(作)寶尊壺

曾子仲謱甗
00943
自乍(作)旅甗

曾伯陭壺
09712.1
自乍(作)醴壺

曾侯仲子斿父鼎　02424
自乍(作)鷰彝

曾仲斿父簠
04674
自乍(作)寶簠

曾仲斿父方壺
09629.1
自乍(作)寶尊壺

曾師季𩏩盤
10138
自乍(作)寶盤

曾子仲謱鼎
02620
自乍(作)鷰彝

曾伯陭壺
09712.4
自乍(作)醴壺

曾孟嬶諫盆
10332.1
乍(作)䵼盆

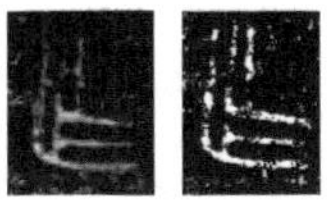
湛作季嬴鼎甲
kx2021.1
湛乍(作)季嬴飤鼎

湛作季嬴簋乙
kx2021.1
湛乍(作)季嬴餗簋

湛作季嬴簋丁
kx2021.1
湛乍(作)季嬴餗簋

湛作季嬴鬲乙
kx2021.1
湛乍(作)季嬴鬲

湛作季嬴鬲丁
kx2021.1
湛乍(作)季嬴鬲

曾孟嬶諫盆
10332.2
乍(作)䵼盆

湛作季嬴簋甲
kx2021.1
湛乍(作)季嬴餗簋

湛作季嬴簋丙
kx2021.1
湛乍(作)季嬴餗簋

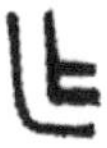
湛作季嬴鬲甲
kx2021.1
湛乍(作)季嬴鬲

湛作季嬴鬲丙
kx2021.1
湛乍(作)季嬴鬲

湛作季嬴壺甲g
kx2021.1
湛乍(作)季嬴尊壺

曾媾嬧朱姬簠g
xs530
曾媾𡢁邾姬乍(作)時(持)

曾侯邚戈
11094
曾侯邚乍(作)時(持))

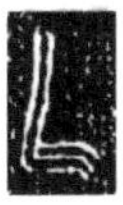
曾侯邚戟
11096
曾侯邚乍(作)時(持)

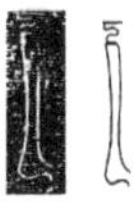
曾侯邚簠
eb460
曾侯邚乍(作)時(持)

曾侯邚簠
mx0477
曾侯邚乍(作)時(持)

曾媾嬧朱姬簠q
xs530
曾媾𡢁邾姬乍(作)時(持)

曾侯邚戈
11095
曾侯邚乍(作)時(持)

曾侯邚戟
11097
曾侯邚乍(作)時(持)

曾侯邚簠
eb460a
曾侯邚乍(作)時(持)

曾

 曾伯霥簠 04631 自乍(作)旅𥂴	 曾伯霥壺 ms1069 自乍(作)尊壺	 黄朱柢鬲 00609 乍(作)鬲	 曾伯宫父穆鬲 00699 自乍(作)寶尊鬲	 曾者子鼎 02563 用乍(作)鬺鼎	 曾侯簠 04598 叔姬霝乍(迮)黄邦
 曾伯霥簠 04632 自乍(作)旅𥂴	 曾子單鬲 00625 自乍(作)寶鬲	 黄朱柢鬲 00610 乍(作)鬲	 曾伯從寵鼎 02550 自乍(作)寶鼎	 曾仲子敔鼎 02564 自乍(作)寶鼎	 曾侯簠 04598 乍(作)…賸器𩰫彝
 湛作季嬴壺甲q kx2021.1 湛乍(作)季嬴尊壺	 湛作季嬴壺乙q kx2021.1 湛乍(作)季嬴尊壺	 曾侯宝鼎 mt02219 自乍(作)阩鼎	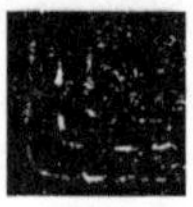 曾侯宝鼎 mx0187 自乍(作)阩鼎	 曾侯宝簋 mt04976 自乍(作)飤簋	 曾侯宝鼎 mx0185 自乍(作)阩鼎
 湛作季嬴壺乙g kx2021.1 湛乍(作)季嬴尊壺	 曾侯寶鼎 ms0265 自乍(作)升鼎	 曾侯宝鼎 mt02220 自乍(作)阩鼎	 曾侯宝簋 mt04975 自乍(作)飤簋	 曾侯宝壺 mt12390 自乍(作)尊壺	 曾侯宝鼎 mx0186 自乍(作)阩鼎

曾

 曾子白父匜 10207 自乍(作)尊匜	 曾大師賓樂與鼎　mt01840 乍(作)鼎	 鼄乎簋 04158.1 乍(作)寶簋	 曾大保盆 10336 自乍(作)旅盆	 曾孟嬴削簠 xs1199 自乍(作)行簠	 曾太保簠q ms0559 自乍(作)寶盂
 曾子伯窞盤 10156 自乍(作)旅盤	 鼄乎簋 04157.2 乍(作)寶簋	 鼄乎簋 04158.2 乍(作)寶簋	 曾太保慶盆 eb965 用乍(作)寶皿	 曾太保簠g ms0559 自乍(作)寶盂	 曾子㬈鼎 ms0210 自乍(作)行鼎

曾

 曾侯鼎 ms0224 乍(作)…媵□	 曾子壽鼎 mx0147 自乍(作)行器	 曾太保嬬簋 mx0425 自乍(作)寶簋	 伯克父鼎 ms0285 用自乍(作)寶鼎	 曾伯克父甗 ms0361 用乍(作)旅甗	 曾伯克父盨 ms0539 用乍(作)旅盨
 曾子斁鼎 mx0146 自乍(作)行器	 曾子伯皮鼎 mx0166 自乍(作)寶鼎	 曾子鼎 ms0210 自乍(作)行鼎	 曾伯克父簋 ms0509 自乍(作)大寶簋	 曾伯克父盨 ms0538 用乍(作)旅盨	 曾伯克父壺g ms1062 自乍(作)寶飤壺
曾					

 曾伯克父壺q ms1062 自乍(作)寶飤壺	 曾伯克父鐳 ms1174 自乍(作)飤鐳	 孟爾克母簠g ms0583 自乍(作)旅醢	 曾子牧臣壺 ms1407 自乍(作)行器	 曾侯子鎛 mt15763 自乍(作)行鎛	 曾侯子鎛 mt15765 自乍(作)行鎛
 曾伯克父壺 ms1063 自乍(作)寶飤壺	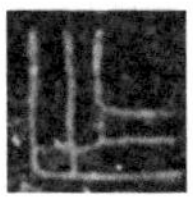 曾子牧臣鼎 ms0211 自乍(作)行器	 孟爾克母簠q ms0583 自乍(作)旅醢	 曾子牧臣壺 ms1408 自乍(作)行器	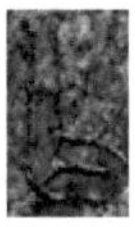 曾侯子鎛 mt15764 自乍(作)行鎛	 曾侯子鎛 mt15766 自乍(作)行鎛

曾

 蔡大善夫趣簠g xs1236 乍(作)其餴簠  蔡大善夫趣簠q xs1236 乍(作)其餴簠	 蔡太史鉶 10356 乍(作)其卮  蔡公子叔湯壺 xs1892 乍(作)其醴壺	 蔡侯鼎 xs1905 乍(作)…[鼎]			
 鄦中姬丹盤 xs471 乍(作)媵…盥盤  鄦中姬丹匜 xs472 乍(作)媵…會匜	 蔡大司馬燮盤 eb936 乍(作)媵…盥盤  蔡大司馬燮匜 mx0997 乍(作)媵…盥匜				
 蔡子匜 10196 自乍(作)會匜  蔡侯𩐉缶 10004 乍(作)…媵盥缶	 蔡侯紐鐘 00211.2 自乍(作)歌鐘  蔡侯紐鐘 00217.2 自乍(作)歌鐘	 蔡侯紐鐘 00218.2 自乍(作)歌鐘  蔡侯鎛 00222.2 自乍(作)歌鐘	 雌盤 ms1210 自乍(作)盥盤	 蔡侯產劍 11602 乍(作)威攴  蔡侯產劍 11603 乍(作)威攴	 自作用戈 11028 自乍(作)用戈
蔡					

 彭伯壺g xs315 自乍(作)醴壺 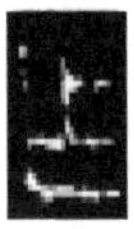 矩甗 xs970 乍(作)其旅甗	 鼄公彭宇簠 04610 自乍(作)𩰫䀇  鼄公彭宇簠 04611 自乍(作)𩰫䀇	 申比父豆g ms0604 乍(作)孟姜豆  申比父豆q ms0604 乍(作)孟姜豆			
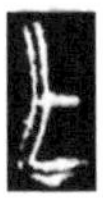 叔姜簠g xs1212 自乍(作)飤䀇  叔姜簠q xs1212 自乍(作)飤䀇	 彭子壽簠 mx0497 自乍(作)飤䀇  申公壽簠 mx0498 自乍(作)飤䀇	 彭子射盂鼎 mt02264 自乍(作)飤盂  彭子射兒簠 mt05884 自乍(作)飤䀇	 彭公孫無所鼎 eb299 自乍(作)湯鼎  無所簠 eb474 自乍(作)飤䀇	 申文王之孫簠 mt05943 自乍(作)食䀇  彭啓簠甲 ww2020.10 自乍(作)飤䀇	 彭啓簠丙g ww2020.10 自乍(作)飤䀇  彭啓簠丙q ww2020.10 自乍(作)飤䀇
CE					

	 蛣公諴簠 04600 乍(作)旅盨  上鄀公敄人簋蓋　04183 乍(作)尊簋	 鄀公平侯鼎 02771 自乍(作)尊盂  鄀公平侯鼎 02772 自乍(作)尊盂	 鄀公簠蓋 04569 乍(作)…尊盨  孟城瓶 09980 乍(作)爲行瓶	 鄀公諴鼎 02753 乍(作)尊鼎  上鄀太子平侯匜　ms1252 乍(作)盥匜	 鄀于子斯簠 04542 自乍(作)旅盨  鄀于子斯簠 04543 自乍(作)旅盨
 丁兒鼎蓋 xs1712 自乍(作)飤鼾					
CE					

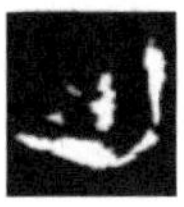 江小仲母生鼎 02391 自乍(作)用鬲	 邛君婦龢壺 09639 乍(作)其壺  伯戔盤 10160 自乍(作)沬盤	 伯戔盆g 10341 自乍(作)鎽𥂴  伯戔盆q 10341 自乍(作)鎽𥂴	 鄂侯夫人鼎 jjmy004 乍(作)…行鼎  鄂伯邍鼎 ms0241 乍(作)鬻鼎	 鄂姜鬲 jk2020.3 乍(作)羞鬲  鄂姜簠 jk2020.3 乍(作)旅簠	 鄂侯鐘 jk2020.3 鄂侯乍(作)  鄂侯作孟姬壺 ms1044 乍(作)…賸壺
 江叔螽鬲 00677 乍(作)其尊鬲	 叔師父壺 09706 乍(作)行具  竇君季𦖞鑑 mx0535 自乍(作)鑑盂				
CE					

 鄂姜簠 ms0552 乍(作)寶䀇	 鄂侯鬲 ms0319 乍(作)…行鬲	 鄂侯簋 ms0464 乍(作)…行簋	 鄂侯鐘 ms1263 鄂侯乍(作)	 鄂侯鐘 ms1265 鄂侯乍(作)	 䢅伯業鼎 02622 自乍(作)寶礴 盜
 鄂侯壺 M16 jk2019.4 乍(作)…賸壺	 鄂侯鼎 ms0230 乍(作)…行鼎	 𢆶人犀石匜 ms1246 乍(作)寶匜	 鄂侯鐘 ms1264 鄂侯乍(作)		 䢅伯墉盤 10130 自乍(作)寶鑑
					 郳伯受簠 04599.1 乍(作)…賸鍗 䀇
					 郳伯受簠 04599.2 乍(作)…賸鍗 䀇

CE

 䢅仲匜 mt14953 乍(作)寶匜	 䢅仲無龍鬲 00713 乍(作)寶鬲	 䢅伯𩵦父罍 mt13826 乍(作)寶罍	 䢅伯壺蓋 ms1057 乍(作)寶壺	 䢅帳伯壺 mx0831 乍(作)寶壺	 䢅帳伯壺 jjmy011 乍(作)寶壺
 䢅仲無龍匜 10249 乍(作)寶匜	 䢅仲無龍鬲 00714 乍(作)寶鬲	 䢅盤 10094 乍(作)寶盤	 䢅帳伯壺蓋 ms1058 乍(作)寶壺	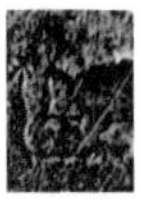 䢅仲侯盤 ms1206 自乍(作)寶盤	

CE

 鄁公鼎 02714 自乍(作)薦鼎	 鄁公簋 04017.1 乍(作)寶簋	 𢊁季伯歸鼎 02644 自乍(作)寶鼎	 伯歸臺盤 s14484 自乍(作)盥盤	 郘君㸑鼎 mx0198 乍(作)其鼎	 郭伯貝懋盤 mx0941 自乍(作)寶永用享
 鄁公簋 04016 用乍(作)寶簋	 鄁公簋 04017.2 用乍(作)寶簋	 𢊁季伯歸鼎 02645 自乍(作)寶鼎		 備兵鼎 jjmy007 乍(作)寶鼎	 醫子奠伯鬲 00742 乍(作)尊鬲

CE

	 幻伯隹壺 xs1200 乍(作)…寶壺  彭子仲盆蓋 10340 自乍(作)饙盆				
 鄎子行盆 10330.1 自乍(作)飤盆  鄎子行盆 10330.2 自乍(作)飤盆	 諆余鼎 mx0219 自乍(作)飤繁鼎  登鐸 mx1048 自乍(作)龢鐸	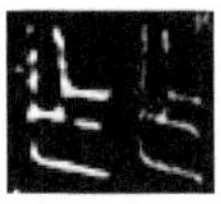 蔡子𩞁盞g xs1235 自乍(作)繁鼎  侯孫老簠g ms0586 乍(作)…媵䀇			
	 義子鼎 eb308 自乍(作)飤繁 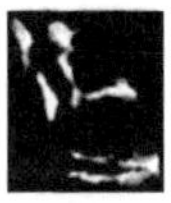 襄王孫盞 xs1771 自乍(作)飤盞	 虫子或鼎蓋 02286 自乍(作)飤鐈  羅兒匜 xs1266 自乍(作)盥匜	 侯古堆鎛 xs276 自乍(作)龢鐘  侯古堆鎛 xs278 自乍(作)龢鐘	 侯古堆鎛 xs279 自乍(作)龢鐘  侯古堆鎛 xs280 自乍(作)龢鐘	 侯古堆鎛 xs281 自乍(作)龢鐘
CE					

 楚季哶盤 10125 乍(作)…尊媵盥盤	 考叔㛣父簠 04608.1 自乍(作)尊𥂴	 考叔㛣父簠 04609.2 自乍(作)尊𥂴	 楚太師登鐘 mt15511a 自乍(作)鈴鐘	 楚太師登鐘 mt15513a 自乍(作)鈴鐘	 楚太師登鐘 mt15516a 自乍(作)鈴鐘
 中子化盤 10137 自乍(作)盥盤	 考叔㛣父簠 04608.2 自乍(作)尊𥂴	 塞公孫㛣父匜 10276 自乍(作)盥匜	 楚太師登鐘 mt15512a 自乍(作)鈴鐘	 楚太師登鐘 mt15514a 自乍(作)鈴鐘	 楚太師登鐘 mt15517 自乍(作)鈴鐘
 王子嬰次鐘 00052 自乍(作)龢鐘	 仲改衛簠 xs399 自乍(作)旅□	 東姬匜 xs398 自乍(作)會匜	 何次簠g xs403 自乍(作)飤𥂴	 何次簠g xs404 自乍(作)飤𥂴	 孟縢姬缶 10005 自乍(作)浴缶
 王子申盞 04643 乍(作)…盞盂	 仲改衛簠 xs400 自乍(作)旅𥂴	 何次簠 xs402 自乍(作)餴𥂴	 何次簠q xs403 自乍(作)飤𥂴	 何次簠q xs404 自乍(作)飤𥂴	 孟縢姬缶 xs416 自乍(作)浴缶
 王孫䨼簠 04501.2 乍(作)…飤𥂴	 子季嬴青簠 04594.1 自乍(作)飤𥂴	 褱鼎 02551.1 自乍(作)飤䃾鼾	 復公仲壺 09681 用乍(作)饗壺	 競之㝬鼎 mx0178 自乍(作)鬻彝鬳盎	 伽夫人嫘鼎 mt02425 乍(作)鑄迅鼎
 王子啓疆鼎 mt11690 自乍(作)飤緐	 子季嬴青簠 04594.2 自乍(作)飤𥂴	 褱鼎 02551.2 自乍(作)飤䃾鼾	 復公仲簋蓋 04128 用乍(作)…媵簋	 競之朝鼎 hnbw 自乍(作)鬻彝鬳盎	 伽夫人嫘鼎 mt02425 伽大尹嬴乍(作)之

楚

 楚太師登鐘 mt15518a 自乍(作)鈴鐘	 楚太師鄧子辥慎鎛 mx1045 自乍(作)鈴鐘				
 楚太師登鐘 mt15519b 自乍(作)鈴鐘	 楚王領鐘 00053.2 自乍(作)鈴鐘				
 敬事天王鐘 00073 自乍(作)永命(詠鈴)	 敬事天王鐘 00076 自乍(作)永命(詠鈴)	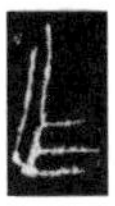 敬事天王鐘 00080.1 自乍(作)永命(詠鈴)	 王孫誥鐘 xs418 自乍(作)龢鐘	 王孫誥鐘 xs420 自乍(作)龢鐘	 王孫誥鐘 xs422 自乍(作)龢鐘
 敬事天王鐘 00075 自乍(作)永命(詠鈴)	 敬事天王鐘 00078.1 自乍(作)永命(詠鈴)	 楚子棄疾簠 xs314 自乍(作)飤藍	 王孫誥鐘 xs419 自乍(作)龢鐘	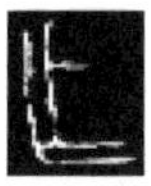 王孫誥鐘 xs421 自乍(作)[龢]鐘	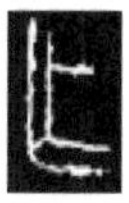 王孫誥鐘 xs423 自乍(作)龢鐘
 競之定鬲 mt03015 用乍(作)尊彝	 競之定鬲 mt03017 用乍(作)尊彝	 競之定鬲 m03019 用乍(作)尊彝	 競之定鬲 mt03021 用乍(作)尊彝	 競之定簋 mt04978 用乍(作)尊彝	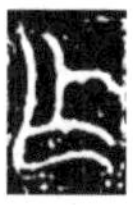 競之定豆 mt06150 用乍(作)尊彝
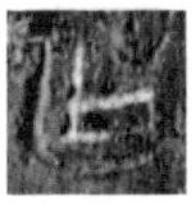 競之定鬲 mt03016 用乍(作)尊彝	 競之定鬲 mt03018 用乍(作)尊彝	 競之定鬲 mt03020 用乍(作)尊彝	 競之定鬲 mt03022 用乍(作)尊彝	 競之定簋 mt04979 用乍(作)尊彝	 競之定豆 mt06151 用乍(作)尊彝
楚					

 王孫誥鐘 xs424 [自]乍(作)龢鐘  王孫誥鐘 xs425 自乍(作)龢鐘	 王孫誥鐘 xs426 自乍(作)龢鐘  王孫誥鐘 xs427 自乍(作)龢鐘	 王孫誥鐘 xs428 自乍(作)龢鐘  王孫誥鐘 xs429 自乍(作)龢鐘	 王孫誥鐘 xs430 自乍(作)龢鐘  王孫誥鐘 xs434 自乍(作)龢鐘	 王孫誥鐘 xs433 自乍(作)龢鐘  王孫誥鐘 xs443 自乍(作)龢鐘	 王孫遺者鐘 00261.1 自乍(作)龢鐘  薦鬲 xs458 自乍(作)薦鬲
 子辛戈 xs526 自乍(作)用戈					

楚

 飤簠g xs475 自乍(作)飤簠	 飤簠q xs476 自乍(作)飤簠	 飤簠q xs478 自乍(作)飤簠	 發孫虜鼎g xs1205 自乍(作)飤鼎	 發孫虜簠 xs1773 自乍(作)飤簠	 王子吳鼎 02717 自乍(作)飤鼾
 飤簠g xs476 自乍(作)飤簠	 飤簠g xs478 自乍(作)飤簠	 飤簠q xs477 乍(作)飤簠	 發孫虜鼎q xs1205 自乍(作)飤鼎		 王子吳鼎 mt02343b 自乍(作)飤鼾

楚

 王子午鼎 02811.2 自乍(作)𩱦彝 䵼鼎  王子午鼎q xs444 自乍(作)𩱦彝 𩰫鼎	 王子午鼎 xs445 自乍(作)𩱦彝 𩰫鼎  王子午鼎 xs446 自乍(作)𩱦彝 𩰫鼎	 王子午鼎q xs447 自乍(作)𩱦彝 𩰫鼎  王子午鼎 xs449 自乍(作)𩱦彝 𩰫鼎	 鄬子受鐘 xs505 乍(作)𩱦彝歌 鐘  鄬子受鐘 xs507 乍(作)𩱦彝歌 鐘	 鄬子受鐘 xs511 乍(作)𩱦彝歌 鐘  鄬子受鎛 xs513 乍(作)𩱦彝歌 鐘	 鄬子受鎛 xs514 乍(作)𩱦彝歌 鐘  鄬子受鎛 xs515 乍(作)𩱦彝歌 鐘
 競孫旟也鬲 mt03036 乍(作)鑄䵼彝  楚王酓恷盤 mt14402 楚王熊恷乍(作) 持盥盤	 楚王酓恷匜 mt14869 楚王熊恷乍(作) 持  王子臣俎 mt06321 乍(作)…彝				
楚					

 鄦子受鎛 xs516 乍(作)䵼彝歌鐘  鄦子受鎛 xs518 乍(作)䵼彝歌鐘	 鄦子受鎛 xs520 乍(作)䵼彝歌鐘	 童麗君柏簠q mx0494 乍(作)其飤簠  童麗君柏簠g mx0494 乍(作)其飤簠	 童麗君柏簠q mx0495 乍(作)其飤簠  童麗君柏簠g mx0495 乍(作)其飤簠	 童麗君柏鐘 mx1016 乍(作)其行鐘  童麗君柏鐘 mx1017 乍(作)其行鐘	 童麗君柏鐘 mx1018 乍(作)其行鐘  童麗君柏鐘 mx1019 乍(作)其行鐘
		 九里墩鼓座 00429.1 自乍(作)𪔛鼓			
楚		鍾離			

 童麗君柏鐘 mx1020 乍(作)其行鐘  童麗君柏鐘 mx1021 乍(作)其行鐘	 童麗君柏鐘 mx1022 乍(作)其行鐘  童麗君柏鐘 mx1023 乍(作)其行鐘	 童麗君柏鐘 mx1024 乍(作)其行鐘  季子康鎛 mt15787a 自乍(作)龢鐘	 季子康鎛 mt15790a 自乍(作)龢鐘	 次□缶 xs1249 自乍(作)𠦜(盥)缶  宜桐盂 10320 乍(作)鑄飤盂	 徐王容巨戟 mx1230 自乍(作)元其□戈
				 沇兒鎛 00203.1 自乍(作)龢鐘  徐王義楚盤 10099 自乍(作)盥盤	 郐令尹者旨𦉜爐　10391 自乍(作)爐盤  郐諧尹征城 00425.1 自乍(作)征城
鍾離				徐	

 庚兒鼎 02715 自乍(作)飤繁  庚兒鼎 02716 自乍(作)飤繁					
 郐䣄尹譬鼎 02766.1 自乍(作)湯鼎  郐䣄尹譬鼎 02766.2 自乍(作)湯鼎	 徐王義楚之元子劍 11668 自乍(作)用劍	 之乘辰鐘 xs1409 自乍(作)其鐲  之乘辰鐘 xs1409 而乍쯌夫叴之貴姓(甥)	 遷邟鐘 mt15520 乍(作)鑄龢鐘  遷邟鐘 mt15520 乍(作)鑄龢鐘	 遷邟鐘 mt15521 乍(作)鑄龢鐘  遷邟鐘 mt15521 乍(作)鑄龢鐘	 遷邟鎛 mt15796 乍(作)鑄龢鐘  遷邟鎛 mt15796 乍(作)鑄龢鐘
徐			舒		

			 者𣿌鐘 00194 自乍(作)[謡鐘]  者𣿌鐘 00196 自乍(作)[謡]鐘	 者𣿌鐘 00197.1 自乍(作)謡鐘  者𣿌鐘 00198.1 自乍(作)謡鐘	 者𣿌鐘 00199 自乍(作)謡[鐘]  者𣿌鐘 00201 自乍(作)謡鐘
 𨘋邟鎛 mt15794 乍(作)鑄龢鐘  𨘋邟鎛 mt15794 乍(作)鑄龢鐘	 𨘋邟鐘 mx1027 乍(作)鑄龢鐘  𨘋邟鐘 mx1027 乍(作)鑄龢鐘	 夫欧申鼎 xs1250 乍(作)鑄飤鼎	 工𪓰王姑發者坂劍 ms1617 自乍(作)元用  工𪓰王者返𪒠劍 zy2021.1 自乍(作)用劍	 姑發𦕢反劍 11718 自乍(作)元用  工𪒠季生匜 10212 乍(作)其盥會匜	 姑發諸樊之弟劍 xs988 乍(作)其元用劍  吴王餘眜劍 mx1352 自乍(作)元用劍
舒			吴		

 工盧王姑發者坂戈 wy03 自乍(作)元用  工盧大叔戈 mt17138 自乍(作)元用	 諸樊之子通劍 xs1111 自乍(作)元用  攻吴大叔盤 xs1264 自乍(作)行盤	 攻吴王姑發郊之子劍 xs1241 自乍(作)元用  攻吴矛 xs1263 自乍(作)□	 攻吴王叡䞨此郤劍 xs1188 自乍(作)元用劍  攻敔王盧収此郤劍 mt17947 自乍(作)其元用	 工勮王劍 11665 乍(作)元云用劍  攻敔王者彶叡虒劍 mt17946 自乍(作)元用劍	 攻敔王光劍 11620 自乍(作)用劍   攻敔王光劍 11654 自乍(作)用劍
		吴			

 攻敔王光劍 11666 自乍(作)用劍  吴王光劍 mt17919 自乍(作)用劍	 攻敔王光劍 mt17916 自乍(作)[用劍]  吴王光鐘 00224.6 以乍(作)寺吁龢鐘	 吴王光鐘 00224.27 以乍(作)寺吁[龢鐘] 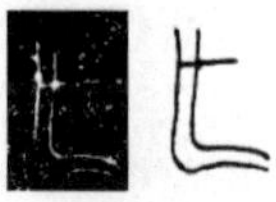 吴王光鑑 10299 以乍(作)…薦鑑	 吴王光鑑 10298 以乍(作)…薦鑑 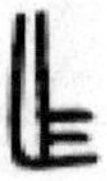 攻吴王光韓劍 xs1807 自乍(作)用劍	 吴王光鐘 00224.1 以乍(作)寺吁[龢鐘]  吴王光帶鈎 mx1387 乍(作)用鈎	 吴王光帶鈎 mx1388 乍(作)用鈎  吴王光帶鈎 mx1390 乍(作)用鈎

吴

 攻敔王光鐸 mx1047 自乍(作)用  臧孫鐘 00093 自乍(作)龢鐘	 臧孫鐘 00094 自乍(作)龢鐘  臧孫鐘 00095 自乍(作)龢鐘	 臧孫鐘 00096 自乍(作)龢鐘  臧孫鐘 00097 自乍(作)龢鐘	 臧孫鐘 00098 自乍(作)龢鐘  臧孫鐘 00099 自乍(作)龢鐘	 臧孫鐘 00101 自乍(作)龢鐘  攻吴王之孫盉 xs1283 乍(作)爲鍌	 攻敔王劍 11636 自乍(作)其元用  攻敔戟 11258.2 自乍(作)用戟
吴					

 吴王夫差鑑 10294 自乍(作)御鑑  吴王夫差鑑 10295 自乍(作)御鑑	 吴王夫差鑑 10296 自乍(作)御鑑  攻吴王夫差鑑 mx1000 自乍(作)御鑑	 攻敔王夫差劍 11638 自乍(作)其元用  攻敔王夫差劍 11639 自乍(作)其元用	 吴王夫差矛 11534 自乍(作)用鍅  攻敔王夫差戈 11288 自乍(作)其用戈	 攻敔王夫差劍 11637 自乍(作)其元用  攻吴王夫差鑑 xs1477 自乍(作)御鑑	 吴王夫差劍 xs317 □乍(作)其元用  攻吴王夫差劍 xs1116 自乍(作)其元用
吴					

 攻吴王夫差劍 xs1523 自乍(作)其元用  攻吴王夫差劍 xs1551 自乍(作)其元用	 攻吴王夫差劍 xs1734 自乍(作)其元用 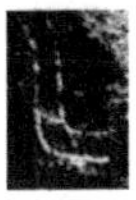  攻吴王夫差劍 xs1868 自乍(作)其元用	 攻吴王夫差劍 xs1876 自乍(作)其元用  攻吴王夫差劍 xs1895 自乍(作)其元用	 攻敔王夫差劍 mt17934 自乍(作)其元用  攻敔王夫差劍 mt17939 自乍(作)其元用	 吴王夫差缶 mt14082 自乍(作)御缶  陕伯戈 xs1906 乍(作)…徒戈	 攻敔王夫差劍 ms1592 自作其元用  攻敔王夫差劍 mx1341 自乍(作)其元用
吴					

 攻敔王夫差劍 mx1336 自乍(作)其元用	 配兒鉤鑃 00427.2 自乍(作)鉤□	 邗王是埜戈 11263.2 乍(作)爲元用	 冉鉦鋮 00428 自乍(作)鉦鋮	 吳王光戈 11255.1 自乍(作)用戈	 攻敔王光劍 zy2021.1 自乍(作)用劍
 工䱷大叔䣄矣劍　mx1345 自乍(作)元用	 䣄巢鎛 xs1277 自乍(作)龢鐘	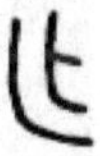 邗王是埜戈 xs1638 乍(作)爲元用	 冉鉦鋮 00428 乍(祚)以永鼓	 攻吳王光劍 xs1478 自乍(作)用劍	 吳王光逗劍 wy029 自乍(作)用劍

吳

 攻吾王光劍 wy030 自乍(作)用劍	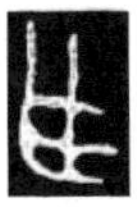 姑馮昏同之子句鑃　00424.2 自乍(作)商勾鑃	 𨛭王欱淺劍 11621.1 自乍(作)用劍	 越王者旨於睗鐘　00144 乍(作)龢鐘	 王用劍 mt17820 自乍(作)王用	 越王丌北古劍 11703 自乍(作)用旨自
 攻吾王光劍 wy031 自乍(作)用劍	 者尚余卑盤 10165 自乍(作)鑄其盤	 𨛭王欱淺劍 11621.2 自乍(作)用劍	  越王諸稽矛 xs1735 自乍(作)用矛	 越王劍 mt17868 自乍(作)用劍	 越王丌北古劍 11703 自乍(作)用旨自
吴	越				

 越王丌北古劍 11703 自乍(作)元之用之劍  越王丌北古劍 xs1317 自乍(作)用劍自	 越王丌北古劍 xs1317 自乍(作)用劍自  越王丌北古劍 xs1317 自乍(作)元之用之劍	 越王丌北古劍 wy098 自乍(作)永用之  越王丌北古劍 wy098 自乍(作)永用之	 越王丌北古劍 wy098 自乍(作)永之用之劍  能原鎛 00155.1 小者乍(作)心□	 能原鎛 00155.2 □□乍(作)尸(夷)□  能原鎛 00156.1 夷莒甚□者元作□	 能原鎛 00156.2 自余□□乍(作)
越					

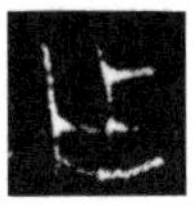 束仲萱父簋 mx0404 乍(作)鬻簋	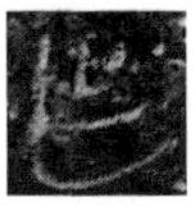 彔簋蓋甲 mx0392 乍(作)鬻簋	 天尹鐘 00005 天尹乍(作)元弄	 封仲甗 00933 乍(作)甗	 伯氏鼎 02443 乍(作)…羞鼎	 伯氏鼎 02446 乍(作)…羞鼎
 束仲萱父簋蓋 03924 乍(作)鬻簋	 彔簋蓋乙 mx0393 乍(作)鬻簋	 天尹鐘 00006 天尹乍(作)元弄	 封仲盤 10056 乍(作)盤	 伯氏鼎 02444 乍(作)…羞鼎	 伯氏鼎 02447 乍(作)…羞鼎
 掃片昶豯鼎 02570 乍(作)寶鼎	 □偖生鼎 02632 乍(作)寶鼎	 嘉子孟嬴指缶 xs1806 自乍(作)行缶	 鐘伯侵鼎 02668 自乍(作)石沱(碫鍦)	 仲義君鼎 02279 自乍(作)食繁	 瘶鼎 02569 乍(作)其鬻鼎
 掃片昶豯鼎 02571 乍(作)寶鼎	 □偖生鼎 02633 乍(作)寶鼎			 吴買鼎 02452 乍(作)雝(享)鼎用	 深伯鼎 02621 乍(作)鼎
 壬午吉日戈 mt17119 乍(作)元用玄鏐戈	 壬午吉日戈 mt17122 乍(作)元用玄鏐戈	 嘉子昜伯臚簠 04605.1 自乍(作)寶簠	 伯怡父鼎 eb312 自乍(作)遷鼎	 史宋鼎 02203 自乍(作)盂鼎	 何訇君鼎 02477 自乍(作)旅鼎
 壬午吉日戈 mt17121 乍(作)元用玄鏐戈	 壬午吉日戈 xs1979 乍(作)爲王用	 嘉子昜伯臚簠 04605.2 自乍(作)寶簠	 伯怡父鼎 eb313 自乍(作)遷鼎		 師麻孝叔鼎 02552 乍(作)旅鼎

 武生毁鼎 02522 乍(作)其□[羞]鼎	 大嗣馬簠 04505.1 自乍(作)飤薑	 䨻侯簠 04561 乍(作)…媵薑	 仲阪父盆g ms0619 乍(作)…寶盆	 叔牙父鬲 00674 乍(作)…尊鬲	 郳子良人甗 00945 自乍(作)飤甗
 武生毁鼎 02523 乍(作)其羞鼎	 大嗣馬簠 04505.2 自乍(作)飤薑	 䨻侯簠 04562 乍(作)…媵薑	 仲阪父盆q ms0619 乍(作)…寶盆	 右戲仲夏父鬲 00668 乍(作)豐鬲	 王孫壽甗 00946 自乍(作)飤甗
 伯□父簠 04535 乍(作)寶薑	 樂大司徒瓶 09981 乍(作)旅瓶	 般仲柔盤 10143 乍(作)其盤	 作司□匜 10260 乍(作)嗣(司)□彝	 □子季□盆 10339 自乍(作)鑄□盆	 王孫叔諲甗 mt03362 乍(作)鑄𨰻甗
	 永寶用享盤 10058 乍(作)其□	 大孟姜匜 10274 乍(作)盤匜	 作司□匜 10260 永乍(作)祜(福)	 𡢁妊車軎 12030 乍(作)安車	
 乙鼎 02607 自乍(作)飤繁	 □侯戈 11407.1 …母(毋)乍(作)其迹	 與子具鼎 xs1399 自乍(作)緐鼎	 尊父鼎 mt02096 乍(作)寶鼎	 痏父匜 mt14986 自乍(作)盥匜	
 要君盂 10319 自乍(作)𩚁盂			 揚鼎 mt02319 自乍(作)飤繁		

 叔姬鼎 02392 乍(作)…旅鼎  專車季鼎 02476 乍(作)寶鼎	 㡪㚘生鼎 02524 乍(作)…媵鼎  㚤仲簠 04534 乍(作)…媵𥂴	 伯筍父鼎 02513 乍(作)寶鼎  雍鼎 02521 乍(作)…尊鼎	 卓林父簋蓋 04018 乍(作)寶簋  𠳄仲之孫簋 04120 乍(作)□伯聯保簋	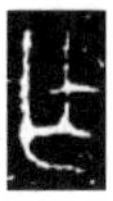 京叔姬簠 04504 乍(作)寶𥂴  伯其父簠 04581 乍(作)旅𥂴	 叔家父簠 04615 乍(作)…筐  右走馬嘉壺 09588 自乍(作)行壺
 □君戈 11157 乍(作)戈	 虡公劍 11663B 乍(作)爲用元劍	 虡公劍 eb1297 乍(作)元爲用  虡公劍 eb1298 乍(作)[爲元]用	 㪉鈹 mx1335 㪉乍(作)執鈹		

 子叔壺 09603.1 乍(作)…尊壺	 夢子匜 10245 乍(作)行彝	 史孔卮 10352 乍(作)和(卮)	 鼻作之元戈 11066 乍(作)之元戈	 圃公鼎 xs1463 自乍(作)盥鼎	 妝盎 ms0618 乍(作)旅盎
 華母壺 09638 自乍(作)瘍壺	 子叔𨹧内君盆 10331 乍(作)寶器	 伯駟父盤 10103 乍(作)…媵盤	 伯剌戈 11400 自乍(作)其元戈	 皇與匜 eb954 乍(作)匜	 自盤 ms1195 自乍(作)顯盤

匄

 叔皮父簋 04127 乍(作)……簋	 叔液鼎 02669 自乍(作)餗鼎	 伯索史盂 10317 乍(作)…寶盂	 召叔山父簠 04601 用匃眉壽	 竈乎簋 04157.1 用匃眉壽	 竈乎簋 04158.1 用匃眉壽
 魯宰两鼎 02591 乍(作)…寶鼎	 冶仲考父壺 09708 自乍(作)壺	 考征君季鼎 02519 乍(作)其盍鼎	 召叔山父簠 04602 用匃眉壽	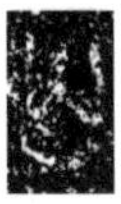 竈乎簋 04157.2 用匃眉壽	 竈乎簋 04158.2 用匃眉壽
			鄭	曾	

匿　　匽

	 秦公鐘 00263 以匽(宴)皇公  秦公鐘 00266 以匽(宴)皇公	 秦公鎛 00267.2 以匽(宴)皇公  秦公鎛 00268.2 以匽(宴)皇公	 秦公鎛 00269.2 以匽(宴)皇公	 虢季甗 ws2020.1 匽(燕)姬	
 文公之母弟鐘 xs1479 …不(丕)義又匿					 子犯鐘 xs1017 用匽(宴)用寧
		秦		虢	晉

 燕仲盨g kw2021.3 太保匽(燕)仲  燕仲盨q kw2021.3 太保匽(燕)仲	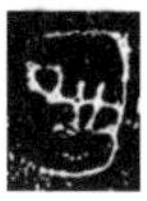 燕仲鼎 kw2021.3 太保匽(燕)仲  燕仲鼎 kw2021.3 太保匽(燕)仲	 燕仲盤 kw2021.3 太保匽(燕)仲  燕仲匜 kw2021.3 太保匽(燕)仲	 燕仲鬲 kw2021.3 匽(燕)仲太保  燕太子簋 kw2021.3 匽(燕)太子		
 匽公匜 10229 匽(燕)公  燕车軎 mt19015 匽(燕)□蠱軎					
 杕氏壺 09715 𪒠(吾)以匽(宴)飲				 子璋鐘 00113 用匽(宴)以喜  子璋鐘 00114 用匽(宴)以喜	 子璋鐘 00115.2 用匽(宴)以喜  子璋鐘 00116.2 用匽(宴)以喜
燕				許	

		 齊鞷氏鐘 00142.2 用匽(宴)用喜	 嬭加鎛丙 ms1284 匽(宴)喜飲飤	 王子嬰次鐘 00052 永用匽(宴)喜  王孫誥鐘 xs418 用匽(宴)以喜	 王孫誥鐘 xs419 用匽(宴)以喜  王孫誥鐘 xs420 用匽(宴)以喜
 子璋鐘 00117.2 用匽(宴)以喜  子璋鐘 00119 用匽(宴)以喜	 鄦子盟自鎛 00153 用匽(宴)以喜  鄦子盟自鎛 00154 用匽(宴)以喜		 曾侯與鐘 mx1034 匽(宴)樂爰饗		
許		齊	曾	楚	

 王孫誥鐘 xs421 用匽(宴)以喜	 王孫誥鐘 xs423 用匽(宴)以喜	 王孫誥鐘 xs426 用匽(宴)以喜	 王孫誥鐘 xs428 用匽(宴)以喜	 王孫誥鐘 xs431 用匽(宴)以喜	 王孫誥鐘 xs437 用匽(宴)以喜
 王孫誥鐘 xs422 用匽(宴)以喜	 王孫誥鐘 xs424 用匽(宴)以喜	 王孫誥鐘 xs427 用匽(宴)以喜	 王孫誥鐘 xs429 用匽(宴)以喜	 王孫誥鐘 xs436 用匽(宴)以喜	 王孫誥鐘 xs439 用匽(宴)以喜

楚

匹

			 戎生鐘 xs1615 䚇(紹)匹晉侯  晉姜鼎 02826 䚇(紹)匹辝辟		
 王孫誥鐘 xs441 用匽(宴)以喜  王孫遺者鐘 00261.2 用匽(宴)以喜		 文公之母弟鐘 xs1479 用匽(宴)樂諸父兄弟		 曾公㖃鎛鐘 jk2020.1 克仇匹周之文武  曾公㖃甬鐘 A jk2020.1 克仇匹周之文武	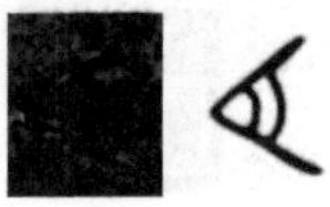 曾公㖃甬鐘 B jk2020.1 克仇匹周之文武  嬭加編鐘 kg2020.7 吾仇匹之
	 沇兒鎛 00203.2 以匽(宴)以喜				
楚	徐		晉	曾	

㔸　　匡

	 吴王御士簠 04527 旅匡(筐)			 郜召簠q xs1042 旅匡(筐)  郜召簠g xs1042 旅匡(筐)	 黄子季庚臣簠 ms0589 匡(筐)盬
 㔸君壶 09680 㔸君兹旃者		 陳公子中慶簠 04597 匡(筐)盬			
 㔸公戈 mx1106 㔸公之用			 曹公簠 04593 匡(筐)盬		
	虞	陳	曹	郜	黄

匜

		 叔家父簠 04615 作仲姬匡(筐)	 筍侯匜 10232 寶盄(匜)	 虢宮父匜 mt14895 作它(匜)  城父匜 mt14927 賸它(匜)	 賸金氏孫匜 10223 作寶它(匜)
 蔡侯簠g xs1896 寶匡(筐)盬  蔡侯簠q xs1896 寶匡(筐)盬	 蔡侯簠 xs1897 寶匡(筐)盬				
蔡			荀	虢	

 晉姞盤 mt14461 旅盤盔(匜)  晉姞匜 mt14954 旅盤盔(匜)	 郘湯伯匜 10188 作它(匜)  郘湯伯匜 10208 作它(匜)	 仲考父盤 jk2020.4 盤盔(匜)  仲考父匜 jk2020.4 旅盔(匜)	 燕仲匜 kw2021.3 作爲盔(匜)	 鄭伯盤 10090 盤它(匜)	 蘇公匜 xs1465 媵它(匜)
			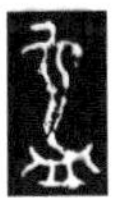 匽公匜 10229 盤盔(匜)	 鄭大内史叔上匜　10281 媵盔(匜)	
晉		黎	燕	鄭	蘇

	 戈伯匜 10246 寶鉈(匜)	 杞伯每亡匜 10255 寶它(匜)	 魯司徒仲齊匜 10275 寶它(匜)  魯伯愈父匜 10244 媵沬它(匜)	 魯大司徒子仲白匜　10277 媵它(匜)  魯伯匜 10222 寶它(匜)	 虖訇丘堂匜 10194 鎗(會)盤(匜)  孟嬴匜 mt14877 作[孟嬴]它(匜)
 陳伯元匜 10267 媵鉈(匜)  陳子匜 10279 媵鎜(匜)			 魯少司寇封孫宅盤　10154 媵盤它(匜)		
陳	戴	杞	魯		邾

 叔黑臣匜 10217 寶它(匜)  鑄子獛匜 10210 作它(匜)		 兒慶鼎 xs1095 它(匜)鼎  郳眉父鼎 jk2020.1 作它(匜)		 薛侯匜 10263 媵它(匜)	 齊侯子行匜 10233 寶它(匜)  齊侯匜 10272 寶它(匜)
	 取膚上子商匜 10253 鑄它(匜)				
		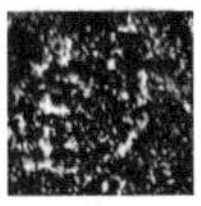 郳大司馬彊匜 ms1260 鉼鍉(匜)	 滕太宰得匜 xs1733 御鎣(匜)		 慶叔匜 10280 盥鎣(匜)
鑄	D	郳	滕	薛	齊

 齊侯匜 10242 寶它(匜)  齊伯里父匜 mt14966 作…賸鉈(匜)	 鄩仲匜 10266 寶它(匜)	 㠱甫人匜 10261 寶它(匜)  㠱伯庭父匜 10211 沬它(匜)		 鄧公匜 10228 盥它(匜)	
			 諸匜 sh696 作它(匜)		 樊君匜 10256.1 浣它(匜)  樊君匜 10256.2 浣它(匜)
齊	鄩	㠱	諸	鄧	樊

	 黄仲匜 10214 自作賸它(匜)  奚囗單匜 10235 寶它(匜)	 郰季寬車匜 10234 行盄(匜)	 番囗伯者君匜 10268 寶盄(匜)  番囗伯者君匜 10269 寶它(匜)	 番伯酓匜 10259 自作它(匜)  番君匜 10271 寶它(匜)	 曾子白父匜 10207 尊盄(匜)  夨叔匜 ms1257 賸孟姬元女盄(匜)盤
 樊夫人龍嬴匜 10209 行它(匜)					
					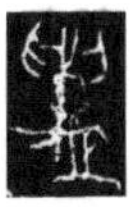 曾少宰黄仲酉匜　eb951 行盎(匜)  曾卖臣匜 eb948 會鉈(匜)
樊	黄		番		曾

		 上鄀太子平侯匜　ms1252 盥鉈(匜)	 䢅仲匜 mt14953 寶它(匜)  䢅仲無龍匜 10249 寶它(匜)		 楚嬴匜 10273 鑄其盄(匜)  塞公孫𢆶父匜 10276 盥盄(匜)
 鄬中姬丹匜 xs472 會盘(匜)  蔡大司馬燮匜 mx0997 作媵孟姬赤盥 盘(匜)					
 蔡侯龖匜 10189 盥鎜(匜)  蔡侯龖鑑 10290 尊鎜(匜)	 蔡叔季之孫䝊匜　10284 永寶用之盄(匜)			 遊孫癸鼎 ms0188 飤宕鉈(匜)  羅兒匜 xs1266 盥鉈(匜)	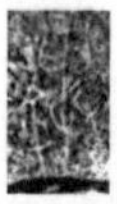 王子申匜 xs1675 鎗鎜(匜)
蔡		CE			楚

			匩	曲	𤖼
	 皇與匜 eb954 皇與作它(匜)		 梁姬罐 xs45 作糗匩	 曾子斿鼎 02757 惠于剌曲	
	 无疆匜 10264 □保用它(匜)  公父宅匜 10278 行它(匜)	 大孟姜匜 10274 盤盉(匜)			 晉公盤 mx0952 𤖼(將)廣啓邦
 工𠭯季生匜 10212 盥會盉(匜)	 痡父匜 mt14986 盥盉(匜)				
吳				曾	晉

	甗		瓶	彊	
		 王孫壽甗 00946 飤甗(甗)	 都于子瓶簠 04542 都于子瓶  都于子瓶簠 04543 都于子瓶	 秦子鎛 mt15771 萬人(年)無彊(疆)  秦公鐘 00263 眉壽無彊(疆)	 秦公鎛 00267.2 眉壽無彊(疆)  秦公鎛 00268.2 眉壽無彊(疆)
 趞亥鼎 02588 宋牆(莊)公					
	 曾公叔考臣甗 ms0357 飤甗(甗)				
宋	曾		CE	秦	

 秦公鎛 00269.2 眉壽無彊(疆)	 鄀仲甗鑑 mt14087 眉壽萬年無彊 (疆)	 虢季鐘 xs2 受福無彊(疆)  虢季鐘 xs3 受福無彊(疆)	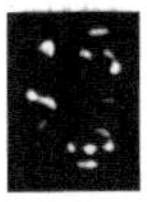 虢季鐘 xs4 受福無彊(疆)  虢季氏子組簋 03971 萬年無彊(疆)	 虢季氏子組簋 03972 萬年無彊(疆)  虢季氏子組簋 03973 萬年無彊(疆)	 虢季氏子組盤 ms1214 萬年無彊(疆)
秦	AB	虢			

 戎生鐘 xs1619 萬年無彊(疆)  晉姜鼎 02826 萬年無彊(疆)	 晉刑氏鼎 ms0247 萬年無彊(疆)	 燕仲鼎 kw2021.3 萬年無彊(疆)  燕仲鬲 kw2021.3 萬年無彊(疆)	 子耳鼎 mt02253 眉壽無彊(疆)	 穌公子段 04014 萬年無彊(疆)  穌公子段 04015 萬年無彊(疆)	 蘇公匜 xs1465 萬年眉壽無彊(疆)
 晉公盤 mx0952 彊武魯宿			 鄭大內史叔上匜　10281 萬年無彊(疆)		
晉		燕	鄭	蘇	

<table>
<tr>
<td>
毛叔盤
10145
眉壽無彊(疆)</td>
<td>
毛叔虎父簋g
mx0424
萬年無疆

毛叔虎父簋q
mx0424
萬年無疆</td>
<td>
毛叔虎父簋g
hx2021.5
萬年無疆

毛叔虎父簋q
hx2021.5
萬年無疆</td>
<td>
伯國父鼎
mx0194
萬壽無彊(疆)</td>
<td></td>
<td>
陳公子甗
00947
萬年無彊(疆)

原氏仲簠
xs395
萬年無彊(疆)</td>
</tr>
<tr>
<td></td>
<td></td>
<td></td>
<td>
許公簠g
mx0510
永命無彊(疆)</td>
<td>
許公簠g
mx0511
永命無彊(疆)

許公簠q
mx0511
永命無彊(疆)</td>
<td>
陳公子中慶簠
04597
萬年無彊(疆)

陳公孫𢂕父瓶
09979
萬年無彊(疆)</td>
</tr>
<tr>
<td></td>
<td></td>
<td></td>
<td>
鄦公買簠
04617.2
永命無彊(疆)</td>
<td>
鄦公買簠g
eb475
永命無彊(疆)

鄦公買簠q
eb475
永命無彊(疆)</td>
<td>
陳樂君甗
xs1073
眉壽無彊(疆)</td>
</tr>
<tr>
<td colspan="3">毛</td>
<td colspan="2">許</td>
<td>陳</td>
</tr>
</table>

 原氏仲簠 xs396 萬年無彊(疆)  原氏仲簠 xs397 萬年無彊(疆)					 𢦏叔朕鼎 02690 萬年無彊(疆)  𢦏叔朕鼎 02691 萬年無彊(疆)
 敶医作孟姜𡠛簠　04606 萬年無彊(疆)  敶医作孟姜𡠛簠　04607 萬年無彊(疆)	 敶医作王仲嬀𡠛簠　04603.1 眉壽無彊(疆)  敶医作王仲嬀𡠛簠　04603.2 眉壽無彊(疆)	 陳医盤 10157 萬年無彊(疆)  敶子匜 10279 萬年無彊(疆)	 敶大喪史仲高鐘　00350 眉壽無彊(疆)  敶大喪史仲高鐘　00353.1 眉壽無彊(疆)	 敶大喪史仲高鐘　00354.2 眉壽無彊(疆)  敶大喪史仲高鐘　00355.2 眉壽無彊(疆)	
陳					戴

 戈叔朕鼎 02692 萬年無彊(疆)  叔朕簋 04620 萬年無彊(疆)	 叔朕簋 04621 萬年無彊(疆)  叔朕簋 04622 萬年無彊(疆)		 侯母壺 09657.1 求福無彊(疆)  侯母壺 09657.2 求福無彊(疆)	 魯大司徒子仲白匜 10277 萬年無彊(疆)	
			 魯大司徒厚氏元簠 04689 萬年無彊(疆)  魯大司徒厚氏元簠 04690.1 萬年無彊(疆)	 魯大司徒厚氏元簠 04690.2 萬年無彊(疆)  魯大司徒厚氏元簠 04691.1 萬年無彊(疆)	 魯大司徒厚氏元簠 04691.2 萬年無彊(疆)
		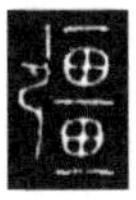 曹公盤 10144 眉壽無彊(疆)			
戴		曹	魯		

<table>
<tr>
<td>
鼄來隹鬲
00670
眉壽無彊(疆)

邾□白鼎
02640
眉壽無彊(疆)</td>
<td>
郳公子害簠g
mt05907
眉壽無彊(疆)

郳公子害簠q
mt05907
眉壽無彊(疆)</td>
<td>
郳公子害簠
mt05908
萬年眉壽無彊(疆)</td>
<td>
僉父瓶g
mt14036
眉壽無彊(疆)

僉父瓶q
mt14036
眉壽無彊(疆)</td>
<td>
郜召簠q
xs1042
使受福毋有彊(疆)

郜召簠g
xs1042
使受福毋有彊(疆)</td>
<td>
郜伯祀鼎
02602
眉壽無彊(疆)</td>
</tr>
<tr>
<td></td><td></td><td></td><td></td><td></td><td></td>
</tr>
<tr>
<td>
鼄大宰鐘
00086.2
萬年無彊(疆)

鼄公華鐘
00245
萬年無彊(疆)</td>
<td>
郳大司馬彊盤
ms1216
郳大司馬彊

郳大司馬彊匜
ms1260
郳大司馬彊</td>
<td>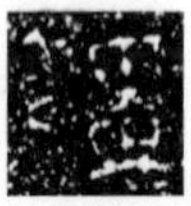
郳大司馬鈚
ms1177
郳大司馬□子彊父

郳大司馬鈚
ms1177
眉壽亡(無)彊</td>
<td>
郳大司馬彊匜
ms1260
眉壽無彊(疆)</td>
<td></td>
<td></td>
</tr>
<tr>
<td>邾</td>
<td colspan="3">郳</td>
<td colspan="2">郜</td>
</tr>
</table>

	 齊侯匜 10272 萬年無彊(疆)  齊縈姬盤 10147 萬年無彊(疆)		 尋仲盤 10135 萬年無彊(疆)  尋仲匜 10266 萬年無彊(疆)	 曩伯子宼父盨 04442.1 眉壽無彊(疆)  曩伯子宼父盨 04442.2 眉壽無彊(疆)	 曩伯子宼父盨 04443.1 眉壽無彊(疆)  曩伯子宼父盨 04443.2 眉壽無彊(疆)
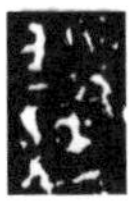 洹子孟姜壺 09729 萬年無彊(疆)  洹子孟姜壺 09730 萬年無彊(疆)	 齊侯作孟姜敦 04645 萬年無彊(疆)  齊侯匜 10283 萬年無彊(疆)	 齊侯盤 10159 萬年無彊(疆)  齊侯鼎 mt02363 萬年無彊(疆)			
齊			鄩	曩	

 曩伯子宼父盨 04444.1 眉壽無彊(疆)  曩伯子宼父盨 04444.2 眉壽無彊(疆)	 曩伯子宼父盨 04445.1 眉壽無彊(疆)  曩伯子宼父盨 04445.2 眉壽無彊(疆)	 哀鼎g mt02311 萬年無彊(疆)  哀鼎q mt02311 萬年無彊(疆)		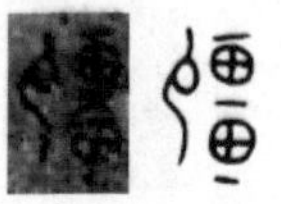 鄧公孫無忌鼎 xs1231 永壽無彊(疆)	 叔單鼎 02657 萬年無彊(疆)
			 此余王鼎 mx0220 永□□無彊(疆)  華孟子鼎 mx0207 眉壽萬年無彊(疆)		 黄太子白克盤 10162 萬禾(年)無彊(疆)  黄太子白克盆 10338 眉壽無彊(疆)
曩			D	鄧	黄

			 番君𨟻伯鬲 00732 萬年無彊(疆)  番君𨟻伯鬲 00733 萬年無彊(疆)	 番君𨟻伯鬲 00734 萬年無彊(疆)  番伯酓匜 10259 萬年無彊(疆)	 曾子伯窞盤 10156 萬年無彊(疆)
 伯遊父壺 mt12412 眉壽無彊(疆)  伯遊父壺 mt12413 眉壽無彊(疆)	 伯遊父鐳 mt14009 萬年無彊(疆)  伯遊父盤 mt14510 眉壽無彊(疆)	 伯遊父卮 mt19239b 眉壽無彊(疆)  伯亞臣鐳 09974 萬年無彊(疆)	 番子鼎 ww2012.4 眉壽无彊(疆)		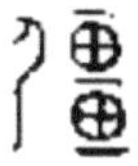 曾公畩鎛鐘 jk2020.1 [南]方無彊(疆)  曾公畩鎛鐘 jk2020.1 復我土彊(疆)
					 曾侯與鐘 mx1034 珥終無疆  曾侯殘鐘 mx1031 改復曾疆
黃			番		曾

 曾伯陭壺 09712.3 大福無彊(疆)  曾伯陭壺 09712.5 大福無彊(疆)	 曾伯霥簠 04631 眉壽無彊(疆)  曾伯霥簠 04632 眉壽無彊(疆)	 曾師季𩊚盤 10138 [祈]富(福)無彊(疆)  曾伯克父簋 ms0509 多福無彊(疆)			 蔡大善夫趣簠g xs1236 眉壽無彊(疆)  蔡大善夫趣簠q xs1236 眉壽無彊(疆)
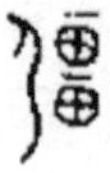 曾公畎鎛鐘 jk2020.1 眉壽無彊(疆)  曾公畎甬鐘A jk2020.1 [南]方無彊(疆)	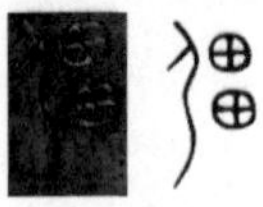 曾公畎甬鐘A jk2020.1 眉壽無彊(疆)  曾公畎甬鐘B jk2020.1 復我土彊(疆)	 曾公畎甬鐘B jk2020.1 眉壽無彊(疆) 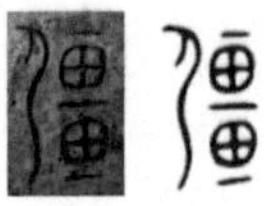 曾公畎甬鐘B jk2020.1 南方無疆	 嬭加編鐘 kg2020.7 余復其彊(疆)鄙  嬭加鎛丙 ms1284 受福無彊(疆)	 曾子仲宣鼎 02737 萬年無彊(疆)	 鄢中姬丹盤 xs471 萬年無彊(疆)  鄢中姬丹匜 xs472 萬年無彊(疆)
 曾孫無期鼎 02606 眉壽無彊(疆)		 曾□□簋 04614 眉壽無彊(疆)			 蔡大師鼎 02738 萬年無彊(疆)  蔡叔季之孫貫匜　10284 萬年無彊(疆)
曾					蔡

 蔡公子叔湯壺 xs1892 眉壽無彊(疆)		 矩甗 xs970 眉壽無彊(疆)	 鼄公彭宇簠 04610 萬年無彊(疆)  鼄公彭宇簠 04611 萬年無彊(疆)	 上鄀公敄人簋 蓋　04183 萬年無彊(疆) 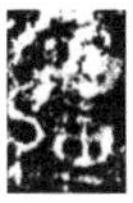 鄀公敄人鐘 00059 萬年無彊(疆)	 鄀公平侯鼎 02771 萬年無彊(疆)  鄀公平侯鼎 02772 萬年無彊(疆)
 蔡侯簠 xs1897 眉壽無彊(疆)  蔡侯簠 ms0582 眉壽無彊(疆)	 蔡侯簠g xs1896 眉壽無彊(疆)  蔡侯簠q xs1896 眉壽無彊(疆)				
蔡		CE			

 孟城瓶 09980 眉壽無彊(疆)  都公諴鼎 02753 萬年無彊(疆)	 伯戔盤 10160 萬年無彊(疆)  伯戔盆g 10341 萬年無彊(疆)	 䢅伯業鼎 02622 萬年無彊(疆)  䢅伯墉盤 10130 萬年彊(疆)無	 鄁公鼎 02714 萬年無彊(疆)  鄁公簋 04016 萬年無彊(疆)	 鄁公簋 04017.1 萬年無彊(疆)  鄁公簋 04017.2 萬年無彊(疆)	 郘君虞鼎 mx0198 萬年無彊(疆)  蠆侯盤 ms1205 萬年無彊(疆)
	 叔師父壺 09706 眉壽萬年無彊(疆)  鬷君季鷉鑑 mx0535 眉壽無彊(疆)				 葬子緻盞g xs1235 萬年無彊(疆)  諆余鼎 mx0219 眉壽無彊(疆)
CE					

 彭子仲盆蓋 10340 眉壽無彊(疆)  鄦子奠伯鬲 00742 萬年無彊(疆)	 考叔指父簠 04608.1 萬年無彊(疆)  考叔指父簠 04608.2 萬年無彊(疆)	 考叔指父簠 04609.1 萬年無彊(疆)  考叔指父簠 04609.2 萬年無彊(疆)	 塞公孫指父匜 10276 眉壽無彊(疆)  楚王鐘 00072 眉壽無彊(疆)		
	 何次簠 xs402 萬年無彊(疆)	 何次簠g xs403 眉壽萬年無彊(疆)  何次簠q xs403 眉壽萬年無彊(疆)	 何次簠g xs404 眉壽萬年無彊(疆)  何次簠q xs404 眉壽萬年無彊(疆)	 楚王鼎 mx0188 眉壽無彊(疆)  楚王媵嬭加缶 kg2020.7 眉壽無彊(疆)	 季子康鎛 15786b 眉壽無彊(疆)  季子康鎛 mt15789b 眉壽無彊(疆)
	 郘夫人嬂鼎 mt02425 永壽無彊(疆)				
CE	楚				鍾離

	 郱子良人甗 00945 萬年無彊(疆)  𠭯仲之孫簋 04120 萬年無彊(疆)	 叔夜鼎 02646 眉壽無彊(疆)  叔液鼎 02669 眉壽萬年無彊 (疆)	 叔家父簠 04615 眉老無彊(疆)  冶仲考父壺 09708 萬年無彊(疆)	 夢子匜 10245 萬年無彊(疆)	
 季子康鎛 mt15790b 眉壽無彊(疆)	 嘉子孟嬴指缶 xs1806 萬年無彊(疆)	 伯彊簠 04526 伯彊爲皇氏伯 行器  般仲柔盤 10143 萬年眉壽無彊 (疆)	 □子季□盆 10339 萬年無彊(疆)  无彊匜 10264 □壽無彊(疆)	 王孫叔諲甗 mt03362 眉壽無彊(疆)  益余敦 xs1627 眉壽無彊(疆)	 秦公簋 04315.2 高引有慶  盄和鐘 00270.2 高引有慶
	 與子具鼎 xs1399 眉壽無彊(疆)  痏父匜 mt14986 眉壽無彊(疆)	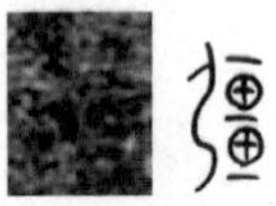 伯怡父鼎 eb312 眉壽萬年無彊 (疆)  伯怡父鼎 eb313 眉壽萬年無彊 (疆)	 要君盂 10319 眉壽無彊(疆)		
鍾離					秦

發

 叔夷鐘 00272.1 余引厭乃心  叔夷鐘 00281 余引厭乃心	 叔夷鎛 00285.1 余引厭乃心	 樂大司徒瓶 09981 樂大司徒子[illegible]之子引	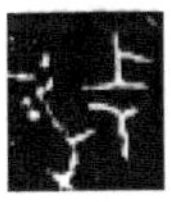 篖叔之仲子平鐘　00172 仲平善弦(發)𠭯考  篖叔之仲子平鐘　00174 仲平善弦(發)𠭯考	 篖叔之仲子平鐘　00175 仲平善弦(發)𠭯考  篖叔之仲子平鐘　00176 仲平善弦(發)𠭯考	 篖叔之仲子平鐘　00177 仲平善弦(發)𠭯考  篖叔之仲子平鐘　00178 仲平善弦(發)𠭯考
齊			莒		

彌　　酓　　弢

			 盂爾克母簋g ms0583 盂彌（羋）克  盂爾克母簋q ms0583 盂彌（羋）克		
 簷叔之仲子平鐘　00179 仲平善弢（發）䖒考  簷叔之仲子平鐘　00180 仲平善弢（發）䖒考		 齊侯鎛 00271 用求考命彌（彌）生  齊侯鎛 00271 余彌（彌）心畏忌			 晉公盆 10342 剚暴𩆜（胡）弢（迮）  晉公盤 mx0952 剚典（典）𩆜敄
	 姑發䏍反劍 11718 太子姑發䏍反			 仲姬敦g xs502 仲姬酓  仲姬敦q xs502 仲姬酓	
莒	吳	齊	曾	楚	晉

弨	彊	盭			孫
		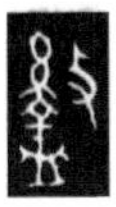 秦公鐘 00262 盭龢胤士  秦公鐘 00265 盭龢胤士	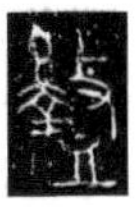 秦公鎛 00267.1 盭龢胤士  秦公鎛 00268.1 盭龢胤士	 秦公鎛 00269.1 盭龢胤士	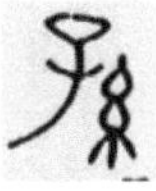 秦子簋蓋 eb423 子子孫孫
 晋公盤 mx0952 烏(於)弨(昭)萬年					
	 吴王光鑑 10298 叔姬寺吁宗彊(彝)薦鑑  吴王光鑑 10299 叔姬寺吁宗彊(彝)薦鑑				
晋	吴	秦			秦

 内公鐘 00031 子孫	 内大子白簠蓋 04537 子子孫	 内大子白壺蓋 09644 子孫	 内大子白壺 09645.1 子孫	 芮太子白鬲 mt2981 子子孫孫	 芮太子白鬲 mt2899 子子孫孫
 内太子白鼎 02496 子孫	 内大子白簠蓋 04538 子子孫	 芮太子白鬲 mt2980 子子孫孫	 内大子白壺 09645.2 子子孫	 芮太子白鬲 mt2898 子子孫孫	 芮公鬲 eb77 子子孫孫
芮					

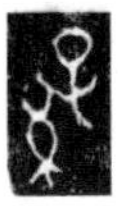 芮太子鬲 eb78 子子孫孫  內公鼎 00743 子子孫孫	 內公鼎 02475 子孫  內太子鼎 02448 子孫	 太師小子白歡父鼎　ms0261 子子孫  內子仲□鼎 02517 子子孫孫	 芮公鼎 ms0254 子子孫孫 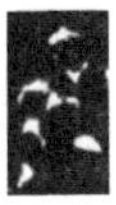 芮公鼎 ms0255 子子孫孫	 芮子仲殿鼎 mt02125 子孫  內公簠 04531 子孫	 笰仲盬鑑 mt14087 子子孫孫
芮					AB

 虢季鼎 xs9 子子孫孫  虢季鼎 xs10 子子孫孫	 虢季鼎 xs11 子子孫孫  虢季鼎 xs12 子子孫孫	 虢季鼎 xs13 子子孫孫  虢季鼎 xs14 子子孫孫	 虢季鼎 xs15 子子孫孫  虢季鬲 xs22 子子孫孫	 虢季鬲 xs23 子子孫孫  虢季鬲 xs24 子子孫孫	 虢季鬲 xs25 子子孫孫  虢季鬲 xs26 子子孫孫

虢

 虢季鬲 xs27 子子孫孫	 虢季鋪 xs37 子子孫孫	 國子碩父鬲 xs49 子子孫孫	 虢碩父簠g xs52 子子孫孫	 虢季氏子組鬲 mt02888 子孫	 虢季氏子組簋 03972 子子孫孫
 虢季鋪 xs36 子子孫孫	 國子碩父鬲 xs48 子子孫孫	 虢季氏子組鬲 00662 子孫	 虢碩父簠q xs52 子子孫孫	 虢季氏子組簋 03971 子子孫孫	 虢季氏子組簋 03973 子子孫孫

虢

 虢季子組鬲 00661 子孫  虢季氏子組盤 ms1214 子子孫孫	 虢虎父鼎 ms0238 子子孫孫  虢仲簠 xs46 子子孫孫	 賙金氏孫盤 10098 子子孫孫  賙金氏孫盤 10098 賙金氏孫	 筍侯匜 10232 子孫	 虞侯政壺 09696 子子孫孫	 戎生鐘 xs1620 子孫  太師盤 xs1464 子子孫孫
					 子犯鐘 xs1015 子子孫孫  子犯鐘 xs1019 子子孫孫
					 郘黛鐘 00228 畢公之孫  郘黛鐘 00237 子孫
虢			荀	虞	晉

 晉侯簋g mt04712 子子孫孫  晉侯簋q mt04712 子子孫孫	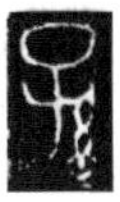 晉侯簋g mt04713 子孫孫  晉侯簋q mt04713 子子孫孫	 晉叔家父壺 mt12357 子子孫孫  晉叔家父壺 xs908 子子孫孫	 晉姜鼎 02826 孫子	 晉刑氏鼎 ms0247 子子孫孫 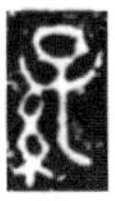 晉侯簋 ms0467 子子孫孫	
 長子沫臣簠 04625.1 子子孫孫 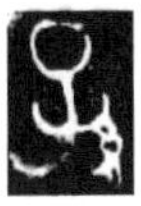 長子沫臣簠 04625.2 子子孫孫	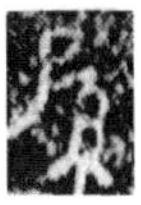 趙焦狄戈 mx1218 趙氏孫				
 郘黛鐘 00230 畢公之孫  郘黛鐘 00231 畢公之孫	 郘黛鐘 00232 畢公之孫  郘黛鐘 00233 畢公之孫	 郘黛鐘 00234 畢公之孫  郘黛鐘 00235 畢公之孫	 郘黛鐘 00226 子孫  郘黛鐘 00228 子孫	 郘黛鐘 00231 子孫  郘黛鐘 00232 子孫	 郘黛鐘 00233 子孫  郘黛鐘 00235 子孫

晉

 叔休盨 mt05617 子子孫孫 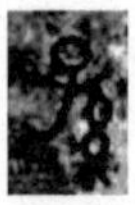 叔休盨 mt05618 子子孫孫	 叔休盨 mt05619 子子孫孫  叔休盤 mt14482 子子孫孫	 叔休盉 mt14778 子子孫孫  叔休鼎 ms0260 子子孫孫	 叔休壺 ms1059 子子孫孫  叔休壺 ms1060 子子孫孫	 衛伯須鼎 xs1198 子孫  衛公孫吕戈 11200 衛公孫	 仲考父匜 jk2020.4 子子孫孫  楷宰仲考父鼎 jk2020.4 子子孫孫
				 衛侯之孫書鐘 ms1280 衛侯之孫	
晉				衛	黎

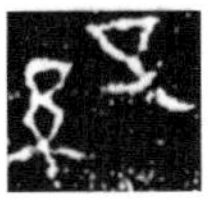 燕仲盨g kw2021.3 子子孫孫	 燕仲鬲 kw2021.3 子孫	 燕仲盤 kw2021.3 子子孫孫	 單子白盨 04424 子子孫孫	 毛叔盤 10145 子子孫孫	 毛叔虎父簋g mx0424 子子孫孫
 燕仲盨q kw2021.3 子子孫孫	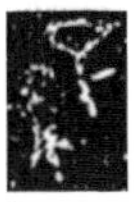 燕仲鼎 kw2021.3 子子孫孫	 琱射壺 kw2021.3 子子孫孫	 單伯邍父鬲 00737 子子孫孫	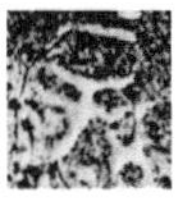 毛叔虎父簋g hx2021.5 子子孫孫	 毛叔虎父簋q mx0424 子子孫孫
燕			單		毛

 毛叔虎父簋q hx2021.5 子子孫孫  毛百父匜 mx0988 子子孫孫	 毛百父鼎 hx2021.5 子子孫孫	 毛虎壺q hx2021.5 子子孫孫  毛虎壺g hx2021.5 子子孫孫	 鄭饔原父鼎 02493 子孫  伯高父甗 00938 子子孫孫	 鄭戠句父鼎 02520 子子孫孫  鄭義伯𦉜 09973.2 孫子𠄌永寶	 召叔山父簠 04601 子子孫孫  召叔山父簠 04602 子子孫孫
			 鄭子石鼎 02421 子子孫孫  鄭大内史叔上匜　10281 子子孫孫		
			 與兵壺q eb878 鄭太子之孫  與兵壺g eb878 鄭太子之孫	 與兵壺q eb878 子子孫孫  與兵壺g eb878 子子孫孫	 與兵壺 ms1068 鄭太子之孫  與兵壺 ms1068 子子孫孫
毛			鄭		

 子耳鼎 mt02253 子子孫孫  寶登鼎 mt02122 子子孫孫		 穌冶妊鼎 02526 子子孫孫  穌冶妊盤 10118 子子孫	 穌公子段 04014 子子孫孫  穌公子段 04015 子子孫孫	 蘇公匜 xs1465 子子孫孫	 許子囗父鼎 mx0161 子子孫孫 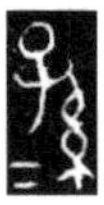 許成孝鼎 mx0190 子子孫孫
					 許公簠g mx0510 子子孫孫
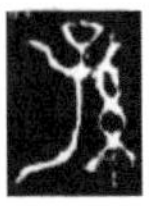 鄭莊公之孫盧鼎 mt02409 鄭莊公之孫  封子楚簠g mx0517 鄭武公之孫	 封子楚簠g mx0517 子子孫孫  封子楚簠q mx0517 子子孫孫	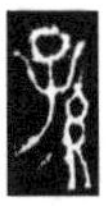 寬兒鼎 02722 蘇公之孫 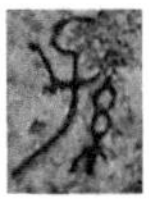 寬兒缶 mt14091 蘇公之孫			 鄦公買簠 04617.2 子子孫孫  鄦公買簠g eb475 子子孫孫
鄭		蘇			許

 伯國父鼎 mx0194 子子孫					
 許公簠g mx0511 子子孫孫  許公簠q mx0511 子子孫孫					
 鄦公買簠q eb475 子子孫孫  鄦子妝簠 04616 子子孫孫	 子璋鐘 00113 群孫斨子璋  子璋鐘 00113 子子孫孫	 子璋鐘 00114 群孫斨子璋  子璋鐘 00114 子子孫孫	 子璋鐘 00115.1 群孫斨子璋  子璋鐘 00115.1 子子孫孫	 子璋鐘 00116.1 子子孫孫  子璋鐘 00117.1 群孫斨子璋	 子璋鐘 00117.1 子子孫孫  子璋鐘 00118.2 群孫斨子璋
許					

		 陳侯作嘉姬𣪕 03903 子子孫孫  陳公子甗 00947 子孫	 陳医鬲 00705 子子孫孫  陳医鬲 00706 子子孫孫		
		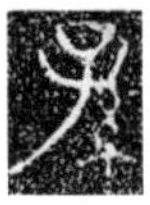 陳公子中慶簠 04597 子子孫孫  陳公孫㖹父瓶 09979 陳公孫㖹父	 陳大喪史仲高鐘　00350 子子孫孫  陳大喪史仲高鐘　00354.2 子子孫孫	 陳大喪史仲高鐘　00355.2 子子孫孫	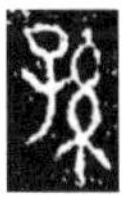 有兒簋 mt05166 陳桓公之孫  有兒簋 mt05166 子子孫孫
 子璋鐘 00119 子子孫孫  喬君鉦鋮 00423 子子孫孫	 鄦子盟自鎛 00153 子子孫孫  鄦子盟自鎛 00154 子子孫孫	 宋兒鼎 mx0162 陳侯之孫			
許		陳			

 𢦏叔朕鼎 02690 子子孫孫  𢦏叔朕鼎 02691 子子孫孫	 𢦏叔朕鼎 02692 子子孫孫  叔朕簠 04620 子子孫孫	 叔朕簠 04621 子子孫孫  𢦏伯匜 10246 子子孫孫	 商丘叔簠 04557 子子孫孫  商丘叔簠 04558 子子孫孫	 商丘叔簠 04559.1 子子孫孫  商丘叔簠 04559.2 子子孫孫	 商丘叔簠 xs1071 子孫
			 趙亥鼎 02588 宋莊公之孫  趙亥鼎 02588 子子孫孫	 宋公豳鋪 mt06157 有殷天乙唐孫  宋公豳鋪 mt06157 子子孫孫	 宋公豳鋪 mx0532 有殷天乙唐孫  宋公豳鋪 mx0532 子子孫孫
			 宋公緣簠 04589 有殷天乙唐孫  宋公緣簠 04590 有殷天乙唐孫	 樂子簠 04618 子子孫孫	
戴			宋		

<table>
<tr>
<td></td>
<td></td>
<td>
杞伯每亡鼎
02494.1
子子孫孫

杞伯每亡鼎
02494.2
子子孫孫</td>
<td>
杞伯每亡鼎
02495
子子孫孫

杞伯每亡鼎
02642
子子孫孫</td>
<td>
杞伯每亡段
03897
子子孫孫

杞伯每亡段
03898.1
子子孫孫</td>
<td>
杞伯每亡段
03898.2
子子孫孫

杞伯每亡段
03899.1
子子孫孫</td>
</tr>
<tr>
<td>
宋公圝鼎
mx0209
有殷天乙唐孫

宋公圝鼎q
mx0209
有殷天乙唐孫</td>
<td>
宋公圝鼎g
mx0209
子子孫孫
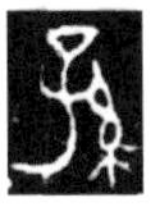
宋公圝鼎q
mx0209
子子孫孫</td>
<td></td>
<td></td>
<td></td>
<td></td>
</tr>
<tr>
<td></td>
<td></td>
<td></td>
<td></td>
<td></td>
<td></td>
</tr>
<tr>
<td colspan="2">宋</td>
<td colspan="4">杞</td>
</tr>
</table>

 杞伯每亡段 03899.2 子子孫孫  杞伯每亡段 03901 子子孫孫	 杞伯每亡段 03900 子子孫孫  杞伯每亡段 03902.2 子子孫孫	 杞伯每刃簋 mt04860 子子孫孫  杞伯每亡壺蓋 09687 子子孫孫	 杞伯每亡壺 09688 子子孫孫  杞伯每亡盆 10334 子子孫孫	 杞伯雙聯鬲 mx0262 子子孫孫	 曹伯狄段 04019 子子孫孫
					 曹公簠 04593 子子孫孫 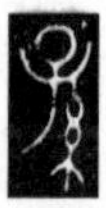 曹公盤 10144 子子孫孫
杞					曹

 魯仲齊鼎 02639 子子孫孫	 魯司徒仲齊盨 04440.1 子子孫孫	 魯司徒仲齊盨 04441.1 子子孫孫	 魯司徒仲齊匜 10275 子子孫孫	 魯正叔盤 10124 子子孫孫	 魯酉子安母簠q mt05903 子子孫孫
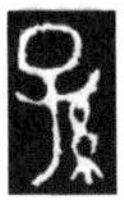 魯仲齊甗 00939 子子孫孫	 魯司徒仲齊盨 04440.2 子子孫孫	 魯司徒仲齊盨 04441.2 子子孫孫	 魯大司徒子仲白匜　10277 子子孫孫	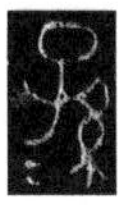 魯酉子安母簠q mt05902 子子孫孫	 魯酉子安母簠g mt05903 子子孫孫
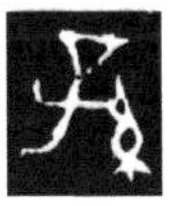 魯大司徒厚氏元箒　04689 子子孫孫	 魯大司徒厚氏元箒　04690.2 子子孫孫	 魯大司徒厚氏元箒　04691.2 子子孫孫			
 魯大司徒厚氏元箒 04690.1 子子孫孫	 魯大司徒厚氏元箒　04691.1 子子孫孫	 魯少司寇封孫宅盤　10154 封孫宅			

魯

 □魯宰两鼎 02591 子子孫孫	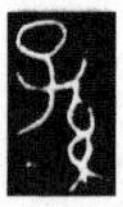 鑄公簠蓋 04574 子子孫孫	 鑄侯求鐘 00047 子子孫孫  鑄公簠 sh379 子子孫孫	 鼄伯鬲 00669 子子孫孫  鼄討鼎 02426 子子孫孫	 邾□白鼎 02640 子子孫孫  邾□白鼎 02641 子子孫孫	 鼄叔之伯鐘 00087 子子孫孫  邾伯御戎鼎 02525 子子孫孫
		 鑄司寇鼎 xs1917 子子孫孫	 邾公釛鐘 00102 陸融之孫	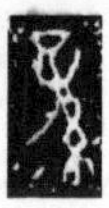 邾公牼鐘 gs1·金 1·13 子子孫孫	
			 鼄大宰簠 04623 子子孫孫 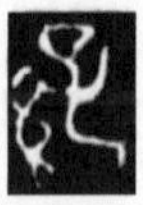 鼄大宰簠 04624 子子孫孫	 鼄大宰鐘 00086.2 子子孫孫  鼄公華鐘 00245 子子孫孫	 邾公孫班鎛 00140 鼄(邾)公孫  邾公孫班鎛 00140 子子孫孫
魯	鑄		邾		

 邿叔虎父簠q ms0573 子子孫孫  邿叔虎父簠 04592 子子孫孫	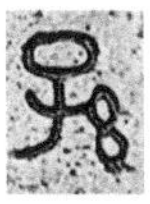 邿慶簠 mt05878 子子孫孫 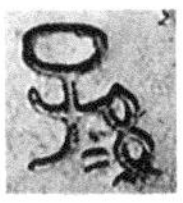 邿慶簠 mt05879 子子孫孫	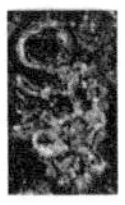 邿慶匜 mt14955 子子孫孫	 僉父瓶g mt14036 子子孫孫  僉父瓶q mt14036 子子孫孫	 邿公子害簠 mt05908 子子孫孫  畢仲弁簠 mt05912 子子孫孫	 邿公子害簠g mt05907 子子孫孫  邿公子害簠q mt05907 子子孫孫
	 郳公𩁹父鎛 mt15815 子孫  郳公𩁹父鎛 mt15815 子之子孫之孫	 郳公𩁹父鎛 mt15816 子孫  郳公𩁹父鎛 mt15816 子之子孫之孫	 郳公𩁹父鎛 mt15816 子之子孫之孫  郳公𩁹父鎛 mt15817 子孫	 郳公𩁹父鎛 mt15817 子之子孫之孫  郳公𩁹父鎛 mt15817 子之子孫之孫	 郳公𩁹父鎛 mt15818 子孫  郳公𩁹父鎛 mt15818 子之子孫之孫
邿	郳				

 圓君婦媿靁壺 mt12353 子子孫孫  圓君婦媿靁鎣 09434 [子子]孫孫	 邾壽父鼎 jk2020.1 子孫  邾眉父鼎 jk2020.1 子孫	 邾季脂臺簠g ms0571 子子孫孫  邾季脂臺簠q ms0571 子子孫孫	 邾季脂臺簠g ms0572 子子孫孫  圓君婦媿靁壺 ms1055 子子孫孫	 縢侯穌盨 04428 子子孫  滕侯蘇盨 mt05620 子子孫孫	 薛侯盤 10133 子子孫孫  薛侯匜 10263 子子孫孫
 郳公𣪘父鎛 mt15818 子之子孫之孫	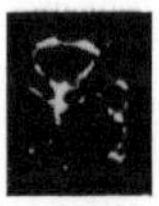 郳大司馬彊盤 ms1216 子子孫孫  郳大司馬彊匜 ms1260 子子孫孫			 者兒戈 mx1255 滕師公之孫  司馬楙鎛 eb50 子孫	
郳				滕	薛

 走馬薛仲赤簠 04556 子子孫孫 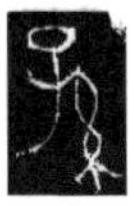 薛子仲安簠 04547 子子孫孫	 薛子仲安簠 04546.1 子子孫孫  薛子仲安簠 04546.2 子子孫孫	 邿仲簠g xs1045 子子孫孫  邿仲簠q xs1045 子子孫孫	 邿仲簠 xs1046 子子孫孫  邿伯祀鼎 02602 子子孫	 邿伯鼎 02601 子子孫孫  邿造譴鼎 02422 子子孫孫	 邿譴簋 04040.1 子子孫孫  邿譴簋 04040.2 子子孫孫
		 邿公典盤 xs1043 子子孫孫			
薛		邿			

 鄀譴簋 mt05022 子子孫孫  鄀遣盤 sh668 子子孫孫	 齊侯子行匜 10233 子子孫孫 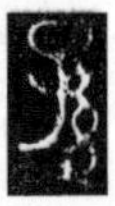 齊侯匜 10272 子子孫孫	 齊縈姬盤 10147 子子孫孫  齊良壺 09659 子孫	 齊趫父鬲 00685 子子孫孫  齊趫父鬲 00686 子子孫孫	 齊侯匜 10242 子子孫  齊侯盤 10117 子子孫孫	 齊伯里父匜 mt14966 子子孫孫  齊不超鬲 mt02926 子子孫孫
	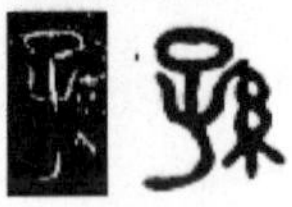 齊侯鎛 00271 鮑叔之孫  齊侯鎛 00271 孫子	 齊侯鎛 00271 子子孫孫 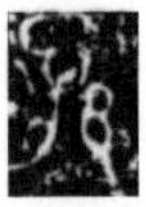 齊䍙氏鐘 00142.1 齊鮑氏孫	 齊侯盂 10318 子子孫孫  國差缶詹 10361 子子孫孫	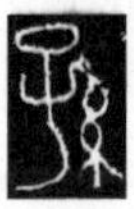 䍙子鼎 mt02404A 子孫孫	 庚壺 09733.1B 殷王之孫  叔夷鐘 00276.1 穆公之孫
	 公子土折壺 09709 公孫竈  公子土折壺 09709 子子孫孫	 齐侯作孟姜敦 04645 子子孫  齊侯盤 10159 子子孫孫	 齊侯鼎 mt02363 子子孫孫	 慶叔匜 10280 子子孫孫	
鄀	齊				

			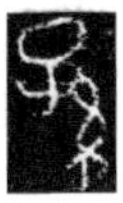 尋仲盤 10135 子子孫孫 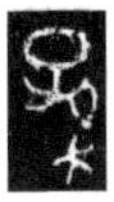 尋仲匜 10266 子子孫孫		
 叔夷鐘 00277.2 元孫  叔夷鐘 00278 子孫	 叔夷鐘 00280 …公之孫  叔夷鎛 00285.6 穆公之孫	 叔夷鎛 00285.7 元孫  叔夷鎛 00285.8 子子孫孫		 簷叔之仲子平鐘 00172 子子孫孫  簷叔之仲子平鐘 00173 子子孫孫	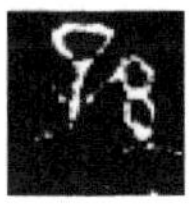 簷叔之仲子平鐘 00174 子子孫孫  簷叔之仲子平鐘 00175 子子孫孫
				 簷太史申鼎 02732 鄪(郁)宙之孫  簷太史申鼎 02732 子孫	
齊			鄩	莒	

<table>
<tr>
<td></td>
<td></td>
<td>
己華父鼎
02418
子子孫孫</td>
<td>
曩侯弟叟鼎
02638
子子孫孫

曩侯簋
xs1462
子子孫孫</td>
<td>
曩甫人匜
10261
余王寶慶孫
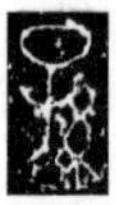
曩甫人匜
10261
子子孫孫</td>
<td>
哀鼎g
mt02311
曩晏甥之孫

哀鼎g
mt02311
子子孫孫</td>
</tr>
<tr>
<td>
簷叔之仲子平鐘　00177
子子孫孫

簷叔之仲子平鐘　00179
子子孫孫</td>
<td>
簷叔之仲子平鐘　00180
子子孫孫</td>
<td></td>
<td></td>
<td></td>
<td></td>
</tr>
<tr>
<td></td>
<td></td>
<td></td>
<td>
曩公壺
09704
子孫</td>
<td></td>
<td></td>
</tr>
<tr>
<td colspan="2">莒</td>
<td>紀</td>
<td colspan="3">曩</td>
</tr>
</table>

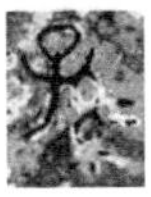 哀鼎q mt02311 𣅀晏甥之孫  哀鼎q mt02311 子子孫孫	 鄁甘辜鼎 xs1091 子子孫孫	 干氏叔子盤 10131 子子孫孫	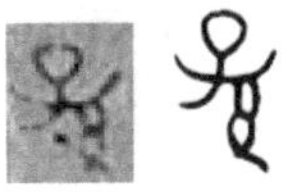 鄧公孫無忌鼎 xs1231 鄧公孫 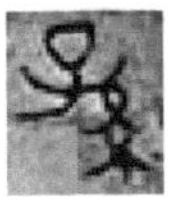 鄧公孫無忌鼎 xs1231 子子孫孫	 鄧伯吉射盤 10121 子子孫  鄧子孫白鼎 mx0092 鄧子孫白用	 昜娟鼎 ms0225 子子孫孫
	 取膚上子商盤 10126 子子孫孫  取膚上子商匜 10253 子子孫孫	 華孟子鼎 mx0207 子子孫孫  事孫□丘戈 11069 事孫□丘戈			
	 荆公孫敦 04642 晝(荆)公孫 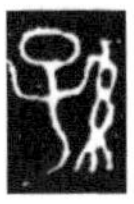 荆公孫敦 mt06070 晝(荆)公孫	 賈孫叔子屖盤 mt14512 賈孫叔子屖  𣪘巽鼎 hdkg 十二 子子孫孫			 唐子仲瀕兒盤 xs1211 子子孫孫
𣅀	D		鄧		唐

 樊孫伯渚鼎 mx0197 樊孫伯渚	 黃季鼎 02565 子孫	 叔單鼎 02657 子子孫孫	 奚□單匜 10235 子子孫孫	 奚子宿車鼎 02603.1 子孫	 郳季寬車匜 10234 子孫
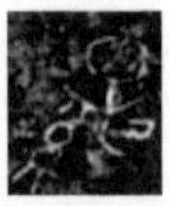 樊孫伯渚鼎 mx0197 子子孫孫	 叔單鼎 02657 黃孫子□君	 □□單盤 10132 子子孫		 奚子宿車鼎 02603.2 子孫	 郳季寬車盤 10109 子孫孫
 樊君匜 10256.1 子子孫孫	 伯亞臣鐳 09974 黃孫馬頸子	 黃君孟鼎 02497 子孫	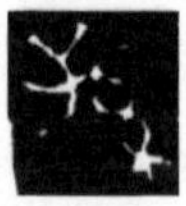 黃君孟壺 09636 子子孫孫	 黃君孟鐳 09963 子子孫孫	 黃君孟壺 ms1054 子子孫孫
 樊君匜 10256.2 子子孫孫	 伯亞臣鐳 09974 子孫	 黃君孟鼎 xs90 子子孫孫	 黃君孟壺 xs91 子子孫孫	 黃君孟鐳 xs92 子子孫孫	 黃君孟豆 ms0606 子子孫孫
 樊季氏孫仲𪏮鼎　02624.1 樊季氏孫	 黃韋俞父盤 10146 子子孫孫				
 樊季氏孫仲𪏮鼎　02624.2 樊季氏孫					
樊	黃				

					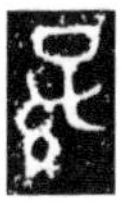 番口伯者君盤 10139 子孫  番口伯者君盤 10140 子孫
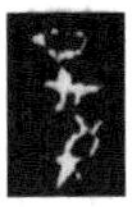 黄君孟鐳 ms1176 子子孫孫	 黄君孟盤 10104 子孫孫  黄君孟匜 10230 子孫	 黄太子白克盤 10162 子子孫孫  黄太子白克盆 10338 子子孫孫	 伯遊父壺 mt12412 子子孫孫  伯遊父壺 mt12413 子子孫孫	 伯遊父鐳 mt14009 子子孫孫  伯遊父盤 mt14510 子子孫孫	 番子鼎 ww2012.4 子子孫孫
					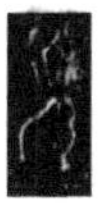 鄱子成周鐘 xs288 子子孫孫
		黄			番

 番口伯者君匜 10268 子孫	 番君配伯鬲 00732 子子孫	 番君配伯鬲 00734 子子孫	 番昶伯者君鼎 02618 子孫	 番君伯歔盤 10136 子孫	 曾伯文簋 04051.1 子子孫孫
 番口伯者君匜 10269 子孫	 番君配伯鬲 00733 子子孫	 番昶伯者君鼎 02617 子孫	 番君匜 10271 子孫	 番伯禽匜 10259 子孫	 曾伯文簋 04051.2 子子孫孫
 番君召簠 04582 子子孫孫	 番君召簠 04584 子子孫孫	 番君召簠 04586 子子孫孫	 番君召簠 ms0567 子孫		 曾大工尹戈 11365 西宮之孫
 番君召簠 04583 子子孫孫	 番君召簠 04585 子子孫孫	 番君召簠 04587 子子孫孫			
					 曾孫無期鼎 02606 曾孫無期(掑)
					 曾孫無期鼎 02606 子孫
番					曾

 曾伯文簋 04052.1 子子孫孫	 曾伯文簋 04053 子子孫孫	 曾仲大父螽𣪘 04204.1 子子孫孫	 𤆍右盤 10150 子子孫孫	 曾者子鼎 02563 子子孫孫	 曾子仲謱鼎 2620 子子孫孫
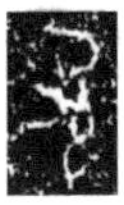 曾伯文簋 04052.2 子子孫孫	 曾伯文簋 mt05028 子子孫孫	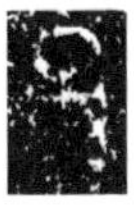 曾仲大父螽𣪘 04204.2 子子孫孫	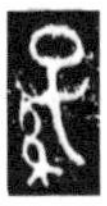 伯𣪕鬲 00592 …之孫	 曾仲子敔鼎 02564 子孫	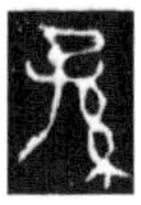 曾侯簠 04598 子子孫孫
 曾公𡀚鎛鐘 jk2020.1 子孫	 曾公𡀚甬鐘 B jk2020.1 子孫	 嬭加編鐘 kg2020.7 文王之孫	 湛之戈甲 kx2021.1 曾叔孫	 湛之鈚 kx2021.1 曾叔孫	 曾公子叔湲簠g mx0507 子子孫孫
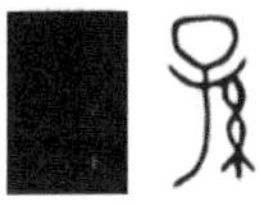 曾公𡀚甬鐘 A jk2020.1 子孫	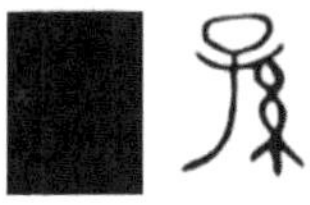 曾公𡀚甬鐘 B jk2020.1 子孫	 嬭加鎛丁 ms1285 至于孫子	 湛之戈乙 kx2021.1 曾叔孫		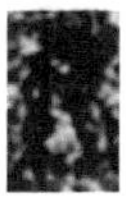 叔旟鼎g mx0139 曾文之孫
 曾孫史夷簠 04591 曾孫史尸	 曾子義行簠g xs1265 子孫	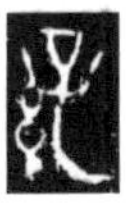 曾孫定鼎 xs1213 曾孫定	 曾公叔考臣甗 ms0357 曾公孫	 曾孫卲簠 mx0482 曾孫卲	 曾孫伯國甗 mx0277 曾孫伯國
 曾□□簠 04614 子子孫孫	 曾子義行簠q xs1265 子孫	 曾仲之孫戈 11254 曾仲之孫		 曾孫卲壺 mx0820 曾孫卲	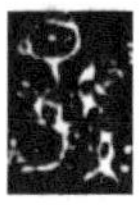 曾孫褱簠 mx0483 曾孫褱

曾

 曾伯霥簠 04631 子子孫孫  曾伯霥簠 04632 子子孫孫	 曾伯霥壺 ms1069 子孫  曾子伯窞盤 10156 子孫	 曾伯陭壺 09712.2 子子孫孫  曾伯陭壺 09712.5 子子孫孫	 曾子伯皮鼎 mx0166 子孫用享  曾太保嬦簋 mx0425 子子孫孫	 曾大保盆 10336 子子孫孫  伯克父鼎 ms0285 子子孫孫	 曾伯克父簋 ms0509 子子孫孫  曾伯克父甗 ms0361 子孫
 曾孫喬壺 mx0814 曾孫喬  曾侯與鐘 mx1032 玄孫					
曾					

 曾伯克父盨 ms0538 子孫  曾伯克父盨 ms0539 子孫	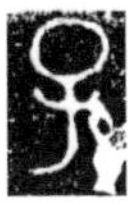 曾伯克父壺g ms1062 子孫  曾伯克父壺q ms1062 子孫	 曾伯克父壺 ms1063 子孫	 孟爾克母簠g ms0583 子孫  孟爾克母簠q ms0583 子孫	 蔡大善夫趣簠g xs1236 子子孫孫  蔡大善夫趣簠q xs1236 子子孫孫	 蔡公子叔湯壺 xs1892 子子孫孫
				 蔡大司馬燮盤 eb936 子孫  蔡大司馬燮匜 mx0997 子孫	
				 蔡侯𪍿尊 06010 子孫  蔡侯𪍿盤 10171 子孫	 蔡侯紐鐘 00211.2 子孫  蔡侯紐鐘 00216.2 子孫
曾				蔡	

 蔡侯紐鐘 00217.2 子孫  蔡侯紐鐘 00218.2 子孫	 蔡侯鎛 00222.2 子孫  蔡大師鼎 02738 子子孫孫	 蔡叔季之孫貫匜　10284 子子孫孫  蔡叔季之孫貫匜　10284 蔡叔季之孫	 雌盤 ms1210 蔡莊君之孫  蔡侯簠 ms0582 子子孫孫	 蔡公孫鱄戈 mx1200 蔡公孫	 丁兒鼎蓋 xs1712 應侯之孫
蔡					CE

 申比父豆g ms0604 子子孫孫  申比父豆q ms0604 子子孫孫	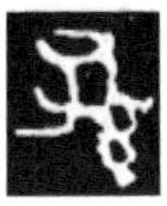 彭伯壺g xs315 子子孫孫  彭伯壺q xs315 子子孫孫	 鄬公彭宇簠 04610 子子孫孫  鄬公彭宇簠 04611 子子孫孫	 矩甗 xs970 申五氏孫  矩甗 xs970 子子孫孫	 蛘公諴簠 04600 子子孫孫  上鄀公敄人簋蓋 04183 子子孫孫	 鄀公平侯鼎 02771 子子孫孫 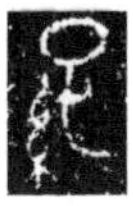 鄀公平侯鼎 02772 子子孫孫
				 蠚兒罍 xs1187 子子孫孫	 上鄀府簠 04613.1 子子孫孫  上鄀府簠 04613.2 子子孫孫
 申文王之孫簠 mt05943 申文王之孫  彭子射盂鼎 mt02264 申公之孫	 叔姜簠g xs1212 申王之孫  叔姜簠q xs1212 申王之孫	 彭公孫無所鼎 eb299 彭公之孫  無所簠 eb474 彭公之孫			

CE

 鄀公簠蓋 04569 子子孫孫	 鄀于子斯簠 04543 子子孫孫	 邛季之孫戈 11252a 邛季之孫	 伯戔盤 10160 邛仲之孫	 伯戔盆g 10341 邛仲之孫	 伯戔盆q 10341 邛仲之孫
 鄀公諴鼎 02753 子子孫孫	 上鄀太子平侯匜　ms1252 子子孫孫	 邛君婦龢壺 09639 子子孫孫	 伯戔盤 10160 子子孫孫	 伯戔盆g 10341 子子孫孫	
 上鄀公簠g xs401 子孫孫		 江叔螽鬲 00677 子子孫孫	 叔師父壺 09706 邛太宰孫	 mx0535 邛伯猷之孫	
 上鄀公簠q xs401 子子孫孫			 叔師父壺 09706 子子孫	 mx0535 子子孫	

CE

 䢼伯墉盤 10130 子孫  䢼盤 10094 子子孫孫	 䢼仲無龍匜 10249 子子孫孫  䢼仲無龍鬲 00713 子子孫	 䢼仲無龍鬲 00714 子子孫  䢼伯業鼎 02622 子子孫孫	 䢼輥伯壺蓋 ms1057 子孫  䢼輥伯壺蓋 ms1058 子孫	 䢼輥伯壺 mx0831 子子孫孫  䢼輥伯壺 jjmy011 子子孫	 䢼仲侯盤 ms1206 子孫
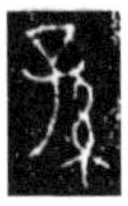 鄎伯受簠 04599.1 子子孫孫  鄎伯受簠 04599.2 子子孫孫					

CE

 廓季伯歸鼎 02644 子子孫	 伯歸臺盤 mt14484 子子孫孫	 鄁公鼎 02714 子子孫孫	 鄁公簋 04017.1 子子孫孫	 竇侯簠 04561 子子孫孫	 竇侯盤 ms1205 子子孫孫
 廓季伯歸鼎 02645 子子孫孫		 鄁公簋 04016 子子孫孫	 鄁公簋 04017.2 子子孫孫	 竇侯簠 04562 子子孫孫	 醫子奠伯鬲 00742 子子孫孫
 鄭膚簋 mx0500 子子孫孫	 蔡子齜盞g xs1235 子子孫孫	 諆余鼎 mx0219 子子孫孫	 侯孫老簠 g ms0586 侯孫老	 周王孫季紿戈 11309.1 周王孫季怡	
 曈戈 xs1971 吕王之孫	 蔡子齜盞q xs1235 子子孫孫	 登鐸 mx1048 子子孫孫	 侯孫老簠 g ms0586 子子孫孫	 邔子栽盤 xs1372 子孫	
 義子鼎 eb308 子子孫孫	 襄王孫盞 xs1771 襄王孫□媥	 叔皇之孫鈴敦 ms0593 叔往之孫			
 𪔉侯之孫𨻰鼎 02287 𪔉侯之孫		 遊孫癸鼎 ms0188 遊孫癸			
CE					

 鄂伯邍鼎 ms0241 子子孫孫 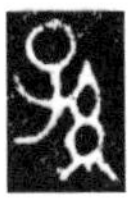 彭子仲盆蓋 10340 子子孫孫	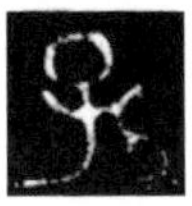 郘君盧鼎 mx0198 子孫  鄅伯貝懋盤 mx0941 子孫	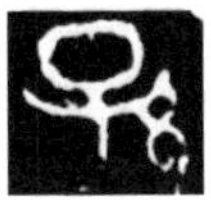 幻伯隹壺 xs1200 子孫用之  備兵鼎 jjmy007 子子孫孫	 楚季咩盤 10125 子子孫孫  考叔脂父簠 04608.1 子子孫孫	 楚嬴盤 10148 子子孫孫 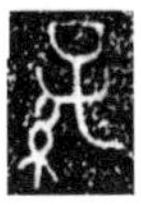 楚嬴匜 10273 子孫	 考叔脂父簠 04609.1 子子孫孫  考叔脂父簠 04609.2 子子孫孫
			 子諆盆 10335.2 子子孫  楚子暖簠 04575 子孫	 楚子暖簠 04576 子孫  楚子暖簠 04577 子孫	 以鄧匜 xs405 楚叔之孫  以鄧匜 xs405 子子孫孫
			 楚叔之孫途盉 09426 楚叔之孫  王孫霧簠 04501.2 王孫	 子季嬴青簠 04594.1 子子孫  子季嬴青簠 04594.2 子子孫孫孫	 樂書缶 10008.2 余畜孫  樂書缶 10008.2 子孫
CE			楚		

 塞公孫𢼸父匜 10276 塞公孫	 楚太師登鐘 mt15511a 子子孫	 楚太師登鐘 mt15513b 子子孫孫	 楚太師登鐘 mt15516b 子子孫孫	 楚王鐘 00072 子子孫孫	
 塞公孫𢼸父匜 10276 子子孫孫	 楚太師登鐘 mt15512b 子子孫	 楚太師登鐘 mt15514b 子子孫孫	 楚太師鄧子辥慎鎛 mx1045 子子孫孫		
 以鄧鼎q xs406 楚叔之孫	 楚屈叔佗戈 11393.2 屈口之孫	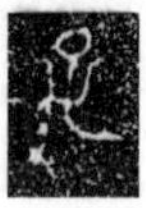 楚屈子赤目簠 04612 子子孫孫	 仲改衛簠 xs399 子子孫孫	 何次簠 xs402 畢孫何次	 何次簠g xs403 畢孫何次
 以鄧鼎g xs406 楚叔之孫		 楚屈子赤目簠 xs1230 子子孫孫	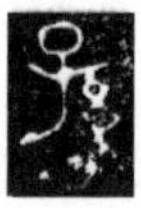 仲改衛簠 xs400 子子孫孫	 何次簠 xs402 子子孫孫	 何次簠g xs403 子子孫孫
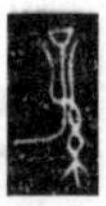 𪒠鐘 xs483b 吕王之孫	 𪒠鎛 xs490b 吕王之孫	 𪒠鎛 xs493a 吕王之孫	 𪒠鐘 xs497 吕王之孫	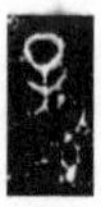 復公仲壺 09681 子孫	
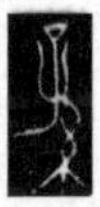 𪒠鐘 xs488a 吕王之孫	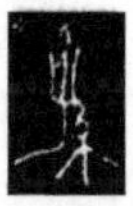 𪒠鎛 xs491b 吕王之孫	 𪒠鎛 xs495b 吕王之孫			

楚

 何次簠q xs403 畢孫何次	 何次簠g xs404 畢孫何次	 何次簠q xs404 畢孫何次	 東姬匜 xs398 宣王之孫	 王孫誥鐘 xs418 王孫誥	 王孫誥鐘 xs420 王孫誥
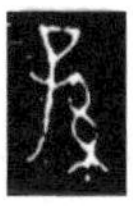 何次簠q xs403 子子孫孫	 何次簠g xs404 子子孫孫	 何次簠q xs404 子子孫孫	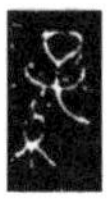 東姬匜 xs398 子子孫孫	 王孫誥鐘 xs419 王孫誥	 王孫誥鐘 xs421 王孫誥

楚

 王孫誥鐘 xs422 王孫誥	 王孫誥鐘 xs424 王孫誥	 王孫誥鐘 xs426 王孫誥	 王孫誥鐘 xs428 王孫誥	 王孫誥鐘 xs430 王孫誥	 王孫誥鐘 xs435 王孫誥
 王孫誥鐘 xs423 王孫誥	 王孫誥鐘 xs425 王孫誥	 王孫誥鐘 xs427 王孫誥	 王孫誥鐘 xs429 王孫誥	 王孫誥鐘 xs434 王孫誥	 王孫誥鐘 xs433 王孫誥

楚

 王孫誥鐘 xs443 王孫誥	 王孫遺者鐘 00261.1 世萬孫子	 楚叔之孫倗鼎g xs410 楚叔之孫	 楚叔之孫倗鼎 xs411 楚叔之孫	 倗之瀘鼎q xs456 楚叔之孫	 鄬子倗浴缶g xs459 楚叔之孫
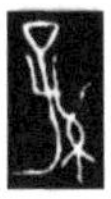 王孫遺者鐘 00261.1 王孫遺者	 楚叔之孫倗鼎 02357.1 楚叔之孫	 楚叔之孫倗鼎q xs410 楚叔之孫	 倗之瀘鼎g xs456 楚叔之孫	 鄬子倗簋 xs457 楚叔之孫	 鄬子倗浴缶q xs459 楚叔之孫

楚

 鄬子倗浴缶g xs460 楚叔之孫	 薦鬲 xs458 子子孫孫	 飤簠q xs475 子子孫孫	 飤簠q xs476 子子孫孫	 飤簠q xs478 子子孫孫	 發孫虜鼎g xs1205 發孫虜
 鄬子倗浴缶q xs460 楚叔之孫	 飤簠g xs475 子子孫孫	 飤簠g xs476 子子孫孫	 飤簠g xs478 子子孫孫	 發孫虜簠 xs1773 發孫虜	 發孫虜鼎q xs1205 發孫虜

楚

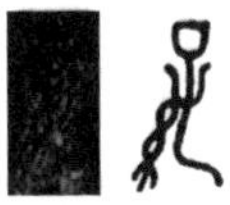 克黃豆 mt06132 楚叔之孫  楚王鼎g mt02318 子孫	 楚王鼎q mt02318 子孫  楚王鼎 mx0210 子孫	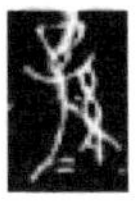 楚王媵嬭加缶 kg2020.7 子子孫孫	 王子吴鼎 02717 子子孫孫  王子吴鼎 mt02343b 子子孫孫	 王子午鼎 02811.2 子孫  王子午鼎q xs444 子孫	 王子午鼎 xs445 子孫  王子午鼎 xs446 子孫
				 楚王孫漁戈 11152 楚王孫  楚王孫漁戈 11153 楚王孫	 楚王孫漁矛 eb1268 楚王孫  楚王孫漁戈 ms1435 楚王孫
楚					

 王子午鼎q xs447 子孫  王子午鼎 xs449 子孫	 王孫誥戟 xs465 王孫誥   王孫誥戟 xs466 王孫誥		 季子康鎛 mt15787a 余茂厥于之孫  季子康鎛 15786b 子子孫孫	 季子康鎛 mt15789a 余茂厥于之孫  季子康鎛 mt15789b 子子孫孫	 季子康鎛 mt15790a 茂厥于之孫  季子康鎛 mt15790b 子子孫孫
 王孫名戟 mt16848 王孫  王孫家戈 mt16849 王孫家	 楚王孫簠 ms0551 楚王孫  競孫戈 ms1436 競孫旟	 競孫旟也鬲 mt03036 競孫旟也  競孫不服壺 mt12381 競孫不服	 九里墩鼓座 00429.1 玄孫		
楚			鍾離		

	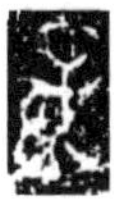 郐王鼎𪓿鼎 02675 子子孫孫				
 季子康鎛 mt15791a 余�厥于之孫 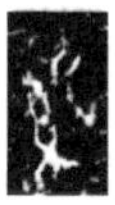 季子康鎛 mt15791b 子子孫孫	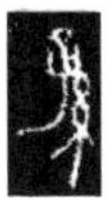 次□缶 xs1249 徐頓君之孫  次□缶 xs1249 子子孫孫	 宜桐盂 10320 季糧之孫  宜桐盂 10320 孫子			
	 余贎逐兒鐘 00183.1 曾孫僕兒  余贎逐兒鐘 00183.1 子孫	 余贎逐兒鐘 00184.2 子孫 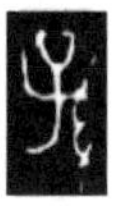 余贎逐兒鐘 00185.1 曾孫僕兒	 余贎逐兒鐘 00185.2 余达斯于之孫 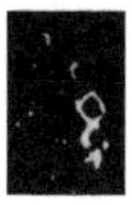 嬰同盆 ms0621 叡句郐之孫	 郐令尹者旨督爐　10391 痰君之孫 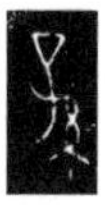 郐諧尹征城 00425.2 子孫	 三兒簋 04245 □孫三兒  三兒簋 04245 余吕以□之孫
鍾離	徐				

 三兒簋 04245 子子孫孫	 之乘辰鐘 xs1409 徐王旨後之孫  之乘辰鐘 xs1409 後孫	 遷沭鐘 mt15520 舒王之孫  遷沭鐘 mt15520 子子孫孫	 遷沭鐘 mt15521 舒王之孫  遷沭鐘 mt15521 子子孫孫	 遷沭鎛 mt15796 畬(舒)王之孫  遷沭鎛 mt15796 子子孫孫	 遷沭鎛 mt15794 畬(舒)王之孫  遷沭鐘 mx1027 舒王之孫
徐		舒			

		 者𣲘鐘 00193 子子孫孫  者𣲘鐘 00194 子子孫孫	 者𣲘鐘 00195 子子孫孫  者𣲘鐘 00196 子子孫孫	 者𣲘鐘 00197.2 子子孫孫  者𣲘鐘 00198.2 子子孫孫	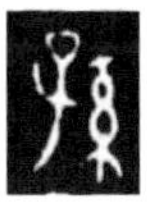 者𣲘鐘 00200 [子子]孫孫  者𣲘鐘 00201 子子孫孫
 遷邟鐘 mx1027 子子孫孫  遷邟鎛 mt15794 子子孫孫	 夫欧申鼎 xs1250 世萬	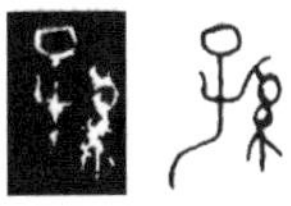 吴王光鑑 10298 子孫  吴王光鑑 10299 子孫	 臧孫鐘 00093 外孫  臧孫鐘 00093 坪之子臧孫	 臧孫鐘 00094 外孫  臧孫鐘 00094 坪之子臧孫	 臧孫鐘 00095 外孫  臧孫鐘 00095 坪之子臧孫
舒		吴			

 者瀘鐘 00202 子子孫孫					
 臧孫鐘 00096 外孫  臧孫鐘 00096 坪之子臧孫	 臧孫鐘 00097 外孫  臧孫鐘 00097 坪之子臧孫	 臧孫鐘 00098 外孫  臧孫鐘 00098 坪之子臧孫	 臧孫鐘 00099 外孫  臧孫鐘 00099 坪之子臧孫	 臧孫鐘 00100 外孫  臧孫鐘 00100 坪之子臧孫	 臧孫鐘 00101 外孫  臧孫鐘 00101 坪之子臧孫
吴					

 臧孫鐘 00101 坪之子臧孫	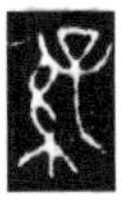 臧孫鐘 00094 子子孫孫	 臧孫鐘 00096 子子孫孫	 臧孫鐘 00098 子子孫孫	 臧孫鐘 00100 子子孫孫	 叡巢鎛 xs1277 玄孫
 臧孫鐘 00093 子子孫孫	 臧孫鐘 00095 子子孫孫	 臧孫鐘 00097 子子孫孫	 臧孫鐘 00099 子子孫孫	 臧孫鐘 00101 子子孫孫	 配兒鉤鑃 00427.2 子孫

吴

 吴王孫無土鼎 02359.1 吴王孫  吴王孫無土鼎 02359.2 吴王孫	 冉鉦鍼 00428 子孫  冉鉦鍼 00428 □□之孫	 冉鉦鍼 00428 子子孫	 姑馮昏同之子句鑃　00424.2 子子孫孫  者尚余卑盤 10165 子子孫孫	 其次句鑃 00421 子子孫孫  其次句鑃 00422A 子子孫孫	 其次句鑃 00422B 子子孫孫  越王者旨於睗鐘　00144 子孫
吴			越		

		 束仲豋父簋 mx0404 子子孫孫 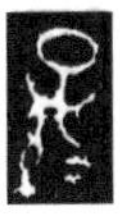 束仲豋父簋蓋 03924 子子孫孫	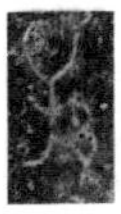 彔簋蓋甲 mx0392 子子孫孫 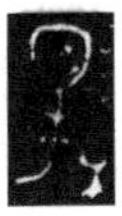 彔簋蓋乙 mx0393 子子孫孫	 王孫壽甗 00946 王孫壽  王孫壽甗 00946 子子孫孫	 武生毀鼎 02522 子子孫孫  武生毀鼎 02523 子子孫孫
	 嘉子孟嬴指缶 xs1806 子孫	 公父宅匜 10278 浮公之孫 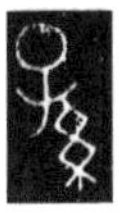 公父宅匜 10278 子子孫	 王孫叔諲甗 mt03362 王孫叔諲 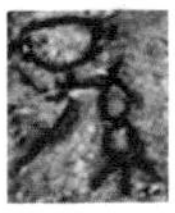 王孫叔諲甗 mt03362 子孫	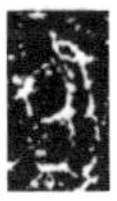 掃片昶豯鼎 02570 子子孫  掃片昶豯鼎 02571 子子孫	 益余敦 xs1627 卲翏公之孫  益余敦 xs1627 子子孫孫
 忾不余席鎮 mx1385 □之孫唯寶	 嘉子昜伯臚簠 04605.1 子子孫孫  嘉子昜伯臚簠 04605.2 子子孫孫	 慶孫之子峠簠 04502.1 慶孫之子  慶孫之子峠簠 04502.2 慶孫之子			
越					

 武生毀鼎 02522 子子孫孫  武生毀鼎 02523 子子孫孫	 告仲之孫簋 04120 告(省)仲之孫  告仲之孫簋 04120 子子孫孫	 奢虎簠 04539.1 子子孫孫  奢虎簠 04539.2 子子孫孫	 旅虎簠 04540 子子孫孫  旅虎簠 04541.1 子子孫孫	 旅虎簠 04541.2 子子孫孫  妝盎 ms0618 子子孫孫	 仲阪父盆g ms0619 子孫  仲阪父盆q ms0619 子孫
 □偖生鼎 02632 子子孫孫  □偖生鼎 02633 子子孫孫					

右戲仲夏父鬲
00668
子子孫孫

鄽大𤔲攻鬲
00678
子子孫

邶子良人甗
00945
子子孫孫

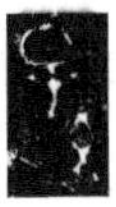
専車季鼎
02476
子子孫孫

雍鼎
02521
子子孫孫

卓林父簋蓋
04018
子子孫孫

叔牙父鬲
00674
子子孫孫

封仲甗
00933
(子子)孫孫

自作尊鼎
02430
□孫

伯筍父鼎
02513
子子孫孫

庯弅生鼎
02524
子子孫孫

鑄叔皮父簋
04127
子子孫孫

子陝□之孫鼎
02285
子陝□之孫

深伯鼎
02621
子子孫孫

樂大司徒瓶
09981
子子孫孫

般仲柔盤
10143
子子孫孫

大孟姜匜
10274
子子孫孫

□子季□盆
10339
子子孫孫

㾓鼎
02569
子子孫

鐘伯侵鼎
02668
子子孫孫

侃孫奎母盤
10153
□孫奎母

師麻孝叔鼎
02552
子子孫孫

尊父鼎
mt02096
子子孫孫

要君盂
10319
子子孫孫

伯怡父鼎
eb312
子子孫孫

𤵸父匜
mt14986
子孫

公孫疕戈
mx1233
公孫疕

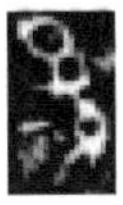
與子具鼎
xs1399
子孫

皻孫宋鼎
xs1626
皻孫宋

 𡢁仲簠 04534 子子孫孫	 叔家父簠 04615 孫子之甝(貺)	 子叔嬴内君盆 10331 子孫	 伯剌戈 11400 □□王之孫	 圃公鼎 xs1463 子子孫孫	 自盤 ms1195 子孫
 伯其父簠 04581 子子孫孫	 伯駟父盤 10103 子子孫孫	 史孔卮 10352 子子孫孫	 伯□邛戈 xs1973 武王之孫	 皇與匜 eb954 子子孫孫	 □伯侯盤 xs1309 子子孫孫

⿰言系

 考征君季鼎 02519 子孫  冶仲考父壺 09708 子子孫	 伯索史盂 10317 子子孫孫				
		 之乘辰鐘 xs1409 而乍⿸厂系(⿰言系)夫 呇之貴姓(甥) 【郭永秉釋“譥”，即“訊”】			
		徐			